本书由湖南省一流本科专业建设点怀化学院小学教育专业资助出版

湖南省普通高等学校教学改革研究重点项目《基于抽检标准的教育类本科毕业论文框架构建和写作能力培养研究》（HNJG-20231064）的成果

国家自然科学基金《基于儿童汉语分级阅读的阅读能力与文本难度的分值测算》（31360236）的成果

汉语分级阅读研究

罗德红　龚　婧　李奕霏◎著

图书在版编目（CIP）数据

汉语分级阅读研究 / 罗德红，龚婧，李奕霏著 .
北京：九州出版社，2025. 6. -- ISBN 978-7-5225
-4054-2

Ⅰ. H195. 3

中国国家版本馆 CIP 数据核字第 2025XN3762 号

汉语分级阅读研究

作　　者　罗德红　龚　婧　李奕霏　著
责任编辑　李文君
出版发行　九州出版社
地　　址　北京市西城区阜外大街甲 35 号（100037）
发行电话　（010）68992190/3/5/6
网　　址　www. jiuzhoupress. com
印　　刷　三河市华东印刷有限公司
开　　本　710 毫米×1000 毫米　16 开
印　　张　15. 5
字　　数　237 千字
版　　次　2025 年 6 月第 1 版
印　　次　2025 年 6 月第 1 次印刷
书　　号　ISBN 978-7-5225-4054-2
定　　价　78. 00 元

前　言

本书是我和两位研究生合作的成果，是国家自然科学基金“基于儿童汉语分级阅读的阅读能力与文本难度（31360236）”的成果，课题于2017年结题。我负责撰写第一部分理论研究，指导研究生完成第二部分和第三部分的撰写。第二部分构建研究由2013级硕士研究生龚婧完成，第三部分验证研究由2014级硕士研究生李奕霏完成。全书由罗德红审读和定稿。

分级阅读公式也即阅读文本难度的分级标准。本研究以8、9年级学生为研究对象，探索简体中文连续性文本的分级阅读公式。首先对这两个年级的学生所运用的语文教材进行整理，了解学生学习的文体与题材，为阅读能力测试材料的选取提供依据；接着确定学生的阅读测试文本和阅读理解问题，选取被试，进行施测和批阅试卷；将学生成绩经过Rasch模型处理，使得学生的阅读素养和文本难度相对应；运用Chinese Text Analyzer软件和汉语语料库在线网站，以及文本可读性指标自动化分析系统2.3，统计文本变量；最后运用SPSS软件，通过多元线性逐步回归分析法计算简体中文连续性文本分级公式；在此基础上，再采用眼动实验进行验证。三个部分较为详细的内容介绍参看文中的“本部分小结”。

本书是遗憾之作。其一，按照行文逻辑和事物发展的顺序，本研究期待未来的实践研究，进一步提升中文分级阅读公式的预测力，深入探究汉语的语言变量特征与分级公式拟合度的关系，特别是在人工智能和大数据时代，达成将文本思想作为分级阅读公式预测变量的绵绵而长久的未尽之愿。其二，阅读是思维对文字信息进行加工的心理过程，本书第二部分用数字推测和表达个体在阅读中的思维过程和水平，第三部分用眼动仪技术追踪眼球微小运动，推测个体在阅读中认知加工等方面的微妙变化。然而，数字指代和眼球运动追踪实则都是对阅读中个体思维活动的推测，后续应采用脑电技术，通过直接记录大脑在阅读活动中电生理指标，深入探究个体在不同文本变量上的理解或不理解，推动分级阅读的进一步的科学发展。

本研究中的数据收集得到广西教科所、广西接力出版社，广西大学教育学院、广西大学附属中学和湖北省荆州市江陵县西湖中学的大力支持，在此表示特别感谢。

罗德红

于怀化学院清雅苑

2025 年 1 月 17 日

目 录
CONTENTS

第一部分 01

理论研究

第一章

分级阅读相关概念界定

由于本研究具有较强的专业性，涉及心理学、教育测量和语言学知识，故首先介绍本研究中的一些主要概念。

一、文本

（一）文本

文本一词来源于英文 text，另有本文、正文、语篇和课文等多种译法。文本是书面语言的表现形式，从文学角度说，通常是具有完整、系统含义的一个句子或多个句子的组合（Message）。一个文本可以是一个句子（Sentence）、一个段落（Paragraph）或者一个篇章（Discourse）。本研究中，文本指的是以汉字为最小的基本组成单位，在此基础上发展起来的字、词、句、篇。既包括整篇用于测试和实验的阅读文章（全文本），也包括阅读题目所指向的答案所涉部分内容（答案所涉文本）。

（二）连续性文本和非连续性文本

连续性文本（Linear text），顾名思义，它在空间上没有被非文字符号中断，是由句到段、由段到文，继而到章节的文本材料。或者说，文本材料的排列顺序没有被非文字符号打乱，保持持续性和完整性。换言之，连续性文本是以句子为最小单位构成的文本，通过句子形成段落、节、章等文本材料（任二红，2015）。

连续性文本对应的是非连续性文本。非连续性文本的概念源于 PISA（Program of International Student Assessment，国际学生评估项目），它在表达格式上将纯文字转换为图、表、线、数字和文字的综合体（OECD，2010）。例如，曲线图、清单、设计图、地图、通知书、广告单、凭单、证件、日程表、对话、索引和表单等。

由于文本难度研究多以文本的语言特点为研究对象，而图、表、曲线图等文本格式夹杂了非文字符号，使得典型的传统语言变量，如句长等，的计算失去了原有的意义，即句子越长，理解的难度越大。基于此类特点，英语文本难度研究的文本对象通常为连续性文本，本研究亦如此，文中所指的文本，如非经特别说明，均指的是连续性文本。

二、文本难度

（一）文本变量

文本难度（readability）即文本的"可读性"，文本变量影响文本难度，指文本"因作者写作风格（because of style of writing）引发的文本易于理解的程度或性质"（Harris & Hodges，1995）。该界定清晰的划定了文本难度的两大变量，即作为自变量的"写作风格"和作为因变量的"易于理解的程度"。

作为自变量的"写作风格"是作者表达内容的方式，体现了作者个人的特点，包括客观的特点和主观的特点。前者主要指的是可观察的形式上的特点，例如作者的用词造句和修辞手法，艺术技巧等；后者多指的是作者融入语言形式及其表达内容中的作者的性格、价值观和思维方式等。换言之，写作风格上的客观和主观特点是预测文本难度的自变量。在经典的文本难度研究中，纳入客观类自变量的多为语言特点，称为文本难度的语言变量，如拼音文字的句子、词汇、短语、段落和文本长度等，汉语的笔画和单字词、多字词等。主观类自变量研究被忽视。这种研究取向遭到许多研究者的强烈质疑。

（二）文本难度的语言变量

相关的国外文献认为文本变量包括：文本主题和内容、类型和体裁、语言变量、印刷排版特征以及其他（Liu，2011）。为贴合本研究中探寻文本难度变量这一目的，基于可量化的角度，从构成文本最基本的实质出发，选择语言变量层面上的字、词、句作为要考察的文本难度变量。

文本语言变量指的是语言学意义上的变量，例如词性、词组、笔画、笔数、词频、句子和段落。下面主要介绍词频、句子和段落等类型。

1. 字和词

汉字是表意文字，词是最小的能独立运用的语言单位（黄伯荣，廖旭东，2011），是读者进行文本阅读的基本理解单位（彭泽润，李葆嘉，2002）。汉字是记录汉语的文字。除极个别的例外，都是一个汉字代表一个音节。词是最小的能够独立运用的语言单位。“独立运用”是指能够单说（单独成句）或单用（单独做句子成分或单独起语法作用）（徐兆娟，2006）。由于汉语言中字和词的区分方法较为复杂，因此，本研究统一将字和词称之为词语，不进行语言学意义上的区分和探讨。词频中的“词”指的是所有具备完整意思的单个汉字或由单个汉字所构成的组合。在具体的划分上，根据所采用的研究工具自动导出的划分结果，不进行人工分类。

词可以是一个独立的汉字，亦可以是双字词或三字词，比如，“我读书”中的读、“我欣赏你”中的欣赏、“我正在写作文”中的正在写都独立地充当句子的谓语成分，所以“读”和“欣赏”都被称为词；再例如，“我爱北京天安门”为例，“我”和“爱”是单字词，“北京”是双字词，“天安门”是三字词。本研究在实验研究中将对阅读片段进行词切分，词切分结果中既有单字词，也有双字词和三字及以上的词，但皆统称为词。

2. 词频和生疏词

词频的英文是 word frequency，也叫生疏词，是读者对词的熟悉程度，是常用的词汇难度指标，也是某种熟悉程度（word familiarity）指数。一个单词是否为生疏词，是依据某个词表（wordlist）来判断的，凡是表上没有的单词或不是从表上延伸出来的单词都视为生疏词（李绍山，2000）。本文依据的词表是《现代汉语语料库词频表》（http：//www.cncorpus.org/Resources.aspx）。词频和生疏词恰似一枚硬币的两面。

本研究将《现代汉语语料库词频表》称为熟词表（共14629词），将切分后的词与该表进行对比。这14629个词也叫词表词。对词表词进一步划分，将

《词表》中前3000词称为易词，3000词后的称为难词（共11629词）。其中，前3000易词中：0–1000词为高频词，在整个词表中的覆盖率为60%；1001–2000词为中频词，覆盖率为70%；2001–3000词为低频词，覆盖率为75%。如果切分后的词没有出现在熟词表上的话，则称为非词表词。

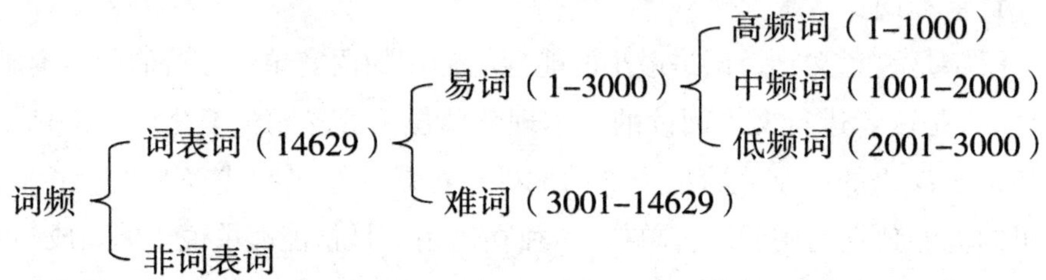

简言之，词频和生疏词是较之语料库得出的结果。

3. 自有词频

一般意义上的“词频”（word occurrence）指，抽取一定数量的语料，计算语料中每个字的出现次数（尹斌庸，方世增，1994），在此基础上通过一定的计算公式转换为该词在总语料中的出现频率，由此称之为词频。

在本研究中，将同一个字在某个阅读片段中出现的次数定义为自有字频。换言之，某一个字的出现次数只与其对应的阅读片段中的所有字进行比对，而不与总语料库中的字进行比对。以“妈妈很关心我的学习”为例。该句子共有9个汉字，其中“妈”字出现了两次，其自有字频是2，其余汉字均只出现一次，故自有字频皆是1。自有字频的计算采用汉语语料库在线网站中的“字频统计”功能完成。通俗而言，词频度指的是某个词在某一篇文本中的自有字频（actual frequency counts of the words），不和词表进行比对，本文称其为自有词频。

4. 句子

每一个句子都有一定的语调，表示陈述、疑问、祈使、感叹的语气。在连续说话之中，句子和句子之间有一个较大的停顿。每个句子的末位一定得用一个特定的标点（史锡尧，1958）。因此，本研究把以句号、问号、感叹号结尾的称为句子。在每一个句子中，用逗号、分号、顿号等标点符号分隔开的部分称为简单句。以“一天晚上，我经过浴室，听到一阵微弱的响声。”一句为例，整个句子被两个逗号分隔成三部分："一天晚上""我经过浴室""听到一阵微弱的响声"。依据本研究对简单句的定义可得，该句子中共有3个简单句。

5. 段落

段落的一种解释是自然段落，书面语中另起一行、缩进几格等等形式表现出来的语言单位。本文中的段指的是自然段落。

三、分级阅读

分级阅读（Levelled reading），国内也译为阶梯型阅读，指的是书籍上标注了根据某种分级公式计算出来的书籍难度值，学生通过该分级公式研制者开发的软件获取自己的能力分值，或者依自己的阅读能力进行经验上的推测，阅读时选择与自己能力相匹配的难度值区间的书籍（Weaver，2000），教师向学生推荐与其阅读能力相匹配的书籍。分级阅读假设，儿童阅读能力和文本难度在级别上的匹配可以提高儿童的阅读理解能力。

例如，通过研究联邦政府的共同核心标准（Common Core Standards）中的语言艺术（English Language Arts）标准，蓝思分级公式确定了蓝思共同核心分值区间（Common Core Lexile bands）。根据这个标准，小学2–3年级学生所阅读书籍的蓝思分值应为450–790L，方可说达到了联邦政府的核心共同标准的学业水准。

四、分级公式

前文提到文本难度的两大变量，一个是作为自变量的"写作风格"，另一个是作为因变量的"易于理解的程度"。作为因变量的"易于理解的程度"之"程度"多用阿拉伯数字表示，数字越大，指代的难度越高，数字求取的工具被称为分级公式。

分级公式（readability formulae）是文本难度分级公式的简称，它指的是用数字对文本的难度级别进行量化表达，也叫易读性公式、可读性公式。对大部分阅读专家来说，文本难度是易读性公式（可读性公式）的应用结果（Fry，2002）。分级公式是文本难度分级的标准（Bailin & Grafstein，2001）。

根据 Fry（2002）的观点，分级公式“通常可以给出数字得分以评价书或者篇章型阅读材料的难易度，并可以按照其难易程度进行排序”，是针对某类文本，将所有影响文本难度的、可量化的因素综合起来，制定的一个评价文本难易程度的公式（王蕾，2008）。

这一概念涉及到了三个基本点，第一，分级公式研究的对象是某类文本；第二，分级公式的组成部分是影响该类文本难度的因素，且这些因素是可量化的；第三，分级公式的研究目的是建立一个公式，以评价文本的难度。

现有研究中，英语和中文的分级公式通常以多元回归方程表示（$Y_i=\beta_0+\beta_1X_{i1}+\beta_2X_{i2}+...+\beta_pX_{iP}+\varepsilon_i$，$i=1$，...，$n$）。其中，$X_i$ 为文本的语言变量，β 为回归系数，ε 为残差，分级公式由文本语言变量及其回归系数和残差构成。也就是说，文本语言变量的设置不同，其文本易读性程度也不尽相同，比如，由复杂句（语言变量）构成的文本与由简单句（语言变量）构成的文本相比，在理解层面上，普遍认为，前者比后者难度大，即前者比后者更具易读性。因此，文本的语言变量研究是易读性公式研究的基础。

简言之，易读性公式具有两个特点：（1）强调文本的难易程度；（2）强调定量。很多易读性公式，比如 Flesch 公式（Flesch，1948），Dale - Chall 公式（Dale & Chall，1948），FOG 公式（Gunning，1952），等等，明显的体现了这两个特点（Bailin & Grafstein，2001）。数值和文本难度视为同向关系，即数值越大，文本越难；数值越低，文本越容易。

五、阅读能力

在某个特定的时间段中，阅读能力是常数，独立于文本难度。一些学者认为，阅读能力指的是一套阅读技能，是“读者和文本互动时的认知能力”（Urquhart & Weir, 1998），包括听、说、读、写四种技能。认知能力是内在的，非物质的，具有不可观察性，只能进行间接的测量。

对于大部分分级公式而言，分级公式测量的是文本难度，而非阅读能力，但是分级公式中的文本难度被替换称呼为阅读能力是常见现象。

蓝思（Lexile）分级公式由于采用了罗斯模型技术，在同步测量文本难度的同时，也报告读者的阅读能力。例如，某个学生的蓝思分值（Lexile

Measure，简称 L）780L 意味着他的阅读能力是780蓝思分，他的阅读理解能力在680–830L 区间。换言之，难度位于该区间的文本最适合他阅读（sweet spot）。

六、阅读理解能力

阅读理解是“通过与书面语言的参与式互动，在获取意义的同时建构意义的过程。”（RAND Reading Study Group，2002，p.11）。阅读理解是非物质的认知过程，学生获取和建构意义的状况（能力）无法直接观察，除非通过对学生可观察行为结果的测量。

阅读理解能力是对项目（item）反应的结果，项目是阅读理解测试中的阅读理解问题，每道阅读理解问题被赋予分值，可观察的行为是学生对阅读理解问题的解答，其解答的总分值间接代表了阅读理解能力。学生解答问题的结果即是项目反应的结果，也就是通俗意义上的学生的得分。在 Stenner（1996）看来，测量是对可观察行为结果进行量化的过程，也就是用数字报告行为质量的过程。

在分级公式中，阅读能力和阅读理解能力的关系是一种假设。学生在某时期的阅读能力是常数，独立于文本，即不会随着文本难度的变化而变化。文本及其构成文本的语言变量是客观的，可直接测量，其难度也是常数。阅读理解能力是阅读能力作用于文本难度的结果，即阅读理解能力 = 阅读能力—文本难度（Stenner，2004）。

第二章

英语文本分级研究的缘起和发展

一、英语文本难度研究的起源[①]

（一）教育普及化呼吁为劳动者提供更易理解的文本

二十世纪以前，尚未出现文本难度这一词语，对文本难度公式的探究亦未涉及（Bailin & Grafstein，2001）。十九世纪受到工业革命的影响，经济的高速发展和科学的不断进步造就了人类知识的急剧增长，传统行业的革新和新职业的增加，对高素质劳动力的需求量加大，教育进入了普及化时代。如何更快更好地提高受教育者的水平，推动了教育心理学的诞生。阅读理解教学实践中的问题----阅读文本的内容和表现形式“如何使读者更易理解文本”（Robinson，Faraone，Hittleman & Unruh，1990），演变为语言学和心理学中的文本难度研究，为中小学“选择与读者能力相匹配的书籍”（Weaver，2000）和开展分级阅读提供客观依据。

（二）思维获取模型凸显了阅读的个体差异

英语文本难度研究缘起于阅读教学的思维获取模型。19世纪的美国经历了三种不同的阅读观。1826年以前，代表性的阅读观是记忆模型（Memoriter Model），阅读被认为是获得记忆，巩固记忆的一种行为。它将阅读过程细化为词（拼写、发音、获得词义）、内容（通过默读对文本内容死记硬背）、口头表达（朗读文章）三个层次。其特点是强调记忆的重要性，将背诵等同于

① 该部分主体内容已经发表。详见：李奕霏，罗德红．美国中小学阅读教学的思维获取模型概览和启示［J］．现代中小学教育．2016（5）：123-126.

思维获取，忽略了对文本内容的理解。

鉴于记忆模型忽视儿童自主思考能力发展的事实，1826年，被第二种阅读观，阅读即表达艺术（expressive art），取而代之。其两种变体，链锁模型（Interlocking Model）和渐进模型（Step by Step），均视阅读为机械性阅读（对词的拼写发音）、智力性阅读（编码、理解、记忆）和修辞性阅读（表达性的口头朗读）的递进过程和阶段。链锁模型开始意识到默读的重要性，将获取思维视作阅读的核心任务；渐进模型则将高层次的学习建立在掌握低层次内容的基础之上，主张默读之前传授阅读技巧以帮助学生发展思维。

随着科学心理学和美国动物心理学的诞生，动物对环境的适应和适应的个别差异成为心理学研究的重心，这极大地影响到了阅读教学。阅读的个体差异和默读的优势逐渐凸显，1883年诞生了第三种阅读观，认为阅读是一个信息接收的过程（receptive process），探索默读在阅读理解教学中的角色，逐渐形成了思维获取模型（Thought-Getting Model）。

在这种模型中，美国进步主义教育先驱帕克（Francis Wayland Parker，1837—1902）重构了阅读的定义，即“阅读是获取思维，思维的表达单位是由单词组合而成的书面句子。”思维获取模型以儿童的生活经验为起点，以默读为核心过程，包括三个阶段，“感知文本”“串连文字”和“形成观点”，以思维表达为结点。

图2-1是一个完整的思维获取模型流程。

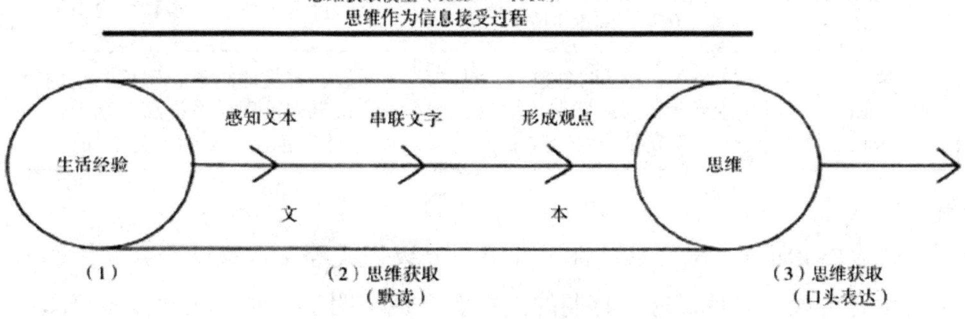

图2-1　思维获取模型

思维获取模型确定了阅读过程中经验、默读和思维的重要性，凸显关注儿童个体差异和培养学生思维的价值取向，是美国教育心理学研究的产物，它开启了美国中小学阅读教学重视以阅读培养思维能力的传统，启动了英语分级阅读中的文本变量研究。

（三）阅读材料创编与出版关注文本的可理解性

为了编制与读者经验、思维的发展阶段和阅读理解水平相符合的文本材料，不同的儿童文学作者兼阅读教材编写者（author-educator）制定了版式、印刷、内容、文体和文本控制等方面的变量标准（表2-1），深刻影响了二十世纪初期的儿童阅读文本。

表2-1 影响19-20世纪美国中小学生读本的文本变量（Robinson，et al.，1990）

文本变量	观测特征	对初、中级文本产生的影响
版式	页面大小 / 字体和字号 / 文章标记 / 页边空白	页面、字体、字号等变大，颜色、文章标记和插图增多
印刷	每页单词数 / 句子数 / 段落 / 单个字母和单词	低年级读本的单词（句子和段落）和页的数量显著增加，单独列出单个字母和单词数量的情况减少
内容	宗教 / 伦理 / 教导 / 演说 / 爱国 / 历史 / 文学 / 信息	爱国、历史、文学和信息材料增加，注重内容与儿童兴趣和经验的关系
体裁	祈祷文 / 教义问答书 / 圣经文选 / 格言 / 谏言 / 演说 / 对话 / 信件和日记 / 论述文 / 传记 / 剧本 / 诗 / 小说	描述性说明文（历史、科学等）、传记、自传、诗、剧本和小说增加
文本控制（text control）	句长 / 总词数 / 重复词总数 / 生词数 / 生词重现频率 / 选词标准（拼写、字母、音节和语素的数量）	总词数、重复词总数、句长、生词数降低；生词重现频率提高，基于选词标准选择生词的行为增加

就表2-1而言，尽管易读性、分级、分级公式等文本难度研究常用的概念还没有出现，但是，这一时期的读本有力地证明了，儿童文学作者兼阅读教材编写者为了提高阅读教材的易读性做出了很多尝试和努力。十九世纪末

读本与十九世纪初期读本的对比显示，两者在文本的出版格式、印刷格式、文本内容、形式以及基本构成要素方面都做出了改进。主要表现在以下几个方面。

（1）出版物的物理特征。对于学校的基础读物而言，页面、字体和字号、文章标记的使用、书中每页的空白区域面积、插图、颜色方面都有变化，提高了可读性。

（2）出版物的内容排版。就学生的初级读本而言，读本中每页的单词和句子总数显著增加，完整句子数和段落缩进的数量有所增加，每页中字母或者单词被单独呈现出来的数量减少。

（3）出版物的内容主题。在19世纪初期的学校读物中，最常见的内容种类包括宗教、伦理、训诫、演说，特别是在文本中用伦理教导学生。在19世纪末，读物的内容强调爱国、历史、文学和信息，内容与学生兴趣和经验之间的联系也得到了加强。

（4）出版物的文本体裁。19世纪，学校读物包含着一些祈祷文、教义问答练习、圣经选读、格言、训词、对话和散文。到19世纪末，读物更倾向于描述性说明文（例如，历史和科学）、传记、自传、诗、剧本和小说。

（5）出版物的语言变量。在19世纪后半叶，根据麦加菲（McGuffey）和谢尔曼（Sherman）的研究成果，控制句子的复杂性和文本中单词的类型和数量，这些文本语言变量上的控制对初、中级读本有重大影响，例如，文本中不同单词总量、连续词总量、句长、文本引进新词语的频率都在显著减少。总之，依据当时的研究成果编写儿童读物的行为成为潮流。

纵观表2-1及其文字阐述不难发现，文本变量涵盖面非常广，涉及文本的外在形式、内容主题和语言变量等多个方面，这为20世纪文本变量的研究提供了丰厚的土壤。

二、英语文本难度研究的发展特点

（一）物理变量式微，语言变量主导

二十世纪，随着学科的分化和出版与印刷技术的发展，文本的物理变量，

如出版格式、印刷格式、字体大小等逐渐淡出儿童文学作者兼阅读教材编写者的视野，文本的语言变量，如句子、词频、词的音节等逐渐成为研究的主导内容。

1. 词汇

衡量英语文本难度的常用词汇指标有词长与词频。词长通常用单词音节数或单词字母数来表示（李绍山，2000）。这符合英语作为拼音文字的语言特点。

（1）词长

通常用每词音节数或者字母个数来表示词长。词长与词频关系密切，一般音节数较多，或者字母数较多的单词都不常用，常用词都比较短。由于日常交际的经济、快捷、有效的特性，词的短化是客观要求的必然结果，例如表示月份的英语词汇通常采用前面三个字母，January–Jan.，February–Feb. 等。

以词长为文本难度变量是潜在的假设，单词的音节数越多，使用的频率相对更低，其理解难度越大。大多数文本难度研究者以“100个单词”为分母，以该100个单词中的音节总数或单音节词数，抑或是多音节词数为分子，例如Flesh公式（平均单词音节数 / 百词），Gunning R. 含雾指数（FOG）公式（表2–2）。Fry（2002）计算了小学一年级到大学的文本，绘出“阅读难度评估指示图”（Graph for Estimating Readability），显示，每一百字平均音节数在108–182之间。有研究者绕开了音节计算的难题，转而将字母数量 / 单词作为词长的计算方法，避免了字母数与音节数不完全匹配的事实，例如Mugford发现人们忽略了“queue”这种多字母的单音节词（Mugford，1970）；Harris也发现，含5个以上字母的单词与文本难度的相关系数为 .80（Harris，1974）。虽然，Harris（1974）认为词频对文本难度的预测准确度比平均字母数高21%，但是本段中提及的以词长为文本难度变量的文本难度公式依旧受到欢迎，其原因很可能是“词长与词频具有密切的关系”（李绍山2000）。

（2）词频

词频将词分为“简单词”和“难词”两类，然后计算每一百个词的“难词”比例。在许多公式中，通常根据词汇表确定难易词，比如Dale–Chall词表和Harris–Jacobson词表（Harris，1980）。这些词表由3000到4000个高频词组成，如果单词不在词表上，则被判定为“难词”，反之，为“简单词”。如果，一篇文本中的“难词”比例越大，则文本难度越大，学生的阅读得分普遍下降。

词库中的词频也称为词熟感（word familiarity），表明读者对该词的了解状况，它比词长更能够代表词的难度（Leroy & Kauchak, 2014）。大量研究表明，词频的预测能力高于句法难度（李绍山，2000）。词频乃是词的认知中的一个最重要的变量（Just & Carpenter，1980）得到了普遍认同。

词频研究通过建立常用词表，将文本词汇与通用词表进行比对。例如，Dale-Chall 公式（1995）的词表含3000个80%的美国四年级学生所熟悉的词；Elley（1980）通过不同文本反复考察和计算 Dale-Chall 公式，发现名词词性的预测度更高，由此开发了名词频率公式（The Noun Frequency Method），建立2000个名词词表；Fry（1990）从43，000个词汇中建立了年级词表（The Fry Short Passage measure）（Dale & O’Rourke，1981）。随着计算机技术的发展，语料库成为词频研究的拟合对象。例如，蓝思（Lexile）分级公式的比对词表含6亿个词汇，来自44，000个文本（https：//lexile.com/about-lexile/glossary/#S）。

当前，学者普遍将与词汇相关的语言变量称为语义成分（semantic component），认为它是影响语篇意义理解的因素。语意难度（意义或者词意难度），通常通过测量词长或是词频分布来确定。

2. 句长

句长是以句子中的单词数来计算的（李绍山，2000）。几乎所有的易读性公式都将句子的长度等同于句子的复杂程度（Bailin & Grafstein，2001）。一般而言，句子越长，表示句子的语法结构越复杂，一个长句中包含多个代词、从句、短语、修饰词、限定词或者各类从句和内嵌短语，例如同位语、定语、状语、补语，等，它们通过各种关联词构成不同的逻辑关系。这导致文本的理解难度变大。Fry 等指出，大部分有关易读性的研究与句法难度有关，句法难度（语法复杂度），通常通过测量句长来确定。此外，读者在阅读文本时，运用短时记忆对文本进行加工，如果句子太长，会给读者增加认知加工负担，加大文本理解的难度。

Yao-Ting Sung 等人认为，简单句和复杂句对于文本难度也有较大影响。简单句有独立的语法单位，包含主语和谓语，常以句号、感叹号、问号结尾；

而复杂句由两个或多个简单句构成，之间常用逗号隔开。因此，一篇文本中简单句或者说单句数越多，文本越容易理解（Sung，et al.，2015）。

句子中短语与从句的数目往往和句子的表意负载有密切的联系，表意负载率越大，句子的难度就越高（Dechant & Smith，1977）。例如：

句1，Rather than resisting or criticizing this trend，increasing number of Australian doctors，particularly younger ones，are forming group practices with alternative therapists or taking courses themselves，particularly in acupuncture and herbalism.

句2，Increasing number of Australian doctors are forming group practices with alternative therapists.

句1和句2的主句一样，但是前者多了两个由particularly引起的插入语、一个or引起的并列短语和由rather than引起的比较状语。句1的表意负载明显多于句2，给读者增加认知加工和记忆负担，因此，对句1的理解难度更大。蓝思文本难度分析器（Lexile® Analyzer）显示，句1共32个单词，难度分值为1850L，句2为15个单词，分值为1230L。该计算结果与“句子的长度等同于句子的复杂度”的假设一致。

另外，Johansson（2008）认为，在一个句子中，名词短语越多，意味着聚集了很多信息与概念，这样的句子就越复杂。当名词词组有更多更长的修饰语时，句子的结构就越复杂（Ravid & Berman，2010）。文本难度随之增加。

当前，学者普遍将与句子相关的语言变量称为句法成分（syntactic component），它和语意成分共同构成分级公式中的语言变量。

（二）定性描述向定量赋值发展

文本难度公式研究兴起于1920s（Chall，1974），旨在采用定量的方法开发“基于科学”的课程（Janan，D. & Wray，D. 2013）。十九世纪的文本变量研究依据的是不同儿童文学作者兼阅读教材编写者基于专业知识和经验对文本易读性的不同认识，易受到主观因素的干扰，从而影响评价的信度和效度。1923年，Lively 和 Pressey 最早制定出客观的英文易读性公式（Fry，2002）。随着统计学的发展，1928年，Vogel 和 Washburne（1928）第一次使用了回归方程的方法（$Y = \beta_0 + \beta_1 X_1 + \beta_2 X_2 + \cdots + \beta_k X_k + \varepsilon$），将多个语言变量纳入易读性公式，推导文本语言变量和文本难度之间的相关系数（β），创制可读性公式，实现了向客观测量的进步。至今英语文本难度公式已经超过了100个（王蕾，2008），其定量赋值也在不断修正。下面列出郭望皓（2009）和笔者总结的7个分级公式。

（1）Vogel 和 Washburne 公式

Score = 17.43 + .085*Different Words +.101*prep.+.604*Difficult Words–.411*clauses

这是第一个采用线性回归方法计算出的易读性公式。公式中，Score 表示易读性分值，分值越高，文本难度越大。Different Words 表示单词的词种数，prep. 指介词个数，Difficult Words 指不在词表中的单词数，clauses 指短语数。这个易读性公式主要是以词为变量计算文本难度。

（2）Dale–Chall

Dale–Chall Readability Index = .1579*PDW + .0496*wd/sent. + 3.6365

公式中，PDW 是 percent difficult words 的简写，指难词所占比，以 Dale 3000常用词表为标准，不在表中的词语即为难词。Wd/sent（word/sentence）指每个句子的平均单词数。Dale–Chall 易读性公式亦是从词的角度而创立的。

（3）Fog Index

Reading Level= .4*（wd/sent+100*（wd ≥ 3syll））

公式中，wd/sent 指每个句子的平均单词数，wd ≥ 3syll 指文本中含有大于和等于3个音节数的单词数量。Fox Index 是适用于美国小学高年级和中学读者的易读性测量公式。

（4）Spache Formula

Grade=.121*wd/sent+.082*PDW+.659

公式中，wd/sent 指每个句子的平均单词数，PDW 是 percent difficult words 的简写，指不在常用词表中的单词所占比。

（5）Flesch Reading Ease Test

Flesh Reading Ease Score = 206.835 –（1.015 * ASL）–（84.6 * ASW）

这是以平均句长和平均词音节数为变量，制定的文本易读性公式。其中，等式右边的ASL（average sentence length：the number of words divided by the number of sentences）表示平均句长，由单词总数除以句子总数而来；ASW（average number of syllables per word：the number of syllables divided by the number of words）表示平均每个词的音节数，计算方法为音节总数除以单词总数。这个易读性公式是以百分制计算的，分数越高，说明文本材料越容易理解，分数越低，说明文本材料的难度越大。对于标准材料而言，最好的分值是在60到70分之间。

运用该易读性公式对美国三种著名的文字资料—时事周刊（Time）、法律专业杂志（Harvard Law Review）和保险公司的文件条款进行测算，结果为时事周刊的平均易读性分数最高，为52分；保险公司的文件条款平均易读性分数在40到50分之间；法律专业杂志的平均易读性分数为32分，平均文本难度最高（陈阿林，张素，1999）。

（6）Flesch-Kincaid Grade Level Test

FKGL Score =（.39* ASL）+（11.8* ASW） - 15.59

这亦是以平均句长和平均词音节数为变量，制定的文本易读性公式。等式右边的ASL和ASW分别表示平均句长和平均每个词的音节数。该等式的计算结果直接表示美国学校的年级等级水平。如果计算结果为8.0分，则表示美国8年级的学生能够理解这份文本资料。对于很多文本资料而言，目标分数是在7到8分之间。

（7）Lexile Readability Formula

Lexile易读性公式是在标准公式（Calibration Equation）的基础上，将Logit分数单位转换为Lexile分数单位，制定的能够同时测量读者阅读素养和文本难度的Lexile易读性公式。

（a）标准公式（Calibration Equation）

Jackson Stenner（1996）发现，LMSL（Log of the Mean Sentence Lenth）平均句长的Log值和MLWF（Mean of the Log Word Frequencies）平均词频的Log值，能够在PIAT（Peabody Individual Achievement Text）测试题目等级排序中具有85%的解释力。此后，Jackson Stenner等人对400个前测题目进行理论难度排序，并对3000名2到12年级的学生进行前测，删掉不拟合项目，用M-scale

量尺测算出剩下的262个测试题目的Logit难度，最终确立出标准等式。观察到的Logit难度和理论难度之间的相关性为.97，相关性较高，证明这262个项目的难度安排合理，能够测量出不同层次学生的能力水平，同时亦证明这个标准等式能够预测文本的Logit难度值。文本难度标准等式如下：

(9.82247 * LMSL) – (2.14634 * MLWF) – constant = Theoretical Logit

Lexile认为，平均句长的Log值和平均词频的Log值就能够预测出英语文本的文本难度。

由于在这个公式中，Logit量尺没有一个绝对的零点，所以，在不同的项目难度和读者能力之间很难进行比较，为了克服这种情况，便要解决量尺的绝对零点问题。首先，要运用标准公式，计算出两种极端文本的Logit值，以初级阅读材料和百科全书样本作为两种极端材料，计算出简单文本的平均Logit难度值为–3.3，百科全书样本的平均Logit难度值为2.3；而后，通过公式:(–3.3 + 3.3) + 200 = 200 Lexiles和[(2.26 + 3.3) * Constant] + 200 = 1200 Lexiles，将Logit分值转化为Lexile分值的同时，确定Lexile量尺的最大值和最小值；最后，得出Lexile易读性公式。

(b) Lexile易读性公式

[(Logit + 3.3) * 180] + 200 = Lexile calibration

这是以句长和词频为变量，制定的Lexile易读性公式，文本的Lexile值越大，说明文本难度越高。运用Lexile易读性公式和Lexile图表（Lexile map）可以同时报告出文本难度测量点和与之相对应的能够预测读者75%理解力的Lexile标准文本的能力测量点，这便为读者直接提供了一种匹配相应难度文本材料的方法(图2–2)。

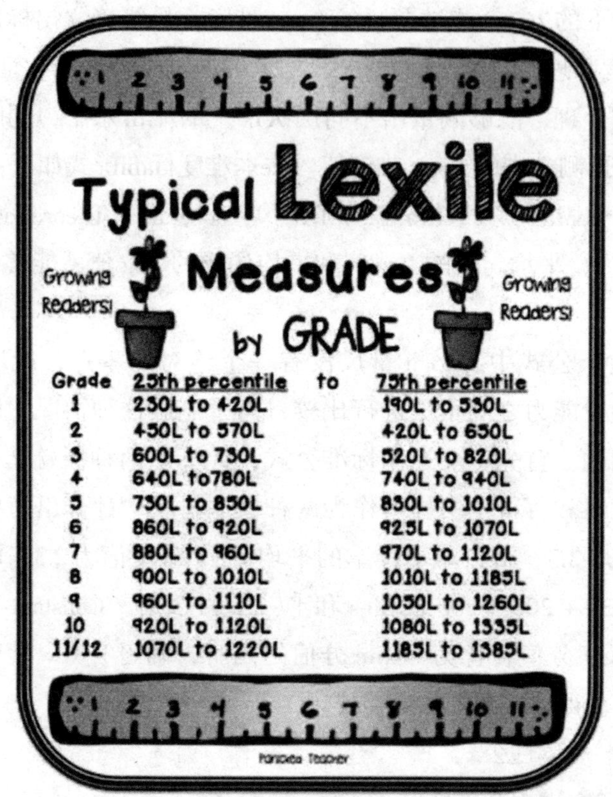

图2–2 Lexile Map（https：//www.weareteachers.com/reading–levels/）

文本难度公式多以美国中小学生为服务对象，有的延续到大学一年级新生，如蓝思和Dale–Chall Score。有的以百分制表达难度，如Flesh Reading Ease Score，数值越大，难度越低；但更多的是以适合阅读的年级系数为难度指标，以Dale–Chall公式为例，如果计算结果为5.0–5.9分，则表示易于被美国5–6年级的学生所理解；而8.0–8.9则意味着达至11–12年级学生的普通水准（Readability Level by Dale–Chall Score）。

至今有100多个测量英语文本可读性的公式，但是人们对其受欢迎程度的看法并不相同。Harris总结了20世纪七十年代左右5个最为常用的著名公式（表2–2）。维基百科列出的受欢迎公式有，The Flesch formulas，The Dale - Chall formula，The Gunning fog formula，Fry readability graph，McLaughlin’s

SMOG formula，The FORCAST formula，Readability and newspaper readership，The George Klare studies，Measuring coherence and organization，The John Bormuth formulas，The Lexile framework，ATOS readability formula for books 和 CohMetrix psycholinguistics measurements。Lexile Readability Formula 自诩是在当今美国学校中，使用最广泛的阅读测量标准，应用于全美50个州的各类学校，每年为全美一半以上的学生报告3千万各类阅读测试的蓝思分值（罗德红，余婧，2013）。

表2-2　国外常用英语文本难度公式表（Harris，1980）

序号	公式名称	方程式	可靠性	易行性
1	Flesh Reading Ease Test	Flesh Reading Ease Score = 206.835 –（1.015 * ASL）–（84.6 * ASW）	****	**
2	Power–Sumner–Kearl	Grade Level =（wd/sent*.0788）+（syll/100wd*.0455）–2.2029	****	**
3	FOG	Reading Level = .4*［wd/sent+100*（wd ≥ 3syll）］	***	****
4	Dale–Chall	Dale–Chall Readability Index = .1579*PDW + .0496*wd/sent. + 3.6365	*****	*
5	Spache	Grade = .121*wd/sent+.082*PDW+.659	****	**

注：* 号越多效果越好；ASL = average sentence length = 平均句长 = 单词总数除以句子总数；ASW = average number of syllables per words = 平均每个词的音节数 = 音节总数除以单词总数；wd/sent = 平均句长 = 单词总数除以句子总数；syll/100wd = 每一百词的平均音节数；wd ≥ 3syll = 大于和等于3个音节数的单词数量；PDW = percent of difficult words = 难词比

（三）由线下计算到线上推广

在1946年计算机问世以前及至1965年的发展初期，研究者只能人工统计文本难度变量和手动计算文本难度值，其研究结果主要服务于科学计算、国家重要部门或科学研究部门。学校教师对文本难度的测量一般采取考试评估的方法，通常通过完形填空、选择题等题型和题目的得分估算文本变量对文本难度的影响。

20世纪信息技术革命促进了计算机和全球互联网技术的发展，为文本易读性测量带来了新的测评方式和商业模式。基于网络技术的发展，Si和Callan（2001）利用已经标注好易读性等级的训练语料，通过统计方法为不同等级的文本建立一元（unigram）概率语言模型，以语言模型代表读者特征，并将测试文本与各个难度等级的语言模型进行对比，从而确定测试文本的易读性等级，并对其进行标注，被认为是新的发展趋势（邢富坤，程东，2010）。微软公司将Office软件和Flesh公式相结合，为用户提供了英语文本难度测量的功能和体验。免费的文本难度测算网站俯拾即是，输入600字以下的任意内容，系统将自动计算出基于The Flesch Reading Ease formula，The Fog Scale（Gunning FOG Formula），The SMOG Index The Coleman-Liau Index，Automated Readability Index和Linsear Write Formula等流行公式的难度分值结果，进行难度比对（http：//www.readabilityformulas.com/free-readability-formula-tests.php）。蓝思公司（Metametrics）开发了网络文本难度分析器（LexileR Analyzer），计算PISA（the Programme for International Student Assessment，国际学生评估项目）、NAEP（National Assessment of Educational Progress，美国国家教育进展评估项目）、PIRLS（Program for International Reading Literacy Study，国际阅读素养进展研究项目）、托福、GRE等测评的文本难度分值，且实现了与其他文本难度公式计算结果的互换（罗德红，余婧，2013）。

（四）心理学和数学模型的应用

阅读过程实质上是非物质的思维过程，语言文本变量对读者阅读理解能力的影响也是内隐的。英语语言变量研究采用回归方程推导文本难度公式，这意味着借用计算机技术数字化地分析和归纳读者对阅读理解题目的心理反应，但是直到1996年才用文本难度公式回应了阅读能力和文本难度之间的数量关系。

研究者从阅读的认知加工视角解释了文本变量对阅读能力的影响。在词长方面，多音节和多字母的词给拼写和记忆造成心理负担，对短时记忆组块构成挑战，在进入长时记忆系统之前需要反复复述，影响了读者的理解速度和准确度。词频是一种心理现象（Word frequency effect），高频率词的辨认速度快于低频率词。词频给读者提供了推测词义的语境。由于高频率词在各种语境中的复现率高，大脑已经形成了自动化的辨认能力，在激活长时记忆之前，工作记忆已经完成了辨认任务。而低频率词由于重复次数少，读者需要激活长时记忆进行搜索，启动思维推理语境中的意义，这加重了认知负荷，同时它拉长了加工时间，产生和句子长度一样的效应，给记忆和推理造成了负担。

回归公式预测了文本变量对读者阅读能力的贡献度，但是它并不能直接和同时报告阅读者的阅读水平。蓝思分级阅读公式基于罗斯模型（Rasch model）原理，即参数分离和个体与题目共用标尺与线性数据等（晏子，2010），打破了这一现状，同步报告文本难度和阅读能力。Wright 和 Stone（1979）指出了罗斯模型的四个最基本的假设：（i）每个个体有其特定的能力；（ⅱ）每个项目有一个难度；（ⅲ）每个项目的难度可以呈现在同一标度上；（ⅳ）可以计算任何特定观察分数反应概率数量之间的差异。Stenner（1996）将句长和词频两个文本变量转换成能够与读者能力在同一把标尺上进行比较的 logit 值，即答对的概率，之后运用 logit 数据进行回归分析，计算出一个能够体现文本难度和读者水平的文本难度公式，即蓝思标准公式［9.82247 * LMSL（log of the mean sentence length）］–［（2.14634 * MLWF（mean of the log word frequency）］– constant = Theoretical Logit，最终将 Logit 分数单位转换为蓝思分数单位，建立了蓝思文本难度公式，即［（Theoretical Logit + 3.3）* 180］+ 200 = Lexile calibration。Stenner 和 Stone（2004）进一步提出，阅读理解 = 阅读能力 – 文本难度，其中阅读能力在某个特定时期为常数，受文本难度影响，由文本变量决定的文本难度是三者中唯一客观可测量的。换言之，蓝思文本难度公式应用罗斯模型将学生的阅读理解、阅读能力与句长、词频的难度相匹配，显著地突出了文本难度研究跨学科的特点。

（五）1950s 达到发展高峰

William Dubay（2007）总结了10个经典的分级阅读公式，笔者将其总结为表格，详见表2–3所示。

表2–3 经典的分级阅读公式研究

姓名	时间 / 职业	代表作	主要特点
卢修斯・阿德尔诺・谢尔曼（Lucius Adelno Sherman）	1880–1893；美国内布拉斯加州大学的英语文学教授	《文学分析：英语散文和诗歌的客观研究手册》（Analytics of Literature：A Manual for the Objective Study of English Prose and Poetry）	奠定了阅读研究的基础，影响了当时作者的句子风格，句子不仅变得更短，而且更简单，用词更朴实和具体。
哈里・D・基特森（Harry D. Kitson）	1921–1927；印第安纳大学的心理学教授	《买家的心理——销售心理学》（The mind of the buyer：The psychology of selling）	句子长度和音节长度是衡量可读性的重要指标。分析了《芝加哥晚报》（the Chicago Evening Paper）和《芝加哥美国报》（the Chicago America）报纸的文本变量，最早将现代实用主义心理学应用于推销中。
爱德华・L・桑代克（Edward L. Thorndike）	1911–1943 哥伦比亚大学师范学院教育学教授	《教师词汇书》（The Teachers Word Book）（1万字，2万字和3万字三个版本）；	第一个最详细的单词频率表，为可读性研究和可读性公式的构建奠定了基础。
贝莎・A・莱夫利和西德尼・L・普莱西（Bertha A. Lively and Sidney L. Pressey）	1923– 俄亥俄州立大学	《教科书“词汇负荷”的测量方法》（A Method for Measur ing the ‘Vocabulary Burden’ of Textbooks）	证明了用统计方法预测文本难度的有效性
梅布尔・沃格尔和卡尔顿・沃什伯恩（Mabel Vogel and Carleton Washburne）	1926–1928；伊利诺伊州温内特卡学区公立学校研究处主任（梅布尔・沃格尔）和教育局长（卡尔顿・沃什伯恩）	《一种确定儿童阅读材料分级的客观方法》（An Objective Method of Determining Grade Placement of Children’ s Reading Material）	构建了温内特卡公式，是首个用年级水平指代阅读难度级别的公式，是现代可读性公式的原型。

续表

姓名	时间 / 职业	代表作	主要特点
道格拉斯·韦普尔斯和拉尔夫·泰勒（Douglas Waples and Ralph W. Tyler）	1929–1931	《人们想读什么？》（What People Want to Read）About）	用量化研究方法证明，人们倾向于选择与自身阅读能力相匹配的那类文学作品。
W. W. 佩蒂和W. I. 佩因特（W. W. Patty and W. I. Painter）	1931—印第安纳大学	《测量教材词汇负荷的技术》（A Technique for Measuring the Vocabulary Burden of Textbooks）	他们构建的分级公式以两类词频为自变量，包括桑代克词表中的生熟词和文本中的自有词频，这两类词频共同决定了教材的难度。
埃德加·戴尔和拉尔夫·W·泰勒（Edgar Dale and Ralph W. Tyler）	1934；俄亥俄州立大学	《成人低水平阅读材料难度的影响因素研究》（A Study of the Factors Influencing the Difficulty of Reading Materials for Adults of Limited Reading Ability）	第一个成人可读性公式；为阅读处境不利的成年人编制学习材料。
拉尔夫·欧杰曼（Ralph Ojemann）	1934	《父母的阅读能力及其影响父母阅读材料难度的因素》（The Reading Ability of Parents and Factors Associated with Reading Difficulty of Parent Education Materials）	用成年人回答阅读理解问题的得分来标注该阅读理解材料的难度。
埃尔文·罗古（Irving Lorge）	1935；哥伦比亚大学教师教育学院	《预测可读性》（Predicting Readability）	罗古分级阅读公式；减少公式中的自变量数量，为后续公式构建建立了原则
埃德加·戴尔和珍妮·S·卡希尔（Edgar Dale and Jeanne S. Chall）	1920s–1948；俄亥俄州立大学教育学教授	《预测文本难度的公式研究》（A Formula for Predicting Readability）	构建了戴尔－卡希尔分级公式，在所有的可读性公式中，该公式一直是最可靠的。

续表

姓名	时间 / 职业	代表作	主要特点
鲁道夫·弗莱施（Rudolf Flesch）	哥伦比亚大学	《新的可读性标准》（A New Readability Yardstick）	构建了弗莱施易读性公式（Flesch's Reading Ease formula），是应用最广泛的公式，也是被重复检验和可靠性最高公式之一，对新闻业产生了巨大的影响。

三、英语分级公式的争议和辩护

Fry（2002）指出，大部分有关易读性的研究，主要与两个因素有关，即句法难度（语法复杂度）和语意难度（意义或者词意难度），前者通过测量句长来确定，后者通过测量词长或词频分布来确定。但质疑的声音认为，这些影响因素有待商榷，它们忽略了读者的心理因素，测量结果实则是不准确的。

（一）分级标准的建议性价值被放大

在英语易读性公式研究的近一百年来，易读性公式在文本难度的控制方面起到了重要作用，文本难度的定量化设定表现明显，使文本难度的测量客观化和标准化，人们对文本难度的判断，不再依赖自己的主观感觉。例如，弗莱施构建的易读性公式（Reading Ease formula）被新闻界采用，将报纸头版文章的难度由16降低为11（DuBay，2007）。此外，易读性公式的研发，为文本之间难度的对比和分析提供了定量化途径，增加了研究者们分析资料的方法和手段。然而，分级公式是建立在将个体差异淹没在群体中的统计推断上，表现优异或者贫乏的1–5%的个体作为极端值通常被统计排除，因此基于分级公式的学生阅读分值在很大程度上仅为建议的参考价值，而非刚性的标准，但是实践层面的应用对此认识不足，建议性的价值往往被放大。

下面举一个例子，说明以上优点在研究中的表现。Gamson（2013）等学者以十年为单位，以整个二十世纪187种三年级教科书共5049057个单词和71种六年级教科书共4939458个单词为分析对象，进行了Lexile文本难度分析对比和平均句长对比。研究结果表明，就前一种方法而言，三年级文本的平均Lexile分值在1910年到1940年之间逐渐递减，但从1950年开始稳定上升，

2000年的文本难度Lexile分值最高，文本难度最大；六年级文本的平均难度在1920年达到最高，之后难度下降，但到1940年文本难度趋于稳定，之后一直保持恒定。就后一种方法而言，三年级和六年级的平均句长在1910到1930年间数值最大，在1950到2000年期间没有显著变化，但在2000年，三年级文本的平均句长数值有所上升。两种方法得出的结论有一致之处，这为对教材编制、学习负担和考评质量提供了科学事实。

易读性公式最重要的一个作用，是为实现差异化教学而服务，但是在实际应用中存在唯“分级”论的现象。例如，在应用蓝思分值的公立和校内图书馆服务中，当学生向馆员索借的书籍高于其蓝思分值时，馆员通常会建议学生阅读与其分值一致的书籍（Reed，2015）。再比如CCSS（Common Core State Standards）制定者（2010）认同Gary L. Williamson的研究，高中毕业年段的文本难度和大学的文本难度差距为350个蓝思分值，类似于1.5个标准差的距离，其差距大于NAEP四年级和NAEP八年级测试文本之间的难度，由此建议致力于逐渐提高初级读本的文本复杂性。但有研究者对这一观点持反对意见，认为不能单方面提高文本复杂性，应将教育重点放在学生的教学指导和学生的兴趣爱好上。NAEP 2011表明，在四年级学生中，仅仅只有1/3的学生达到了目前的高级水平，剩下3/4的美国学校学生则在基本水平以下（Aud，et al.，2012）。与此同时，ACT报道指出，学生在基础教育阶段已经落后了，以后赶上的可能性不大。换句话说，增加文本难度，而不注意相应的教学方面的支持，有可能会在没弄清楚潜在原因的情况下，进一步扩大和加剧成绩落差（Gamson，et al.，2013）。

持上述观点的学者认可分级标准的科学性，但认为不应唯标准论而忽视学生的个性。

（二）音节、词频和句长等语言形式不能完全预测文本难度

几乎没有证据表明可读性公式的结果和文本理解有关（Leroy & Kauchak，2014）。词语和句长并不能准确测量文本难度，以词语的音节数、词长、词频和句长来判断文本的难度并不准确。例如，Bailin和Grafstein（2001）认为，前缀re意为“再次、回、向后”，后缀er表示某种职业或者专门人士，它们

的添加增加了音节数量，使得单词达到“难词”的标准，但是对于知晓基本构词规律的学生来讲，这些词并不构成理解难度。换言之，词不会因为音节数和词长的增加而绝对地提高读者对它们的理解难度。

词频一般是根据单词表来判断生疏词的比例，但是单词表中只有词语，并没有配备相应的词意。如果在文本中，运用了一个简单词的罕见词意，无疑增加了文本难度（Harris，1980）。例如，set在日常生活中常与sun和moon一起连用，属于词表中的高熟词，然而“mathematics of set theory”中的set意为“集合”，与常用意思完全不同，非数学专业人士和未接触过该数学知识的低年级学生难以理解。因此，仅仅根据词表来判断文本中的单词是否属于简单词或者难词并非精确（Bailin & Grafstein，2001）。

句子越长，并不一定表明句子越难，句长可促进理解，而不是阻碍理解，逻辑连接词增加了句子的长度，但是，正是有了它们，句意更易被理解（Harris，1986）。例如，（i）The mouse ate the cheese，and then the rat ate the mouse，and after that，the cat ate the rat and died. 其句长为22个单词，蓝思难度分值为1160L；（ii）The cat that ate the rat that ate the mouse that ate the cheese died. 其句长为15个单词，蓝思难度分值为960L。句1的难度分值高于句2，但是显然句1更易于理解，显然这与句子越长难度越大的阐释并不相符。

语言学特征非为可读性公式的唯一变量。众所周知，简单的文字可以表达深刻的思想，思想的深度和句子的复杂度并不匹配。换言之，文本难度的传统算法，即基于文本语言学特征的可读性公式面临着挑战。例如美国作家欧内斯特·米勒尔·海明威（Ernest Miller Hemingway）的作品以简洁著称，所用单词和句子都非常简单、简短，但都情景交融、浓淡适宜、意蕴深远。按照蓝思分级，他的《太阳照常升起》是610L，在三年级学生的阅读水平范围内。但这本海明威的成名作描写了大战的背景，深刻地洞察了人性，解读了民主和自由等抽象的主题，超越了三年级学生的生活经验和发展水平。基于此，很可能是其他的因素，如文本的思想、主题、写作手法等影响了文本难度。对此，蓝思公司有针对性地对分级文本发布一些定性的分级指标，并积极寻找是否还有其他因素影响文本的定量测量。

简言之，上述学者认为，以语言变量预测文本难度不具有准确性，文本的主题和思想是预测文本难度的重要因素，将主题和思想等因素纳入预测文本难度的变量之研究已经启动。

（三）读者背景因素考量的回归

众所周知，来自语料库的通用词频，其排序依据的是词汇在公众日常阅读材料中使用的频繁程度，难以考虑到词频变量的个体差异。例如，介绍曲棍球运动比赛规则的应用文，对那些既没有观看兴趣，也没有实践经历的读者而言，其阅读困难，可能远远大于曲棍球迷或者运动员。另外，词频变量还忽略了读者的方言和文化背景（Bruce，Rubin & Star，1981），读者的背景知识和句法难度之间的关系也很复杂（Barry & Lazarte，1998）。简而言之，文本难度变量研究忽视了进入文本的读者因素（Crossley，Greenfield & McNamara，2008）。

现今对文本难度公式的批判大多集于此，而文本难度公式的开发者也做出了积极的回应，推动了分级公式的进一步发展。文本 A–Z 分级体系（learning A–Z text leveling）结合文本难度公式的定量评价和阅读专家（a human reader）对文本属性的定性评价，例如作者的目的、文本意义、文本结构、语言风格、读者的知识储备等，建议教师综合考虑学生和国家核心课程标准（Common Core State Standard，简称 CCSS）所界定的阅读任务之间的互动关系。蓝思公司将分级书籍根据内容划分为24大类，读者在测评自己的阅读水准之前，可以根据自己的兴趣进行勾选，系统将根据读者的勾选提供相应的文章供学生测评，此举也意在辨析读者的经验和认知背景。NEWSELA 公司将时事新闻分为战争与和平、科学、儿童、健康、金融、法律和体育7大类，从蓝思公司获得授权，根据蓝思文本难度公式中的文本变量将新闻改写为难度在560L–1140L之间的多种版本，供读者选读（Welcome to Newsela Learning & Support）。

（四）分级公式的技术回应

在理论上，蓝思框架认为词频（word frequency）和句长（sentence length）是判断文本可读性的两个最有效的语言变量。所有的符号系统都包括语义成分和句法成分。语义的单位是单词，单词根据句法规则组合成思维单位和句子。在所有的情况下，信息的可理解性或难度由语义单位的熟悉度（familiarity）和句法结构的复杂度（complexity）控制，因为阅读是一种基于认知背景的心理活动，词汇的频率给读者提供了推测词义的语境，而句子的长度给读者的短时记忆和推理造成了负担（Stenner，1996）。

蓝思框架对其理论构想进行了各种检验。Lennon 和 Burdick（2004发现，在容量为6亿个单词词库中，词频与文本难度的相关性最高（r= — .779），其他的变量，诸如文本的连贯性、叙事性、词长和段长等只能解释文本难度和阅读理解之间8% 的相关性（Stenner, Swartz, Burdick, H, Burdick, D. S.& Hanlon，n.d.）；1980s 末和2005年，蓝思比较了10种可读性公式的预测力，蓝思公式分别为 .87和 .91，高于其他9个公式（Burdick，n.d.）。蓝思公司还选取了475篇文章（平均长度 =390，标准偏差 =540）为阅读和分析对象，发现，168个学生阅读的经验难度和来自蓝思分析器的理论难度之间的差距非常小，文本经验难度的分半信度为 r_{tt}=.995，标准差 =17L，皮尔森相关系数 r=.95，测量误差的校正系数 r=.96，均方根误差为 99.8L。这些检验表明，蓝思框架具有非常高的信度，能够准确地测量文本难度。

虽然美国国家核心课程标准（Common Core Standard）制定者（2010）对文本难度的阐释，即“基于对读者和阅读任务考量的阅读和理解文本的内在困难”综合考虑了文本难度、读者差异和阅读任务，但是另一方面又将蓝思文本难度公式作为唯一的文本难度计算工具，且基于此提出课程与教学建议，这引发了对以蓝思分级公式为代表的分级公式的反思。

鉴于分级公式传统上仅计算语意成分和句法成分的不足及其应用中受到的质疑，例如，McNamara 等人认为，美国教科书的编排过分依赖传统可读性公式的“句长”和“词长”两个指标，特别缩短词长和句子的行为导致课文中充满短而破碎且凝聚性很低的句子，极易造成理解上的困难（McNamara，Louwerse，& Graesser，2002），Graesser 等人对此发展了在线多文本特征分析器（Coh–Metrix system）。Coh–Metrix system 开发者在系统纳入词汇类（如词频、词数）、句法结构类（如名词词组数、结构相似度）、潜在语意类（如相邻两句的语意相似度）和连贯性（如连接词数、代名词数）等60个指标，以文本凝聚性分值（coherence score）报告读者的背景知识和自然倾向与文本凝聚性（text cohesiveness）之间的关系。文本的凝聚性分值越高，表明为读者提供的词汇、句子和观点之间的关系越明朗，文本越易于理解。

虽然，McNamara 等人以 Coh-Metrix（Graesser，McNamara，Louwerse & Cai，2004）进行文本凝聚性操作的研究，其文本分类效果已获得心理学实证证据的支持（McNamara，Louwerse，McCarthy，& Graesser，2010），但是，其研究结果尚未达到提供年级水平标准（grade band）的程度，他们试图超越传统的文本语言变量（语意成分和句法成分）所构建的文本凝聚性语言变量的最大价值，在于为人们提供了更高级和更合用的文本分级公式的承诺（National Governors Association Center for Best Practices & Council of Chief State School Officers，2010）。

四、分级公式在争议中的教育应用：以蓝思分级为例[①]

虽然分级公式面临诸多的争议，但是它们在美国中小学和各类图书馆得到了广泛应用，蓝思分级公式甚而成为国家核心课程标准（Common Core State Standard）审视文本难度的工具，有两大原因。

其一为美国“以学生认知为中心”（罗德红，尹筱莉，2009）的教育理论精髓。正如皮亚杰所言，“当教育建立在智力发展的自然机制的基础上时，它就最好地促进智力的成长”（中央教育科学研究所比较教育研究室，1989），由此，教师的两个最根本责任就是诊断学生现在的心理发展阶段和向学生提供那些引导他们上升到下一个阶段的学习活动（中央教育科学研究所比较教育研究室，1989）。其二，皮亚杰虽以学生的年龄为依据划分了学生的心理发展阶段，但是其“年龄”是“平均年龄”或曰抽象年龄，而非具体个体儿童的年龄。正如5岁学生所穿鞋子的尺码不同一样，在任意给定的时间点上，在任意年龄学生组内，学生的学习潜力互不相同、甚至相去甚远。皮亚杰“平均年龄”的算法并没有细化这些发展上的差异。蓝思分级公式所推导的阅读能力和文本难度分值细化到个位数，且易于操作，与教育理论精髓“一拍即

① 该部分主体内容已经发表。详见：罗德红，余婧．美国中小学阅读教学的思维获取模型概览和启示［J］．现代中小学教育．2016（5）：123-126．有修改和增删。

合”，成为当下美国中小学最为流行的分级公式，应用于全美50个州的各类学校，每年为全美一半以上的学生报告3千万个各类阅读测试的蓝思分值。

（一）差异化阅读教学和测评工具

蓝思分级阅读框架（下称蓝思框架）汲取阅读理解专家40年的研究成果以及教育和心理学家15年的研究，1994年交由蓝思公司（Meta metrics. Inc）进行商业化运作，它意在创制一种类似于温度计的，普遍、绝对和不变的测量阅读能力的标准。正如温度计以“度”为单位测量温度的高低，蓝思阅读框架以“蓝思”（Lexile，简称L）为单位度量学生阅读能力的高低，帮助教师定位阅读教学的起点。

蓝思框架建立在可读性理论、教育科学和学校实践的基础上（Wright & Stenner，1998），技术成熟而精细。蓝思框架的独特之处是同步测量阅读能力和文本难度并进行匹配，实现网络化和图书馆蓝思化。同步测量和匹配的统计软件是罗斯模型，它将可读性公式的结果转化为阅读能力，基于网络的蓝思分析器（lexile analyzer），通过可读性公式分析文本的语义复杂性和句法难度，用200–1700L量化标注文本的难度。学生在因特网和图书馆输入自己的蓝思分值或者年级，系统就会提供难度分值相匹配的书单。

学生可以非常方便地获取自己的蓝思分值。蓝思公司并不发布阅读理解测试题，而是与州教育局和试题发布商（test publisher）建立合作关系，或创建评估体系或将现有的测试结果转换为蓝思分值。合作单位包括21个州测试，麦克劳希尔教育测评中心（CTB/McGraw–Hill）、美国教育档案局（ERB）、皮尔森（Pearson）和Riverside出版社发布的4个常模参照测试（Norm–Referenced Assessments），教育、测量和学术等8个组织和机构组织的临时或基准测试（INTERIM/BENCHMARK ASSESSMENTS），以及7个组织推行的阅读和干预项目（READING PROGRAMS AND INTERVENTIONS）。著名的托福考试成绩也可以转换为蓝思分值。在今天的美国，蓝思框架是学校使用最广泛的阅读测量标准。

学生可以将自己的分值和各种平均分值进行比较，诸如年级平均分值、教材难度分值和升学就业必备的分值，这使教师和学生明确能力差距，对阅读教学进行准确定位。通过对全国学生阅读能力测试的大样本抽样计算，蓝思公司将年级和蓝思分值进行匹配，计算了教材文本难度和升学与就业所需阅读的文本难度；根据蓝思测算，工作上的阅读能力显著地超过了12年级的要求，大学课本内容的难度自1962年以来都没有降低，高中毕业学生的能力和大学课本的难度有350蓝思的差距，现有教材难度不能满足优质升学与就业需求。为了在美国高考中取得优异成绩，美国学生不能满足课堂的阅读量，同样面临着加班补课的必要性。

蓝思框架有助于学生形成自主阅读模式。蓝思框架的一个特点是文本难度预测了学生的阅读理解程度。例如，文本难度1000L的书意味着阅读能力为1000L的学生对其正确理解率为75%。75%的阅读理解率被称为定向阅读率，是基于独立阅读的数据，即在无外在人力资源帮助的情况下，是学生足够理解一篇文章的临界点，此时，学生既不会因文章太简单而觉得无趣，也不会在阅读中碰到很多难点不能理解。这样的结果便是一次有价值的阅读经历。对于在某个时间想避难就易的学生来说，他可以选择低于其能力分值的文本难度分值，反之亦然。例如，阅读分值为1000L的学生，如果想独立阅读一本理解率能达90%的书，那么，该书的难度分值则低于他能力分值250L，即750L。

（二）蓝思专业发展工作坊和图书馆蓝思化：蓝思框架融入学校的路径选择

为了将蓝思框架成功地融入学校，蓝思公司开发了蓝思专业发展工作坊（lexile professional development workshop）和图书馆蓝思化（lexiled library），开展跨专业培训。

工作坊以校长、教师、阅读专家、媒介专员（media specialist）、测试协调员（testing coordinator）、素养教练（literacy coach）和课程管理员（curriculum administrator）为培训对象，并有针对性地开发了现场（on site）工作坊，在线（webinars）工作坊，个性化咨询（customized consulting）等三大培训模块。培训以应用蓝思分值和蓝思技术为导向，包括两部分10项内容。第一部分是掌握理念，如理解蓝思分值对差异化阅读的价值、理解蓝思分值和美国全国教学大纲标准的关系、不同教学领域（content areas）和年级的差异化教学、将学生与有挑战性的文本难度相匹配、记录学生为进入大学和就业而阅读的发展过程、与家长沟通学生的阅读发展过程；第二部分是观看视频操作，如应用“觅书”搜索引擎和其他“阅读能力－文本难度匹配”的免费资源、应用蓝思框架设计介入反应模式（response to intervention）计划、应用蓝思框架准确地进行差异化教学、应用实体图书馆进行“阅读能力－文本难度匹配”。不难看出，蓝思的培训活动具有跨专业的特点，与阅读相关的领域和人都是其培训的对象，都要发挥融入的作用。

图书馆蓝思化是蓝思框架成功融入学校的标志性成就，无此，差异化教学和学生个性化阅读将失去支撑条件。蓝思与全国顶尖的图书馆自动化提供商、期刊数据库服务商、出版商、阅读程序、社会网络站点、互联网搜索引擎以及图书批发商和分销商建立了合作关系，以蓝思分析器为技术工具，既测算和标注图书资料等出版物的蓝思分值，也对报纸、期刊、百科全书和参考资料等电子出版物进行测算和标注。学校和社区图书馆将赋有蓝思分值的文章纳入其阅读测量项目，教师和学生能很快在图书馆找到基于蓝思分级的分类读物；科罗拉多地区甚至将整个图书馆蓝思化，将学生的蓝思分值添加到图书馆管理软件中，当学生的账户出现，图书管理员能看到学生所借书的难度是否在合理范围内，这使老师的工作更加高效。

（三）综合性教育和应试教育的无缝融合：蓝思框架的课堂追求

2002年，美国政府通过“不让一个孩子掉队”（No Child Left Behind）法案，要求各州制定教学大纲和学生的知识标准，同年开始举行“全国教育进步测验”，作为评价各州教学质量的统一标准。各学区面临的一个困境是在综合性教育和应试教育之间保持平衡，寻找无缝融合现有课程与NAEP要求的方法。许多学区采用蓝思框架解决标准化测试和个性教育之间的矛盾。

1. 用蓝思框架监测学生阅读过程和布置作业，提高阅读成绩

布什学区教学支持和项目评估主任Larry Kleiber博士认为，蓝思分值对教师而言是非常有价值的教学工具。2000年，布什学区与西北评价协会（Northwest Evaluation Association，NWEA）合作，将学生的学术进阶测试

（Measures of Academic Progress ，MAP）结果转换为蓝思分值，打破年级限制，实施跨年级的小班差异化阅读教学，帮助师生科学地选择阅读材料和布置作业。学区花了两年的时间将图书馆蓝思化，将学生的蓝思分值添加到图书馆管理软件中，帮助老师和图书管理员密切监控学生的阅读过程，确定阅读材料难度是否与学生的阅读水平相适合，学生成绩不断上升，尤其是阅读方面。

2. 以阅读能力分析理科的解题能力，为学生未来生活的成功打下基础

当今高中的教师和管理者都根据标准大纲内容给学生提供一种固定的教育，但是斯帕坦堡（Spartanburg，S.C.）的布鲁姆（Broome）高中的维隆·普罗瑟（Vernon Prosser）校长认为："教育不是一刀切，我们必须使用差异化教学在各方面满足他们，并在这点上帮助他们。"副校长格林威（Greenway）说："我们的工作是教育年轻人继续做他们想做的，使用蓝思分级是一种帮助学生前进、成长和成为有成就公民的一种方法。"

在这所学校，蓝思框架不仅应用在常见的人文学科中，而且拓展到理科，即以学生的阅读能力来分析学生的解题能力。前科技部老师马特·戴维斯（Matt Davis）说到，在物理科学班，教师不得不对学生进行差别对待，因为一名高中生的阅读能力需要达到1000-1200L才能理解材料和参加考试，而不少学生的阅读力仅为700-800L，教师需要根据他的分值为他寻找课外资料。普罗瑟校长认为，有时候，学生做不出数学题目，可能不是不知道如何解题，而是不认识题目中的一些单词。他鼓励教师将蓝思框架作为日常课程计划的工具，根据分值挑选书籍，应用基于网络的蓝思分析器计算课堂测试卷、学习资料和其他教学材料的蓝思分值。

学生高中读写教育的成功预测了其高中毕业后的成功。布鲁姆中学的毕业率位于州20位，73%的毕业生继续深造，普罗瑟将其归功于"能定位教学起点（meet students at their instructional level）"的蓝思分级。

3. 用蓝思分值分组，迎接学生群体多样性的挑战

随着人口的增加，同质的中产阶级学区密歇根州奇岩城（L' Anse Creuse）公共学区增加了一定数量的少数民族学生和残疾学生，学生群体的多样性导致整体阅读技能水平开始下降，学区负责人和教师倍感压力。

从2000年开始，基于学生的蓝思分值，学生被动态分成危险、及格、

良好和优秀四个等级，教师根据分值和分组选择教学内容。雪莉·菲娜斯（Sheryl Furnas）说，“在过去，我们都是按照直觉将他们分组，蓝思分级使得分组策略更加容易。”朱迪·梅利菲尔德（Judy Merrifield）说，“如果我们正在学习细胞，我会确定学生需要了解的内容，然后我会围绕着话题寻找不同蓝思分值的文章。它们内容相同，但是长度、词汇和文章的复杂度不同。”由于其匹配的精确性，学生默读的文本确保了意义性、挑战性和趣味性，同质的水平也促进了“阅读小组”和阅读讨论组的合作学习。

基于蓝思分组的能力细化有利于各类学生的发展。阅读困难的学生能理解文章内容，提高自信心和阅读技能；阅读分值高的学生不是被要求“多读”，而是不断接受更有意义的挑战。蓝思分值对于残疾学生（special need student）更是非常关键，学区残疾教育中心的学习顾问詹妮弗·卡瓦（Jennifer Kowal）认为，其他评价，包括州测试，“都不能像蓝思一样有效的指导教学”，她建议每个学年对残疾学生的蓝思分值进行三次测量，并据此调整他们的个性化教育计划（Individualized Education Plan）。

综上所述，蓝思分级框架不仅可用于差异化阅读教学，而且对教材的选编、试卷的编制和测评、教学大纲的修订等都具有极大的意义。

五、英语文本分级研究的特点①

（一）学术机构的专家、学者为研究的主体

在美国，阅读教育是教育学和心理学分科下的学士、硕士甚至是博士研究阶段的一个专业，专家和学者是分级阅读的研究主体。其原因大致有以下几点。

第一，美国尊重儿童，以“儿童的认知为中心”的主流教育思想推动了儿童阅读的分级研究，惟其认知能够理解，才能作为阅读对象提供给儿童。甚或可以说，美国的阅读教育一直是分级的。早在1920s美国就诞生了用于文

① 本部分内容主体已经发表，参见：罗德红，余婧．儿童分级阅读研究的中美对比分析［J］．图书馆，2013（2）：34–37；罗德红，余婧．科学与价值：我国儿童汉语分级阅读研究的问题与展望［J］．出版广角．2012（9）：62–64．有修改。

本分级的可读性概念，至今美国有100多个分级公式。这些公式多为学术机构的研究成果。例如，美国目前最广泛采用的阅读分级测量方法——蓝思分级法（Lexile Framework for Reading），汲取了阅读理解专家40年的研究成果和大学研究团队15年的研究；著名的分级公式 Dale-Chall Readability Formula 是由俄亥俄州州立大学的教育学教授埃德加 戴尔（Edward Dale）主导研发的；新生力量 Coh-metrix system 则由美国田纳西州的孟菲斯（Mephis）大学的 Arthur C. Graesser and Danielle McNamara 团队研发。

第二，阅读的重要性和复杂性使阅读一直是学者最为广泛的研究主题（Thorndike，1965）。在美国，国民的阅读力被等同于国力，阅读位列3种基础学力（读写算）之首。阅读乃是从书面材料中提取意义的过程（张必隐，2004），是一种特殊的内隐学习活动，它非为一种遗传素养，唯有通过识字和基本句法结构的学习，方能由学习的目的演变为学习知识的手段，进而目的与手段相互促进，推动社会和个人的发展。

第三，美国联邦政府的重视推动了阅读的科学研究。2002年，小布什总统提出《不让一个儿童落后》法案，制定了针对学前儿童和 K-3 儿童的阅读优先计划，直接推动了学生阅读素养的监控评价体系——“美国国家教育进展评估项目”（National Assessment of Educational Progress，NAEP）的诞生。

科学研究和服务社会是大学的使命，美国政府的资金、学者的使命和实用主义精神使美国的阅读分级研究走在世界的前列。

（二）客观和量化的研究方法

美国分级阅读的研究取向为“由文本到儿童”，即通过对文本分级，儿童阅读分级文本（leveled books），间接地测量儿童的阅读能力。

众所周知，测量是用数字表示物质性存在所具有的特定属性之间的关系（MetaMetrics，Inc.，2007），即文本属性和阅读能力属性之间的关系。阅读能力是非物质性的精神存在，本质上是难以测量的，只能通过读者对文本的反应间接地测量；儿童在某时期的阅读能力是个常数，独立于文本，但其作为非物质的结构，只能通过阅读理解进行间接地测量；文本是客观的，它不仅意味着文本本身是物质的，更是文本的语言特征是客观的，可直接测量，其难度也是常数；阅读理解即项目反应结果，是客观的，是阅读能力作用于阅读文本的结果，即阅读理解 = 阅读能力 - 文本难度（Stenner & Wright, 2004）。换言之，语言特征是影响文本难度的客观的心理变量。

（三）发展儿童思维力的研究价值

在美国，阅读不仅是分级的，而且用科学的方法对文本进行分级，在技术上实现阅读能力与文本难度的匹配，是西方以“以儿童为中心”，特别是“以儿童的认知为中心”教育理论精髓的体现。对美国，甚至全球基础教育产生重大影响的皮亚杰认为，“当教育建立在智力发展的自然机制的基础上时，它就最好的促进智力的成长”（中央教育科学研究所比较教育研究室，1989）。教师的两个最根本的责任就是诊断儿童现在的心理发展阶段和向儿童提供那些引导他们上升到下一个阶段的学习活动。

具体到阅读能力的测试上，闻名全球的美国三大阅读素养（reading literacy）测试都从认知的视角对阅读素养进行了阐释。NAEP 认为，阅读是一个积极而复杂的动态的认知过程，涉及对书面文本的理解，对意义的发展和阐释，对与文本类型、目的和语境相适切的意义的应用等。PIRLS 认为，儿童阅读者能够从各种文章中建构意义，通过阅读学习，参与学校与日常生活中的群体阅读活动，并从阅读中获得乐趣。PISA（Program for International Student Assessment）认为，读者不是被动地对信息不假思索地照单全收，而是对阅读内容积极主动的反思和批判，探索作者心灵世界（罗德红，龚婧，2016）。三大测试的阅读文章和试题在实测之前都要通过阅读分级公式的难度测算，确保符合年级水平，因为唯其认知能够理解才是可测的。

（四）实施差异化阅读素养发展的教育应用

分级阅读在美国成功实行的几十年中，从课堂到图书馆再到家中的自学，已充分应用到儿童阅读学习的各个方面。

以蓝思分级法为例，它的独特之处是同步测量阅读能力和文本难度并进行匹配，实现网络化和图书馆蓝思化。同步测量和匹配的统计软件是罗斯模型，它将可读性公式的结果转化为阅读能力，基于网络的蓝思分析器（lexile analyzer），通过可读性公式分析文本的语义复杂性和句法难度，用200–1700蓝思分值量化标注文本的难度，儿童在因特网和图书馆输入自己的蓝思分值或者年级，使用“觅书”（Find a Book）搜索引擎，系统就会提供分值呈降序排列的书单。随着儿童的进步，教师可以使其挑战一些更大蓝思分值的书，直到他在阅读中表现出沮丧时再适当降低难度。公司还通过大样本的计算，为每个年级提出了必读文本（text demand）难度和扩展文本（stretch text）难度分值，前者是合格水平，后者是升学进一步深造的水平（Lexile–to–Grade Correspondence，n.d.）。

为了指导教师更好地运用阅读分级框架，MetaMetrics 公司成立了互动式的蓝思专业发展工作坊（Lexile Professional development workshops），通过指导校长、教师、阅读专家、图书管理员和其他教育专业人士应用蓝思阅读框架的工具，将其成功地融入了学校或学区，推动了儿童分级阅读的专业合作与指导。

MetaMetrics 公司与全国顶尖的图书馆自动化提供商、期刊数据库服务商、出版商、阅读程序、社会网络站点、互联网搜索引擎以及图书批发商和分销商建立了合作关系，有的图书馆甚至蓝思化，为教师差异化教学和学生个性化学习提供了充要条件。

第三章

英语分级阅读公式构建方法的百年回顾与启示

据统计，截止到1981，英语分级公式有200多个，研究论文上千篇（Dubay，2004）。从其发展历史来看，绝大部分公式的研究方法是第三章所示的以阅读理解能力测试求取阅读理解测试得分作为因变量和文本语言变量作为自变量而构建回归方程。笔者将首先回顾分级阅读公式构建方法的三次转型及其理论基础，指出其存在的三方面偏差，最后提出汉语可读性公式构建的建议。

一、分级阅读公式的构建方法及其理论基础

大致可以说，英语分级阅读公式的发展经历了三个时期，其构建方法历经三次转型，不同时期的构建方法共性多，差异少，凸显了研究者对英语分级阅读公式构建方法及其支撑理论的共识。

（一）1836–1923年的分级方法：经验判断和量化统计句子与词汇特点

第一部被广泛使用的英语分级读物出版于1836年（Fry，2002），几乎是当时美国各州的标准教科书（https：//www.britannica.com/topic/McGuffey-Readers），作者是美国阅读教材作家麦加菲（McGuffey），他认为单词的难度随音节数量的增加而提高，他依据对自己小孩和社区儿童的教育经验编写了适合幼童阅读的麦加菲系列读物（McGuffey Readers），用阿拉伯数字表示读物的难度级别，例如，第4册读物的难度大于第3册（Fry，2002），但由于美国第一所分年级的学校出现在1847年（http：//www.readabilityformulas.com/articles/history-and-development-of-readability-formulas.php），当时尚未有年级（grade）的概念，麦加菲当时并未明确第4册就是四年级学生的读物。

分级方法从经验判断到量化统计的第一次转型得益于美国的Sherman对

句长和桑代克对词频的量化研究，他们的贡献推动了第一个可读性公式的诞生，奠定了后续可读性公式构建方法的基础（Fry，2002）。1880年，美国内布拉斯加州大学的英语文学教授Sherman统计了文学作品中每100个句号句子篇幅中的平均句长（sentence length），即句子所包含的单词数，发现文学作品中的句长随时代的进展而缓慢简短，且较短的句子和表达非抽象事物的具体词汇可增加可读性。1911年，桑代克发现了词频（frequency）效应，即同一个单词在某个特定篇幅中出现的次数高低和其理解难易成反比关系，他历经10年统计英语教材中的词频，于1921年出版了世界上首部英语词频研究成果——《教师词汇手册》（*The Teacher's Word Book*），截止到1944年，该手册再版三次，词汇扩充到3万。桑代克带动了英语词频研究，基于各类词频研究的分级公式也应运而生。1938年，Lorge出版了《570个最常见的英语单词的语义计数》（*The Semantic Count of the 570 Commonest English Words*），根据单词意义的频率而不是单词本身进行词频研究，据此构建了著名的分级公式；1949年Zipf发表《人类行为和省力原则》（*Human Behavior and The Principle of Least Effort*），推出了齐普夫法则（Zipf's curve），成为词频研究的一个基本依据。更为重要的是，1923年，美国俄亥俄州立大学的Lively和Pressey应用桑代克的词频手册构建了第一个可读性公式，其计算结果发现中频词是阅读材料难度的最佳预测变量，由此找到了降低高中科学教材中词汇难度的方法，该研究验证了词频对可读性公式构建的价值（Lively，& Pressey，1923），由此阅读研究中"词汇意义的掌握是语言和抽象智力发展最可靠的预测因素"的共识逐渐形成（Dubay，2004）。后期的分级公式构建延续了上述研究的特点，例如以可观察和可计算的句子和词频为统计对象，采用量化的研究方法。

（二）原型的构建方法：建立自变量与因变量的回归方程

可读性公式构建方法的第二次转型始于1928年Vogel和Washburne构建的文纳特卡公式（The Winnetka Formula）。它是第一个用年级水平指代文本难度的公式，被称为现代可读性公式的原型（Dubay，2004），在该公式中，阿拉伯数字4代表的是符合四年级学生阅读水平的读物难度，而此前麦加菲读物上的数字标识的只是册数，由此，"人"的因素以"阅读理解能力"的赋能开始进入到公式中，其依托路径是标准化阅读测试量表。

1. 构建方法：建立语言变量和阅读理解得分之间的统计关系

实现方法转化的关键操作是1928年Vogel和Washburne采用标准化阅读测试工具将正确回答阅读理解题而获得的阅读理解得分作为构建分级公式的因变量（Vogel & Washburne，1928），历经前期准备环节和正式构建环节。

他们的前期工作历经两年，包括三个部分。首先，他们征集36，750名就读不同年级的学生被试，采用斯坦福成就测试（Stanford Achievement Test）量表对被试进行阅读理解（paragraph–meaning section）测试，将得分视为被试的阅读理解能力；其次，他们根据成就测试所附带的年级（能力）水平的常模得分，对被试的阅读理解能力进行年级（能力）水平分组，由此形成一个三列对照变：第一列是成就测试的常模得分，第二列是学生被试的阅读理解得分，第三列是年级（能力）水平组；第三，他们调查学生上一年的阅读书单，将该书单录入三列对照表中，建立了包含700本书的文纳特卡年级水平的分级书单（Winnetka Graded Book List）。

在公式构建环节，他们首先从书单中抽出152本书籍，其中76本书籍是在各年级（能力）水平组中最受欢迎的，另外76本书籍是中等能力水平组中的学生书单，然后量化分析文本的结构性变量，包括词汇难度、句子结构、词汇、段落结构和书籍的非语言特点（例如排版格式和书籍重量等），抽出其量化波动和书籍在分级书单中的排名波动具有一致性的结构性变量，将这些变量和152本书籍所归属学生的阅读理解得分进行相关分析和回归分析，构建了如下可读性公式（回归方程）：

$$X_1 = .085X_2 + .101X_3 + .604X_4 - .411X_5 + 17.43$$

（X_1= 阅读理解得分；X_2 = 千字词汇篇幅中没有重复出现的词的数量；X_3 = 千字词汇篇幅中介词的数量；X_4 = 千字词汇篇幅中生僻词（没有出现在桑代克词汇手册中的词）的数量；X_5 = 75个句子中简单句的数量）

假设目标文本中的X_2 = 千字词汇篇幅中没有重复出现的词的数量 = 100，X_3 = 千字词汇篇幅中介词的数量 = 30，X_4 = 千字词汇篇幅中生僻词（没有出现在桑代克词汇手册中的词）的数量 = 20，X_5 = 75个句子中简单句的数量 = 25，将这些数字代入公式，则X_1= 3.765 = 文本难度，该得分位于三列对照表中四年级水平所对应的18–34的常模分数区间内，意味着该文本适合阅读水平为四年级的儿童阅读。该公式体现了对儿童实际阅读能力的尊重，例如，它为实际就读年级为二年级但阅读水平达到三年级的儿童提供分级阅读的指导，儿童及其利益相关者可在文纳特卡分级书单中选择与其水平相匹配的书籍；另一方面，教材编写者可应用该分级公式筹划自己的写作特点，使其所编写的文本符合儿童的年级水平。自此，分级阅读公式应用于测试文本难度计算和图书馆自然阅读文本难度标注的应用模式开始形成，并保留至今。

2. 方法的追随者：对语言变量和标准化阅读测试的守旧与出新

现代流行的可读性公式的建构方法在很大的程度上延承了文纳特卡公式。研究者在构建成年人的可读性公式时，通常选择报刊和杂志上的文章，自编相应的阅读理解题。例如，1934年，Dale 和 Tyler 以阅读能力欠发达的成年人为检测对象，选取74篇文本，自编阅读理解多项单选题；在构建中小学生的可读性公式时，研究者普遍采用不同年代版本的 McCall–Crabbs 阅读标准测试单元（*McCall–Crabbs Standard Test Lessons in Reading*，1926，1950，1961，1979）测试学生的阅读理解能力。例如，1938年，Lorge 首次采用该工具构建了儿童分级阅读公式，后来美国政府和军方为了提高民众和士兵对规则和政令的遵守，采用该公式计算这些文本的可读性，该公式得到广泛应用，被认为是最有效的公式之一（Dubay，2004）。有的研究者对参加测试的读者进行挑选，例如 Gunning 选择的是答题正确率90% 的读者，Dale 选择的是答对题数超过一半的读者，而 McLaughlin 选择的是100% 答对者。随着标准化阅读测试和可读性公式的发展，有的研究者直接以标准化阅读测试题目的常模分数排序或者测试者的得分排序（item order）为因变量，例如蓝思公式（Stenner & Burdick，1997），但其本质依旧是以阅读理解得分作为因变量。

与将阅读理解得分作为因变量的共识不同的是，研究者历经了对文本特征的多种取样分析之后，确证了句法和语义是文本难度的最佳预测变量，他们还精简了变量个数，并从理论上对变量类型进行辩护，例如，更长的句子造成读者短时记忆的负担（Klare & Buck，1954），“导致阅读困难的最大因素是词汇负载”等（Lorge，1939）。1935年，Gray 和 Leary（Dubay，2004）进行了迄今为止最彻底的可读性研究，他们圈定和分析了内容、写作风格、设计版式和组织特点（指文章的章节、章节、标题和段落）四大类型共228个变量，发现内容是文本难度的最重要预测变量，其次是写作特点，但两者的重要性不相上下，再次是同样不相上下的位列第三的排版形式和位列第四的组织特点（Gray & Leary，1935）。然而，由于内容、排版形式和组织特点无法量化，他们重点分析了80个写作特点中64个可以量化的变量，发现句长、难词数、人称代词、不重复词汇的百分比和介词短语等5个变量对文本难度的合并预测力度是41.6%。Lorge（1939）认为5个自变量的数量太多，他开启了变量精简的研究取向，构建了由三个变量（句长、难词数和百字篇幅中介词短语数）构成的分级公式（Lorge，1939）。

对分级公式推广作出重要贡献的Flesch所构建的阅读简易公式（Reading Ease formula），它将变量简化为两个——每百字篇幅中音节数和句子数（Flesch，1948）。该公式被认为是使用最为广泛和经得起时间考验的可信任的公式（Flesch，1948；Chall，1958）。上述提到的学者，如Flesch（1949，1964，1979）、Klare（1954）、Gunning（1967）、Dale（1967）和Fry（1988），均在不同时代广泛论述文本的组织结构、内容、紧凑性和设计等修辞因素对可读性公式的影响（Dubay，2004），但没有得到统计分析的实证支持（Stenner & Burdick，1997）。

截止到1981年，Klare统计了200多个可读性公式，发现语义成分（例如词汇难度）和句法成分（例如句长）是文本难度的最佳预测变量（Dubay，2004；Fry，2002），该观点得到蓝思可读性公式的实践检验和采用（Stenner，1996），成为可读性公式构建的标准化变量。

3. 分级方法的假设：阅读能力作用于文本

分级阅读公式以文本的语言特征为自变量，以阅读理解得分为因变量，其折射的假设是，阅读理解能力 = 阅读能力 – 文本难度（Stenner & Stone，2004），即阅读理解能力是阅读能力作用于文本的结果。阅读理解能力≠阅读能力，读者在某时期的阅读能力是个常数，独立于文本，但其作为非物质的结构，只能通过阅读理解进行间接地测量，换言之，研究者无法对内隐的阅读能力直接分级；“阅读理解”是“在对书面语言的沉浸及其互动中提取和构建意义的过程”（RAND Reading Study Group，2002，p. 11），阅读理解能力随书面语言的不同而异，通过标准化测试表现为不同的阅读理解得分，而阅读能力就是这种阅读理解得分的间接表达；桑代克1917年发表《作为推理的阅读：片段阅读中的错误研究》（*Reading as Reasoning*：*A Study of Mistakes in Paragraph Reading*）首次从专业的角度探究了读者“头脑中”的智力活动和回答阅读理解题的外显同步活动（Pearson & Hamm，2005）。文本是客观的，其难度也是常数，其客观存在性并不意味着其所包含的各类成分都是可观察和可计算的，例如研究者认为内容不可测量（Gray & Leary，1935），而句子和词汇等语言特征是可直接测量的。上述分析表明，在分级阅读公式构建中，研究者可操作两个行为。其一是编制标准化阅读理解测试工具，其二是统计文本中可观察的语言成分，如句子的长度和词汇的音节以及同一单词重复出现的次数，而非阅读能力，前述内容对此作了详细分析。研究者一直坚守了这两个操作，这种坚守实则是行为主义心理学直接影响的结果。对它们进行统计成为分级公式构建的方法范式。

4. 方法的理论基础：行为主义

在美国，阅读理解测试是教育中最频繁进行的测试，其对6至18岁学生的频繁程度甚至可能比测量体温、身高或体重更频繁（Stenner，1996）。阅读理解能力是预测大学学业和工作绩效的最佳预测指标（stenner，1996），阅读理解测试和智商测试难以区分且高度相关（Pearson & Hamm，2005）。这种特点满足了19世纪末到20世纪初的心理学家用标准化测试回应社会需求的使命和行为，分级阅读公式的初衷是给美国儿童、产业工人和军人等特定人群提供他们可以理解的文本，也即提供与他们能力（智力）相匹配的书籍，其背后的理念是教育以人的认知能力为中心（罗德红,2009）。由于“理解”和“能力”都是“在脑中”的心理活动和特质，只能间接的评估、测试和观察，这种共识性特点推动了标准化测试技术的发展。

标准化阅读测试是可读性公式构建方法的依托，该测试的理论基础是行为主义（Peason & Hamm，2005）。行为主义始创于1913年，现代分级阅读公式研究的开创和鼎盛时期正处于行为主义对美国教育和心理学研究的统治时期（1915–1965）。行为主义心理学创始人华生宣称心理学应该被视为一门科学，以科学的方法来研究，关注可测量的结果，追求客观和量化的统计方法，这对分级阅读公式的构建方法产生了决定性的影响，例如前面提到 Gray 和 Leary 发现文本内容是影响文本难度的最重要变量，但因其不可观察和测量而被放弃。

华生把心理学家所研究的意识和物理学家所研究的客观事物等同起来，强调采用科学和客观的方法，用可测量的结果间接推导人的认知和情感等心理状况。根据行为主义的观点，阅读能力是内在事件，标准化阅读测试中的阅读文本及其阅读理解题是刺激事件，读者回答阅读理解题是反应事件，阅读理解得分是对刺激的反应结果，是阅读能力的间接指代。

Kelly（1916）于1914–1915年开发的《堪萨斯默读测试》（The Kansas Silent Reading Test）是第一个采用多项单选题（multiple choice）检测学生阅读理解能力的标准化测试工具（Kelly，1916）。当今最流行的分级公式，例如 Lorge 公式（1939，1969）、Flesch 公式（1948，1958，1969）、Dale–Chall（1948，1958，1968）、1952年的雾都指数（Fog Index）公式和1969年的烟雾评分公式（SMOG grading formula）等，使用的都是 McCall–Crabbs 阅读标准测试单元（Stevens，1980）。阅读理解测试工具更多的摆脱了主观判断，也简化了读者能力和文本难度之间匹配的工作（Dubay，2007），是英语分级阅读公式构建方法的基础，也凸显了其方法的困境。

前面提到，作为可读性公式原型的文纳卡特公式建构了阅读理解得分和年级水平对照表，例如，18–34分所对应的是四年级水平，但是正如5岁儿童所穿鞋子尺码具有差异一样，该公式没有明确18分和32分的四年级水平儿童差异的具体样态。另外，该公式预测的年级水平对应的是文本难度，并不是阅读能力，然而，在实践中，现代分级阅读公式却常被认为是对阅读能力的测量（McGee，2010），由此夸大了公式的价值（Duffy，1985）。在二十世纪末期，这两种情况都得到了改变，分级阅读公式构建的方法出现了第三次转型。

（三）蓝思分级公式的构建方法：精准匹配阅读理解能力和文本难度的级别

分级阅读公式构建方法第三次转型的代表是 Stenner 等人1988年开发的蓝

思分级公式。它延承了文纳特卡公式的构建方法，即以阅读理解得分为因变量和文本语言特征为自变量构建回归方程，但采用了新的方法和技术。

1. 构建方法：取值的代数转换与技术的博采众长

蓝思研究者将语言变量和阅读理解得分进行代数转换，计算较为复杂，这使得个人无法根据该公式对文本难度进行手工计算。他们的构建方法包括四个环节（Stenner & Burdick，1997）。第一个环节是用学生各年级多学科教材语料库（含5，088，721字）验证词频是文本难度的最佳预测变量。具体做法是，他们将皮博迪图画词汇测验（Peabody Picture Vocabulary Test-Revised in 1981）中题目的常模得分转换为Log值，将教材文本中语义方面的50个变量的原始值进行代数转换，计算转换结果和常模难度log值之间的相关系数，由此确定词频是影响题目难度值的最佳变量；第二个环节是构建临时（provisional）分级公式，包括两个部分。首先他们将皮博迪个人成就测验（Peabody Individual Achievement Test in 1970）中66篇阅读材料题目的常模得分进行由易到难的排序，将其作为因变量（没有转化为Log值），计算66篇阅读材料中的平均句长和词频并进行代数转换，获取它们的log值，计算log值和因变量的相关系数，再次明确词频log值和句长log值是最佳预测变量，然后构建以常模得分为因变量，以最佳预测变量为自变量的临时回归分级公式；第三个环节是验证临时分级公式，包括三个部分。首先，他们选择了400篇百字左右篇幅的文本，编写了400道具有完形填空性质的多项单选阅读理解题，用临时分级公式计算400道题目的理论难度，剔除不拟合的题目138道，对剩余的262道题目的理论难度进行由易到难的排序（没有转化为Log值）；接着，他们征集2–12年级的3000个被试参加阅读理解测试，将学生的阅读理解得分转化为log值，称为观察难度，该观察难度和前述理论难度的相关系数经校正后高达.97，意味着两者具有极强的相关性；最后，他们构建了以观察难度log值为因变量，以词频log值和句长log值为自变量的回归方程，作为正式的分级公式；在第四个环节，他们假设了一个公式：[（Logit + 3.3）x 180] + 200 = Lexile text measure，公式的右边是文本难度的蓝思分值，左边是阅读能力，根据该公式将logit分值转换为蓝思分，蓝思分值越高，阅读难度越大，学生理解文本的阅读能力也就越强，阅读能力和文本难度之间的分值校准度是75%，即阅读能力分值为1000的个体面对文本难度分值为1000的文本，其解答正确率是75%，由此将阅读理解能力与文本难度进行了精准的量化匹配。

简言之，蓝思分级公式的构建过程较为复杂，题目难度和文本变量的Logit值是基于罗斯模型分析软件M-scale计算的，许多关键技术环节的处理确保了公式的专利性质，例如，log值转换的对象选择，学校教材语料库中的词频计算与临时分级公式中词频计算的关系，正式分级公式中词频和句长计算的源文本，等等。蓝思分级公式的构建与验证历经15年，于1996年交由商业公司Metametrics进行运作，已在25个州和24个国家的数百项研究中得到外部验证（https://lexile.com/about-us/backed-by-research/），我国天津也开展了“蓝思阅读”区域实践研究（吴作军，2018）。

2. 方法的理论基础：测量潜在特质的概率模型

蓝思分级公式对阅读理解得分、词频和句长进行代数转换以及精准量化分级的理论支持是罗斯模型，旨在同步测量和分离人的能力和文本难度，摆脱样本依赖性，即所测结果不会随题目的相异而异。

Rasch模型是单参数项目反应模型的一个特例，是用来测量潜在特质的概率模型（晏子，2009）。该模型认为被试对待特定题目的反应概率可以用一个简单的函数来表示：$Log_e(P_{ni1}/(1-P_{ni1}))=B_n-D_i$（$B_n$代表编号为n的被试的能力水平，$D_i$代表项目i的难度）。学生答题成功记为1，答题失败记为0，对难度为Di的项目i，能力为Bn的被试n正确反应该项目的概率Pni，错误反应该项目的概率为$1-P_{ni1}$。Rasch模型是在Log-odds中进行测量的，等式左边的Log-odds为等式右边的B_n和D_i提供了一个同一的单位Logit，可将被试能力与项目难度相比较，实现了对阅读理解能力和文本难度的同步测量。这种客观等距测量的基本原理是Rasch模型将参数Bn和Di分离出来，它假设优势对数Gni和Gmi分别表示个体n和个体m与项目i的交互关系，如果Gni = Bn – Di，那么Gmi = Bm – Di，Gni – Gmi = Bn – Bm（该式不含Di）（Wright & Linacre，2018）。因此，用Rasch模型进行解释时，个体n和m的比较变成了个体与个体之间的能力比较，不需要任何项目难度D去估计个体能力，摆脱了题目的依赖性。即使使用的是不同的等分量表，其项目的难度值D_i都可以用Logit单位来表示，项目的难度或者学生的能力均可以在Logit量尺上进行比较。蓝思分级公式首次将阅读理解测验的成绩与学生应该能够阅读的书籍联系起来，使分级阅读公式应用于测试文本难度计算和图书馆自然阅读文本难度标注的应用模式成为了经典和常态。

二、英文分级阅读公式研究偏差性反思

本章开篇提及，“可读性”的本意揭示了“语言特点影响文本难度”，就逻辑上而言，语言特点对文本难度的影响本质上源于读者对文本语言成分的加工能力不同，这种内隐的加工能力以读者对标准化阅读测试中的阅读理解题的答题得分为间接指代，显然标准化阅读测试及其阅读理解题是可读性公式的构建基础，具有核心价值。现代可读性公式对这种核心价值的认知和应对凸显了其建构方法的偏差，值得反思和改进。

（一）阅读测试文本分级公式的外推

分级阅读公式的构建方法是拟合一个以阅读理解题得分为因变量和以语言成分（词频和句法）为自变量的回归方程，换言之，可读性公式的构建源文本是阅读理解测试文本，其所预测的文本难度也是阅读理解测试文本难度，但在实践中，其所拟合的回归方程却用于计算自然阅读文本的难度。

从统计上而言，分级阅读公式通常是一个数学回归方程（$Y == \beta_{01} + \beta_1 X_1 + \beta_2 X_2 + \beta_3 X_3 \cdots\cdots \beta_n X_n + \zeta_1$，Y 为所预测的因变量；$X_1$，$X_2$，$X_3 \cdots\cdots X_n$ 为最佳预测语言变量），它将儿童对文本的阅读理解能力（因变量）和文本的语言特征（自变量）联系起来。学生所阅读的文本是可分解的语言变量，例如段落长度、句子长度、词（字）频和重复次数（occurrence）、笔画、词性等等，它们是构成分级公式的自变量，或预测变量。在阅读测试文本的阅读中，学生必须在文本中找到解答问题的特定信息。如果这些信息中包含了难词和难句（f），而学生的认知水平（阅读能力）无法加工（f）的话，他们就很可能无法做出正确的反应，失去该道题目的得分，进而影响总体的阅读理解得分，即影响因变量。也就是说，此时，（f）进入了回归方程，成为了阅读测试文本分级公式的最佳预测语言变量。而在（非阅读理解测试的）自然阅读文本的阅读中，阅读进度通常由学生自定，学生倾向于关注意义，寻求

主旨，如果遭遇了上述的（f），他们通常会跳过或进行自由理解。由此，很可能的是，（f）没有进入回归方程，没有成为自然阅读文本分级公式的最佳预测语言变量。由此，两类文本的分级公式理应不同，将阅读理解测试文本的分级公式外推为自然阅读文本的分级公式极有可能产生预测的偏差，失去分级阅读公式的应有价值。

从根本上而言，这种外推忽视了我们人类的选择性注意机制的功能。我们人类的行为由目的或者任务所驱动，倾向于忽视与任务无关的刺激。进一步而言，在阅读理解测试中，试题编制者通过设置阅读理解题检测读者的阅读理解能力，读者必须加工感知觉、记忆、联想和推理，在文本中找到解答问题的特定信息，完成答题任务。而自然阅读文本并没有设置阅读理解题，读者无需完成任务，其阅读行为和注意机制由他自己判断的意义所驱动，摆脱了文本语言特点对他的认知束缚，由此产生不一样的文本难度感知。

（二）阅读理解测试题型单一

可读性公式构建者并不开发标准化阅读测试量表，他们在早期对量表采取拿来主义，在一定的程度上忽视了量表的效度和信度。例如 Lorge 公式（1939，1969）、Flesch 公式（1948，1958，1969）和 Dale-Chall（1948，1958，1968）公式等所采用的 McCall-Crabbs 阅读标准测试单元在当时仅是学生的阅读练习册，其所设定的年级水平并不能作为可读性公式的参照标准。[25]另外，这些工具的开发受行为主义“刺激 - 反应”理论的影响，题型均为多项单选题。自20世纪五十年代，心理学开始回归了对人的意识研究，揭示了阅读者内在心理过程的丰富性和层次性，当代基于认知心理学开发的标准化阅读测试量表中的题型摆脱了单一性的多项单选题，然而，分级公式的构建者不仅在新公式的开发上依旧偏爱多项单选题，也没有对基于多项单选题建构的既有分级公式进行升级。

经验告诉我们，学生的阅读理解得分受阅读理解题的影响，即相同的文本，不同的阅读理解题，学生的得分可能完全不同。在当今的标准化阅读测试中，例如 PISA（Program of International Students Assessment）、PIRLS（Progress in International Reading Literacy Study）和前述的 NAEP 等，阅读理解题的反应方式包括多项单选的客观题和开放的主观题，所设置的阅读理解题的类型也受到认知心理学的影响，依据读者回答问题时所运用心理过程的程度（Kintsch & Rawson，2005）和由低到高的认知过程，如感觉、知觉、记忆、思维和想象（罗德红，龚婧，2016），划分为三种类型，即进入与提取、综合与阐释、反思与评价。普遍而言，开放的主观题得分低于客观题，需激活更多认知活动的题目的难度相对更高（Eason，Goldberg，Young，Geist & Cutting，2012），还有的学者认为读者的得分取决于"需要综合的信息数量以及这些信息所处文本位置的数量"（Schleicher，Zimmer，Evans & Clements，2009））。简言之，由于阅读理解题通过影响读者对文本中语言特点（自变量）的加工而影响阅读理解得分（因变量），阅读理解题对可读性公式的拟合产生重要的影响。当前，研究者的分级公式均是基于多项单选题（客观题）构建的，用它预测当今标准化阅读测试（例如 NAEP，PISA 和 PIRLS）的难度，其准确性无疑面临较大的挑战。

（三）阅读理解题两分法赋值

蓝思研究者假设阅读理解能力是一维的，换言之，不管读者所面对的阅读理解题的类型（进入与提取、综合与阐释、反思与评价）和反应方式（客观题和开放题），读者"要么理解，要么不理解"（Dubay，2004）。在开发蓝思分级公式时，蓝思研究者采用罗斯模型进行分值转换，将阅读理解题的得分划分为两类，即"答题成功和答题失败"，分别记为1和0。而在当代阅读标准化测试中，许多主观题的答案细化为至少3种得分情况，甚至四种。例如，《一个不可思议的晚上》是 PIRLS2006 的样本阅读测试文本，其中一道阅读理解题是"请描述小安是个怎样的人，并举两个例子加以说明"，参考答案提供了四种得分建议，分别是3分、2分、1分和0分。显然，基于二分法统计的蓝思分级公式有必要做出调整，以提高对当代标准化阅读测试工具在阅读理解能力方面的预测。

三、对我国分级阅读公式构建的启示

自1928年现代英语分级阅读公式原型诞生至今，分级公式历经90年的发展历程，形成了稳定的方法范式和良性的循环论证，对我国研究者构建汉语分级阅读公式具有较大的启发意义。

（一）明确汉语的特点，选择体现汉语本质特点的语言学自变量

不可否认，在可读性公式中，一个备受争议和诟病的现象是，作为自变量的语言特征是一种形式上的表征，不涉及变量所表达的内容。曾有学者随意组合文本变量形成缺乏内容逻辑性的篇章，而可读性公式却计算出该文本具有较高的可读性。但值得指出的是，这只是一种人为的实验现象，在真实的情境中，但凡由作者组合语言特征所写作且出版的文本总是具有意义的。

近一个世纪以来，英语分级公式研究者对于语言自变量所形成的共识是语义和句法两类，主要指的是词频和句长，这种共识有其实证研究的基础，也符合英语作为表音文字和重形和的特点。汉语属于表意体系的文字，重意合，语法结构不同于英语语言的严格，汉字的形音之间不存在必然的理据，汉字字形结构复杂，以平面型方块体文字呈现，书写时不实行词切分，这些特点使得汉语和表音文字的英语在形式上有着本质的区别，研究者无论是将英语分级公式中的词频和句长等最佳预测变量外推到汉字音节和句长，抑或是假设其他变量的预测性，如汉字笔画数、词频、相同字与不同字的数量、多音多义词等，均需要大量实证数据的支持，而这种实证研究在很大的程度上依托的是汉语标准化阅读测试工具的开发。

（二）开发汉语标准化阅读测试工具，奠定汉语可读性公式研究的基础

在英语可读性公式的构建中，标准化阅读测试起着基础和桥梁的作用，毫不夸张的说，没有标准化阅读测试量表，也就没有英语分级公式的发展。迄今，我国研究者尚没有开发汉语作为母语的标准化阅读测试工具，阅读理解通常是语文测验的一个部分，这种现状极大的阻碍了汉语可读性公式的发展。

在 Dubay 总结的英语分级公式近百年发展历史的文献中（Dubay，2004），不依托标准化阅读测试所构建的可读性公式仅见一例。1963年，Fry 以每百字篇幅中的句子长度为纵轴，以同一篇幅中的音节数量为横轴，两个坐标在图表上相交的区域所显示的分数指代年级水平的文本难度（Fry，1963），该公

式得到了其他阅读材料难度分数的验证，和其他可读性公式的相关系数也较高（Fry，1969），是最受欢迎的可读性公式之一（Dubay，2004）。然而，必须指出的是，分级公式在1963年已经发展的更为成熟，可读性公式处于被出版商大力推广之时（Fry，1969），被Fry用作构建分级公式的读物很可能已然是教材作者或童书作者以可读性公式为框架写就的阅读材料，也就是说，Fry的实验材料已经是采用可读性公式进行分级了的材料，由此，笔者有理由猜测用分级材料作为构建分级公式的源文本很可能是造成该公式拟合度高的原因，也即形成了文本难度预测结果和依据可读性公式写作与出版文本的良性循环。

（三）尊重阅读心理，构建阅读测试文本和自然阅读文本的两类分级公式

在构建阅读测试文本的分级公式中，阅读理解题通过其源文本（回答该问题所需的文本信息）中的语言特征（自变量）影响阅读理解得分（因变量）。问题不同，其源文本不同，语言特征（自变量）不同，儿童的答题得分（因变量）不同，所构建的分级公式不同。因此，设置阅读理解题是构建阅读测试文本分级公式的关键。对于自然阅读文本的分级公式，儿童不需要回答针对其所阅读的文本（自然阅读文本）外在设定的阅读理解题，由此，确定可指代自然阅读文本难度的因变量成为关键。根据英语分级阅读公式构建的经验，该问题的解决建立在阅读测试文本的分级公式基础上。

上述分析表明，英语分级阅读公式构建方法形成了固定的范式和具有共识性的基础，它存在的核心问题是研究者没有足够重视阅读理解问题在可读性公式中的意蕴和价值，由此产生了三类偏差，突出表现在研究者将基于阅读理解测试文本的可读性公式外推为自然阅读文本的可读性公式，出版商借此在图书馆和家庭阅读的书籍上标注文本难度。基于人类选择性注意加工机制的原理，本文假设这种外推极有可能伤害了可读性公式的预测价值。解决这个问题的第一步是构建汉语阅读理解测试文本的可读性公式，第二步是构建自然阅读文本的可读性公式。本书接下来将呈现笔者构建汉语阅读理解测试文本的可读性公式研究，即解决问题的第一步。

第四章

英文文本分级阅读能力标准化测试研究

前已述及，实现方法转化的关键操作是1928年 Vogel 和 Washburne 采用标准化阅读测试工具将正确回答阅读理解题而获得的阅读理解得分作为构建分级公式的因变量，因此标准化阅读测试工具——阅读理解测试工具的开发是方法论突破的关键。换言之，标准化阅读测试是可读性公式构建方法的依托。阅读测试的目的是测出受试者的能力水平，也就是分级阅读公式中的因变量。为了更准确地测出受试者的水平，关于阅读能力的观念，例如阅读和阅读能力的概念、阅读能力的类型及其结构等等，必然影响阅读测试测试工具的开发。本章将阐释英语文本分级阅读能力测试工具的开发理论与技术。

一、阅读和阅读能力的概念

（一）阅读的认知维度：从书面文本获取意义

认知、文化和情感是阅读研究的三个维度，但认知维度最为常见，该维度认为，阅读是在头脑中发生的理解和意义建构（TESOL，2021）。可以说，国内外研究者普遍认为，阅读是积极理解书面材料和获取意义的思维活动（Blakeley，2018；文军庆，2018；Chen & Vellutino，1997；OECD，2018）。书面材料由文字语言构成，理解书面材料就是用自己现有的思维类型和词汇知识读出文本中的词汇和句法及其它们之间的关系所表达的意义。

阅读能力的英文是 reading ability，但是直接以该词语为主题词的文献不多，更多的是从其成分进行探讨，例如 reading skill，encoding 和 reading comprehension。在英语国家，许多教师、教材编写者和阅读试卷出题者认为阅读能力是“一个人在与文本互动时能够使用的认知能力”（Urquhart & Weir，

1998)。Petrill 和他的同事(2007)认为，阅读能力可以划分为(1)字母－单词知识，即识别字母和单词的能力，例如，字母或单词辨认，单词识别，单词阅读，阅读识别;(2)语音解码，即将单词与相应的语音建立正确联系的能力;(3)阅读理解，即对书面文本进行语义理解的能力，例如，段落、文本和阅读成绩。从这种分类可知，阅读理解能力建立在第一种和第二种能力之上。阅读能力是由三个主要的“内生”成分定义的：默读理解、单词阅读和听力理解(Vellutino et al.，2007)，阅读能力取决于解码和语言理解能力(Chen & Vellutino，1997；Bergen，et al.，2018；Auphan，Ecalle & Magnan，2019)。上述分析可知，一般来讲，研究“阅读能力”的文献实质上是在探讨阅读理解能力。

(二)阅读能力向阅读素养的发展：包含、丰富与深入

素养(literacy)的传统含义是“the ability to read and write”，即“读写能力”，早期学者将素养视为一种工具，其用途在于获取和交流书面语和已出版的信息(OECD，2013)。素养和能力具有内外之别，单维和多维之别。其一，根据美国心理学会(American Psychology Association，APA)的解释(VandenBos，2007)，能力是“完成特定身体或精神活动的现有能力或技能，能力可能是天生的，也可能是通过经验培养的”；而素养是“读和写一种语言的能力；受过良好教育且知识渊博的品质；对传统和当代文学有清晰理解的品质”，由此可知，能力关注的是中立、此在的心理状态与层次；素养关注的是平素的修养，是由训练和实践获得的技巧或能力，是天赋、教育影响和个人努力下所形成的态度和习惯的凝聚，做人做事的自动化行为表现。例如，解答阅读理解问题时需要学生回归文本，为自己的答案寻找依据，其所展现的阅读素养不仅包括阅读能力，还包括阅读的态度和习惯以及客观的实事求是的精神。进入二十世纪以来，素养逐渐成为许多研究者眼中的软实力，衍生为运用语言、数字、图像和其他手段理解和使用主要文化体系的能力(UNESCO Education Sector，2004)。

“阅读素养”一词起源于国际学业成就评估协会(International Association for the Evaluation of School Achievement，IEA)于1991年开展的阅读素养研究，它将阅读能力扩展为“反思能力和以阅读为工具实现个人和社会目的的

能力。”（Mullis，Martin，Kennedy，Trong & Sainsbury，2009）。自此，“阅读”一词不仅有了另一个称呼，而且增添了新的含义。2015年左右，总部位于美国和加拿大的国际阅读协会（the International Reading Association，IRA）正式更名为国际素养协会（the International Literacy Association，ILA），这标志着学者和从业者的阅读概念发生了巨大变化，对文字与世界的理解也发生了巨大变化（Salas，2022）。国际学生评估项目（Programme for International Student Assessment，PISA ）将阅读能力称为“阅读素养”而非“素养”的原因在于更准确的告诉非专业读者PISA所测试的内容不仅仅是传统意义上的“阅读即解码”（decoding）、“阅读即大声朗读”的含义，而是系列的认知能力（OECD，2013）。综合传统和衍生含义，“阅读”是“素养的构成部分”，是“素养形成的手段与目的”。

素养由“工具”扩展为“软实力”的现状均反映在PISA、NAEP和PIRLS的定义中。它们突出了阅读的多种功能，社会的需求，个体的价值，复杂的认知过程，基于年龄特点的定位偏向，等。例如，2015年的PISA阅读框架延续了2009和2012年的概念，“阅读素养是对书写文本的理解、运用和反思，并与其互动，其目的在于实现个人目标，发展知识和潜能，参与社会”（OECD,2013），它针对将面临普通高中和职业高中分野的15岁初三学生，突出了“参与社会”的功能；2011年国际阅读素养进展研究项目（Progress of International Reading Literacy Studies，PIRLS）的定义是对2006年的顺承，“阅读素养是理解和使用书面语言形式的能力，儿童阅读的文本既要符合社会要求，也要满足个人价值和个人意义的建构，他们以阅读为手段学会学习，参与校内外读书会和愉悦身心。”((Mullis，et al.，2009)，PIRLS的评估对象是小学四年级学生，定义突出表明，阅读是学会学习和愉悦身心的手段，阅读的目的既为了获取和使用信息，也为了发展兴趣。美国国家教育进展评估项目（National Assessment of Educational Progress，NAEP）明确表明，其定义受到了PISA和PIRLS2013的极大影响，将阅读看作是积极复杂的过程，包括理解书面文本，发展和阐释意义，应用意义满足特定目的和语境的需求（NAEP，2013）。

综合“素养”的中英文异同，以及PISA、NAEP和PIRLS视野下阅读素养定义取向的价值，“阅读素养”是阅读态度、习惯和读写能力的综合，通过阅读培养学生的读写能力和良好的读写态度、习惯和策略，为当下和未来生活提供帮助和准备（罗德红，龚婧，2016），阅读能力是阅读素养的基础，是其中的重要子集，是阅读理解测试的直接考核对象和目的。鉴于国内外素养和阅读素养的强势使用现状，本研究就此进行上述分析。本研究着重探讨的是阅读素养的基础性部分，即阅读能力。

二、阅读能力结构和评价方法

（一）阅读能力的结构：由初级到高级的心理过程

阅读能力的结构或要素是国内学者的称谓，国外学术界倾向于称其为阅读过程（reading process）。

英文文献中，研究者依据对 process 的理解而对阅读过程进行分类。

其一，将 process 理解为“过程”：（a）阅读的时间过程，例如，阅读前、阅读中、阅读后（Beers & Kylene，2000）；（b）过程中涉及到的方面，例如，阅读过程是复杂和多元的，包括态度与动机、流利度、理解、词汇、语言意识和拼读（PDST，2012）；（c）过程中的阅读加工对象，例如，单词识别、句法分析、篇章表征、以及加工这三个对象的其他心理或生理条件（Rayner & Reichle，2010）；（d）综合了时间进程与心理过程，例如阅读前、阅读、反应、探索和应用（Hughes，2020）。

其二，将 process 理解为“心理加工”（Bernhardt，1991；OECD，2018；Kentucky Department of Education，2019），这种观点日趋流行（Bernhardt，1991）。基于该视角的划分方法有两种。

早先时期是大脑对语言的加工顺序。例如，自下而上（Gough，1972）、自上而下（Goodman，1967；Smith，1971）和交互模式（Rumelhart，1977；Stanovich，1980）；再例如，阅读过程“既包括一系列低水平的快速自动识别技能，也包括一系列更高水平的理解 / 解释技能”（Grabe，1991；2009），前者包括单词识别、句法分析和意义编码，后者包括文本模型的形成、情境模型的建立、推理、执行控制处理。

国外学术界晚近的观点则将阅读过程视为阅读时的心理加工过程，逻辑性较强，与阅读的概念相吻合，也成为阅读素养概念中的认知要素。例如，广为人知的国际学生评估项目PISA的划分是进入与提取、综合与阐释、反思与评价，美国国家教育进展评估项目NAEP和国际阅读素养进展研究项目PIRLS也持该观点。如表4–1所示，虽然三者的用词稍有不同，但实质的差异微弱（Stephens & Coleman，2007；罗德红，龚婧，2016）。简而言之，当前，伴随着国际范围内的阅读素养测试的盛行，阅读能力的结构可划分为进入与提取、综合与阐释、反思与评价。

表4–1 PISA、NAEP和PIRLS对阅读能力结构的划分

<table>
<tr><th colspan="3">阅读阶段</th><th rowspan="2">认知阶段</th></tr>
<tr><th>PIRLS（mullis，et al.，2009）</th><th>NAEP（NAEP，2019）</th><th>PISA（OECD，2013）</th></tr>
<tr><td>关注和检索明确阐明的信息（Focus on and Retrieve Explicitly Stated Information）</td><td rowspan="2">定位和回忆（Locate and Recall）</td><td rowspan="2">进入与检索（access and retrieve）</td><td>感知觉和记忆</td></tr>
<tr><td>直接推论（Make Straightforward Inferences）</td><td>感知觉和记忆</td></tr>
<tr><td>综合和阐释观点和信息（Interpret and Integrate Ideas and Information）</td><td>综合和阐释（Integrate and Interpret）</td><td>综合与阐释（integrate and interpret）</td><td>感知觉、记忆、思维</td></tr>
<tr><td>审查和评价内容、语言和文本要素（Examine and Evaluate Content，Language，and Textual Elements）</td><td>批判和反思（Critique and Evaluate）</td><td>反思与评价（reflect and evaluate）</td><td>感知觉、记忆、思维和想象</td></tr>
</table>

进入与提取的阅读素养对应的是认识过程中的感觉、知觉和记忆。它指的是，学生将视线从阅读理解问题移至文本寻找答案，根据记忆中的问题，通过感觉功能，在字里行间注视和辨认字词、句子，在知觉上把握文章的字面信息和推敲字里行间隐含的，没有明确表示的信息，直至寻找到与问题相符合和匹配的答案（NAEP，2019）。这是一个基于阅读理解问题在心理上对文本信息的同化过程，即接受文本为问题提供的答案。

综合与阐释对应的是认识过程中的思维，它建立在思维的感知觉和记忆基础上，包括分析、比较、综合、抽象和概括等更高级思维方式和类型。它是围绕阅读理解问题整合细节的过程，是将细节与全文主旨相结合的阅读素养。它包括两个过程，其一是综合，即形成概括的理解，指的是把文章细节衔接并连贯成为一个可以理解的整体；其二是阐释，即对形成的整体进行基于学生自我知识、观念等认知背景角度的解释（Mullis，et al.，2009）。这是一个基于阅读理解问题在心理上的同化与顺应的张力保持过程，最终在文本的证据面前实现顺应。

综合与阐释具有两大特点，其一是主观和客观的结合，虽然“阐释”易为“一千个哈姆雷特”的多样化，但是阐释所基于的文本细节是客观的，而这种细节的连贯成整体又是基于个人主观的思维，但这种主观的思维，即分析、比较、整合，就方法而言，又具有客观一致性；其二是相互嵌套性，恰如手背与手心，不可分割。形成概括的理解必然是通过识别主旨和细节，识别阅读理解问题和解答该问题所需要的细节，发现两者之间的关系，从而建构个人阅读的意义，而这就是一种阐释；形成解释必然要再次回归文本进行比较、对比和整合碎片式的细节，推理细节之间的内在关系，它同时又是一种新的，更完整的综合（Mullis，et al.，2009）。

反思与评价对应的是认识过程中的思维和想象，是基于综合与阐释的一种批判性阅读，指的是将注意力集中到文本与现实世界两个方面，以学生的知识和经验为参照框架，对文章的内容与语言形式进行假设、检验、评估和批判，与作者进行探讨（Stephens，& Coleman，2007）。它是“一千个哈姆雷特”现象在与文本细节和主旨进行合理化验证之后，对文本细节和主旨及其表达方式与自我思想和情感关系的想象上的扩展。反思与评价包括两个部分，其一是反思，即学生在阅读的过程中，因受其自身的知识、经验和人格特点的影响，会注意到一些特别的细节，或感到兴奋和沮丧，或赞同和反对，或沉湎于细节中而不能自拔。此时，也即是他将文本细节与自己真实的物质和精神生活进行比较、对比和假设之时；其二是评价，即在上述的比较、对比和假设的基础上对信息做出判断，并返回到自己的认识中，从中发展自己的认识和经验。反思与评价是学生的知识和经验与文本信息在思维和内容上的相互检验。这是一个基于阅读理解问题在心理上将自己的现实生活和文本相互同化和顺应的过程。

反思与评价具有两大特点。其一，反思与评价建立在进入与提取和综合与阐释的基础之上。没有对文本和现实生活中的细节进行对比和分析，就无法关联文本细节和现实的自我及其际遇，就没有合理的反思与评价。其二，和综合与阐释素养类似，两者相互嵌套，密切相关。反思是一个过程，评价则为反思过程的结果；反思是评价的前提，没有反思则无从评价；而当进行评价的时候，评价又成为更高层次的反思，嵌套在反思之中（NAEP，2019）。

（二）阅读能力的评价方法：阅读理解发生心理过程及其品质的可视化

阅读能力评价作为一种正式的和独特的活动，出现在二十世纪（Pearson & Hamm，2005）。至此，除了教师日常的课堂评价，阅读能力的评价方法大致有三种。

第一种是编制阅读理解测试卷测试学生的阅读能力（周立静，2016；刘亚萍，2019），但其实质是测试阅读理解能力。相对于理论研究，国内的实践研究较少，但它是西方国家最基础和最常用的方法，是分级阅读公式研制的基础。

阅读理解测试量表是在智力测验的直接影响下产生的。1905年，法国心理学家阿尔弗雷德·比奈（Alfred Binet）和西奥多·西蒙（Theodore Simon）创建了第一个智商测试筛查学业失败的学生（Wolf，1973），1914年美国学生开始接受心理学家亨利·戈达德、埃德蒙·休伊和刘易斯·特曼（Henry Goddard，Edmund Huey，and Lewis Terman）美国版的斯坦福比纳智商量表的测试（Resnick，1982）。

1918年，"全国教育研究协会"的年鉴《教育成绩测量》记录了大约一百多种测量初等和中等学校主课成绩的标准化测试。由于阅读被认为是高度复杂的过程，阅读理解能力测试卷的出现晚于大部分的学科，第一个采用多项选择题的标准化测试是凯利（Kelly）1914-1915年开发的《堪萨斯默读测试》（The Kansas Silent Reading Test）（Huddleston & Rockwell，2015）。完全可以说，西方国家的阅读理解测试缘起于智商测试，注重思维水平的考察，是思维能力、词汇和句法相结合的产物，至今保留着这个传统。

简言之，阅读理解测试始于比奈的智商测试，伴随着心理测验学、标准参照测验和认知心理学的发展，大致经历了4个发展阶段（Pearson & Hamm，2005）。

第二种是基于阅读理解测试构建分级阅读公式。以蓝思分级公式为例，测试者完成若干阅读理解问题，依据答题对错获得蓝思分值，该分值与各类测试文本（例如，PISA，SAT 和 ACT）具有可比性，具有常模参照和标准参照的功能（Stenner，1997；Pearson & Hamm，2005）。该公式是以阅读理解得分为因变量、以语言特征为自变量构成的回归方程（Dubay，2004）。虽然学界对英文可读性公式的有效性存在多种质疑（Bailin & Grafstein，2001；Gamson，Lu & Eckert，2013），但它的应用实践却非常广泛（王君，等，2020）。我国学者也构建了汉语分级阅读公式（罗德红，2017；郭望皓，2009；张宁志，2000），但因我国缺乏认可度高的阅读理解测试工具，公式还有待进一步完善，也缺乏广泛的应用（王君，等，2020）。

第三种方法是基于语料库或文本语言特征的可读性公式。早期的有弗莱伊（Fry，1977，2002）图形可读性公式计算器（Fry Graph Readability Calculator），新近代表性的是 Coh-Metrix（Crossley et al.，2008）和 Text Evaluator（Sheehan Flor，& Napolitano，et al.，2013）。国内的于龙（2016a；2016b）也提出了类似的设想。这种方法首先是计算文本的可读性，然后通过读者完成基于该文本的阅读任务的程度间接推测读者的阅读能力。

上述三种方法以阅读理解问题为中介，测试的其实是阅读理解能力，理解的发生过程和能力是内隐的，人工设计的问题和统计的方法将“理解发生的过程及其品质”可视化，以缩短事实和现象的推断距离（Pearson & Hamm，2005）。具体而言，第一种方法是最直接的和最基础性的方法，第二种方法是以美国为代表的英语国家常用的方法，第三种方法实际是基于大数据和语言信息技术的经验归纳法。接下来，本研究就第一种方法，也就是经典分级阅读公式中的因变量（阅读理解能力）获取的若干技术展开分析。

二、阅读理解能力测试问题的编制

如上所述，阅读过程是人的认识过程的复演，阅读能力结构划分依据的是人的认识过程。人的认识活动从低到高分为感觉、知觉、记忆、思维和想象，由此阅读能力包括进入与提取、综合与阐释、反思与评价三个要素。就试题编制者而言，阅读能力结构是阅读理解的出题线索，是阅读理解测试试卷要检测的目标，要评估的对象。从本质上而言，阅读能力结构作为评估对象即是评判学生以文本（代替现实世界）为认识对象的思维活动和技巧，意在逐步实现文本与现实世界的互动和迁移。通俗上而言，它是阅读能力测试得分，是基于阅读理解问题的答案正确与否的赋分之累加结果，是分级阅读公式的因变量。

（一）阅读理解能力测试问题的评估目标①

“进入与提取”类型考查的阅读技巧是定位信息，进行简单的推理。学生能够根据题目要求在文章中找到回答问题的字、词、句，将问题中的信息与文本中的信息相匹配。有的时候，这两者的用词是完全一致的，有的时候，是以同义词的形式出现，需要学生进行意义转换。例如，《小陶土》原文是“在桶子的底部角落里，深深地藏着一团最老的陶土。”，阅读理解问题是“为什么小陶土在木桶里待那么久？”，其中一个选项是“呆那么久”，编者将“深深地藏着”替换为“呆那么久”。

“综合与阐释”考查的阅读技巧是基于文本和学生的认知背景进行复杂推理。从全文或者局部上下文中推理人物、地点和事件等逻辑关系、一致性、条理性等，理解没有明确说出来的意义，并且能为该意义列举文本中的客观信息，做到结论上的有理有据。例如，《小陶土》原文是

> 过了一会儿，工场空荡荡的，房间既安静又黑暗。小陶土非常恐惧，他不只想念湿润的木桶，他也知道自己有危险了。“完了！完了！”他想。

① PISA、NAEP、PIRLS的评估框架均依据人的认识过程划分阅读理解过程。PISA和NAEP为三分法，PIRLS为四分法，提法和名称稍有不同。PISA进一步细分为五种类型，称为aspect，进一步解释为“阅读策略、方法和目的”；NAEP将其称为process，意为“过程”或“方法”，进一步解释为“行为”和“目的”；PIRLS将其称为process of comprehension，意为“理解过程”，进一步解释为“建构意义的方法”和“元认知过程和策略”。本小节（一）和下一个小节（二）的内容来自笔者对PISA、NAEP、PIRLS等相关文献的阅读和笔者的思考、实践和感悟。笔者参考了阅读素养能力测试的相关文献，因为行文关系，或者前面已经注释了，在此部分不再一一注释。

"我只能待在这里干掉，直到变得像石头一样硬。"他坐在窗边，窗子开着，他不能动弹，觉得身上的水分一点点流失。既是阳光曝晒，又是晚风吹拂，他快要变得像石头一样硬了。他硬到几乎没办法思考，只知道自己满是绝望。

题目是"男孩给小陶土带来了危险。请问这是什么样的危险呢？"

本道题目从两个方面考查了学生的综合与阐释能力。其一，围绕着题目的主旨"危险"对细节的整合能力，例如"把陶土丢在窗边""阳光曝晒，晚风吹拂""快要变得像石头一样硬""身上的水分一点点流失""安静又黑暗"和"危险"，等等；其二，基于个人认知背景的阐释能力，即围绕着文本明确点明了的主旨（小陶土想实现自己的价值，被制作成一件陶器）理解"陶土变干"为什么是一种危险。它要求四年级的学生认识到陶器制作的材料，推理这种材料和文本中细节，即"小陶土失去水分"之间的逻辑关系。失去了水分的陶土就不再是一块泥巴，而变成了干硬的土块，也就意味着丧失了被制作成一件陶器的可能性，从而无法实现小陶土的愿望。

反思与评价考查的阅读技巧是从文本内容和表达形式两个方面评论文本，从文本之外的个人视角（现实经验、知识和标准）审查文本的内容、意义、结构和语言技巧。例如，"故事的作者把小陶土比喻成一个人物。作者这样做，是要让你想象什么？"即为审查语言技巧的题目。再例如《一个不可思议的晚上》的"作者没有告诉我们小安的遭遇是不是一场梦。请你从文本中找到两条证据，其中一条证明这是一场梦，另一条证明这不是一场梦。"即为审查文本内容的题目。四年级的学生要根据自己的关于"梦"的经验、认识和标准，去重新解读文本中的细节，并据此与作者探讨这是否是一场梦。

在另一例考查学生"反思与评价"素养技巧的题目中，文本中的儿子要参加歌唱比赛，需要购买音箱，但是有经济能力的父亲并没有满足儿子的愿望，宁愿每天下班后和儿子一起动手试制音箱，没有得到满足的儿子面对非专业的音箱，非常失望和沮丧，但又无可奈何。考查题目为："设想一下，面对相同的情景，你的父亲会如何做？你希望他如何做？为什么？支持你答案的信息必须来自文本和你自己的想法。"读者在了解了文本中的"父亲"后，将其与自己的父亲进行比对，即带着文本回归现实，表达对"心目中好父亲"

的愿望，实则是“评价”文本与现实中的父亲，对“好”“坏”父亲进行判断，并进而对自己未来父亲的角色产生影响。

三种阅读素养类型都考查了学生一个基本的阅读技巧，即从文本中寻找证据，也即围绕主旨和问题整合文本细节，这使得学生回归文本，仔细研读文本，尊重文本的客观事实，从文本中获得滋养，逐渐将这种能力迁移至现实世界，培养尊重客观事实的理性精神，从中可见阅读能力进化为阅读素养，阅读素养以阅读能力为基础与核心的内在理路。

（二）阅读理解能力测试问题的编制线索

阅读能力是学生认识世界的心理活动和心理过程，是评估对象和目标（阅读技巧），也是出题者的出题线索，每道题目所考查的能力结构会出现在题目后面的括号里，也即告知学生答题的技巧和方法。下面逐一列表（表4–2）进行说明。

表4–2　阅读能力结构、出题线索和答题方法

<table>
<tr><th>素养能力结构</th><th>出题线索</th><th>阅读理解题目例举①</th><th>答题方法</th></tr>
<tr><td rowspan="7">进入与提取</td><td>事件之间的因果关系、先后关系等</td><td>按照事情在故事中发生的顺序，排列下面的句子。第1项已经帮你填好。</td><td rowspan="7">（1）文中明确给出答案，从文中选取针对答案的相应信息，便能解答。
（2）答案没有直接呈现，但是很明显，解答时需要联结两条或两条以上的信息。</td></tr>
<tr><td>在若干个争议中总结出主要观点</td><td>一番争论之后，小毛和小明最后决定去哪个游乐场？</td></tr>
<tr><td>判断代词所指代的人物和事件</td><td>文本告诉我们，小偷破窗进入了“她”的房间。请写出“她”的名字。</td></tr>
<tr><td>故事里两个人物间的关系</td><td>文中的哪条信息告诉你王菲和李勇是母子关系？</td></tr>
<tr><td>清晰呈现的概括性语句、特定观点。</td><td>故事的最后，小安对红鹤是什么感觉？（PIRLS2006）</td></tr>
<tr><td>字词含义</td><td>下面哪个词语告诉你小安很恐惧？（PIRLS2006）</td></tr>
<tr><td>故事要素</td><td>小毛讲述的故事发生在哪个城市？</td></tr>
</table>

① 题目后面括号里注明的是该题目的来源，例如PIRLS2006则为PIRLS2006年的样本试题。没有注明的则来自笔者开发的阅读素养评估的样本试题。

续表

素养能力结构	出题线索	阅读理解题目例举	答题方法
综合与阐释	考虑人物行为的取舍和抉择	一番讨论之后，他们为什么决定去大明山？请用文本信息支持你的答案。	（1）所需要的答案隐藏在文本中。需要学生利用自己的知识、观念，从自己的角度解释。 （2）关注更多局部或者全文的内容。 （3）把相关细节和全文主旨结合起来。 （4）回归文本，寻找支持答案的信息
	比较、对比、归纳、推理文章内部信息	假设你现在在王府井，你想到回龙观。请写出最短的地铁路线。	
	判断故事基调，如幽默、风趣、悲伤等。	请你判断这篇文章的语言风格，并用文章信息支持你的答案。	
	理解因果关系	为什么玛丽安在第一首歌中唱到，“我的祖国，自由之地，我为你歌唱。”？（NAEP2011）	
	判断文章的主题、隐含意义	为什么文章只报告了除夕夜和大年初五这两天所放爆竹的数据？	
	推断人物隐含的动机	为什么安太太只买了一条小狗？	
	得出某个结论，但须提供支持性的细节	文章的哪些信息表明2013年上海市民的环保意识增强了？	
	字词或短语在上下文的意义。	调查称，2013年大年初一 PM2.5“爆表”了，这意味着什么？	
	判断人物的性格特征或事件的道德	你觉得小安是个怎么样的人？并从文本中举出她所做的两件事情证明。（PIRLS2006）	

续表

<table>
<tr><th>素养能力结构</th><th>出题线索</th><th>阅读理解题目例举</th><th>答题方法</th></tr>
<tr><td rowspan="12">反思与评价</td><td>解释文中信息在现实生活中的应用</td><td>如果你进行这个实验的话，你会遇到文中提到的哪些困难？为什么？</td><td rowspan="12">（1）非常熟悉和综合理解文本内容、中心观点和语言形式。
（2）从个人视角和批判的眼光来检视文章的内容和含义，并表达肯定、否定或者中立的态度。
（3）从文章的语言运用和内容组织层面发现薄弱之处和精妙之处。
（4）从文本中获得经验，反过来，又借助文本形成并发展自己对个人和社会经验的批评性观点。
（5）基于文本的逻辑、内容和自己的真实世界进行解答。</td></tr>
<tr><td>考虑文本内容和形式的另一种可能性</td><td>你如何理解Jack为范安表演魔术这个情节？请你基于文本内容提供两个解释。</td></tr>
<tr><td>确定作者在中心议题上的视角</td><td>作者为什么以宪法大厅作为文章的开始和结束？请用文中信息支持你的答案。（NAEP2011）</td></tr>
<tr><td>判断事件发生的真实可能性</td><td>你认为这是一个真实的故事吗？请用文中信息支持你的答案。</td></tr>
<tr><td>判断观点的可信度、一致性、逻辑性</td><td>“要证实一件事情肯定造成了另一件事是很困难的。”这句话与“移动电话危险吗？”表格中第4点“是”与“否”的陈述有什么关系？（PISA2009）</td></tr>
<tr><td>从文本中形成和发展自己的观点</td><td>将狗扔进坑里之后，李德太太做了许多噩梦。请你根据文本内容和逻辑设想一个，要求有具体的梦境。</td></tr>
<tr><td>判断信息的完整性、清晰性，解释观点的充分程度</td><td>为什么“为民权而唱”的标题很好？请用文中的信息支持你的答案。（NAEP2011）</td></tr>
<tr><td>评判结论是否与自己的知识相矛盾，要求学生发表或者捍卫自己的观点</td><td>作者没有告诉我们小安的遭遇是不是一场梦。请你从文本中找到两条证据，其中一条证明这是一场梦，另一条证明这不是一场梦。（PIRLS2006）</td></tr>
<tr><td>从文本中拓展自己的知识</td><td>诺亚建方舟时，为什么要在方舟上抹上松香？</td></tr>
<tr><td>评价文章的结局</td><td>如果你是作者，你会为故事设计一个怎么样的结局？请用文中的信息支持你的答案。</td></tr>
<tr><td>判断文本特点、写作手法的有效性</td><td>为何在介绍PM2.5对身体危害的时候要呈现那4张图片？</td></tr>
<tr><td>评价作者的用词对文章含义表达的影响</td><td>小偷偷了李德太太十几个土豆，作者用了“伤心”和“恐怖”两个词来描写她的心情。换作是你，你会用什么词？为什么？</td></tr>
</table>

三种阅读能力结构各有其出题的子策略或者线索。以“进入与提取”为例，由于该能力结构考查学生定位信息的能力，因此其出题线索主要是故事中的人物、地点和事件等具体而明确的信息，如（a）事件之间的因果关系、先后关系，（例如，按照事情在故事中发生的顺序，排列下面的句子。第1项已经帮你填好）（b）在若干个争议中总结出主要观点；（c）判断代词所指代的人物和事件；（d）故事里两个人物间的关系；（e）清晰呈现的概括性语句、特定观点（例如，故事的最后，小安对红鹤是什么感觉）等等。出题者根据文本内容将以上线索具体化为括号中的例题。

本章介绍了英语阅读理解能力标准化测试题目编制的相关概念和技术，没有从历史的角度回顾其发展过程，也没有从测量学的角度介绍测试工具特点及其发展过程。由于英语阅读理解测试文本已然是分级的结果，由此本章称之为英语文本分级阅读能力标准化测试。

本部分小结

本部分是中小学生分级阅读研究的理论部分，是对英语作为第一语言的分级阅读公式研究发展历史与特点的总结与反思。

本部分首先对本书的相关概念进行了界定，接着回顾了英语分级阅读研究的缘起和发展，对分级阅读公式的百年发展进行了回顾与反思，提出了汉语分级阅读公式构建的设想，为第二部分构建研究和第三部分验证研究进行理论铺垫。鉴于分级阅读公式是以阅读能力为因变量，以文本语言特征为自变量的回归方程，而作为因变量的阅读能力是阅读理解测试的结果，由此本部分的第三章介绍了英语分级阅读能力标准化测试工具开发的相关研究内容。第三章主要内容是阅读和阅读能力概念、阅读能力结构和考查阅读理解能力的阅读理解问题编制；考虑到阅读素养测试在国内外的强势使用现状，本部分还分析了阅读素养和阅读能力之间的关系，明确了阅读能力是阅读素养的要素之一，是促进阅读素养发展的基础和手段，阅读素养是阅读能力发展的归宿和目标。阅读能力结构是进入与提取、综合与阐释、反思与评价，它们也是国际阅读素养评估的阅读素养类型（domain）。

本部分中的若干内容是作者业已出版成果基础上的更新。

第二部分 02

构建研究

第一章

汉语分级阅读研究和文本难度研究的现状

虽然英语易读性公式在英语语言国家运用广泛，但是，由于汉语和英语具有不同的语言特质，所以英语易读性公式的研究结果不一定适用于中文文本难度的测量。马国荣认为，汉字与英文具有本质上的区别，主要表现在三个方面，第一，英语是由音符组成的拼音文字，而汉语则由音符、意符和记号三类符号组成；第二，英文是音素字母文字，一般来说一个字母表示一个音素，而汉字是语素文字，绝大多数汉字所表示的是一个语素，又是一个音节；第三，拼音文字用字母组成音节的排列是序列性的，而汉字则是方块形体的文字，笔画和偏旁放在一个方格中，表现了汉字的密集性（闫国利，白学军，2011）。张建理（1995）认为，汉语具有可析性、透明度、自明性和冗余度的特点，可析性是指一个语言片段中明显可分割的程度；透明度指一个语言单位内部的语义可分析性；自明性是指词语脱离上下文，其语意自动可解的程度；冗余度是指超出传递最小需要量之外的信息量，即多余信息。因此，有必要从汉语自身特点分析影响易读性的因素，不能生搬硬套英语易读性公式的研究结果。

一、儿童分级阅读标准的定性研究

国内出版界拟定的分级阅读标准有省会标准和业界标准之说（郭六轮，2009）。

省会标准为南方分级阅读研究中心制定的标准，它从儿童青少年的心理发展特征需要出发，把1–9年级的儿童分为四个学段，制定了《儿童青少年分级阅读内容选择标准》和《儿童青少年分级阅读水平评价标准》（南方分级阅读研究中心，2009），内容标准突出了各学段儿童青少年应具备的科学素养、人文素养等内容；水平标准主要从阅读数量、阅读技能、阅读习惯等方面进行评价。

业界标准又向前跨了一步（接力儿童分级阅读研究中心，2010），因为南方分级阅读标准并没有具体分析儿童青少年的心理发展特征需要。业界标准把儿童的身体与动作发展，认知与智力发展，语言发展，情绪、人格与社会发展作为变量，将儿童分为0–3岁、4–6岁、7–8岁、9–10岁和11–12岁5个级别，综合考虑书籍的篇幅、难度和主旨、每个级别推荐50本书，发布了200本分级阅读书目，作为对分级阅读的建议。

业界标准和省界标准均为定性研究，秉承“基于阅读能力”的研究取向，这实际上是在经验上假设，某个年龄段的儿童可以具备理解某种文本的阅读能力。然而，西方25年的研究表明，早期的阅读理论将阅读理解寄托于儿童的能力而非文本，导致了一定的混乱（Wright & Stenner，1998）。

试以买鞋为例说明基于儿童的年龄（学段）作为阅读的分级标准的非科学性。年轻的父亲第一次带着5岁的儿子走进鞋店，对服务员说，“给我拿一双5岁男孩穿的鞋。”，服务员笑着说，“先生，请您告诉我他穿多大码的鞋子。您要知道，都是5岁的孩子，他们穿的鞋的尺码可能是不一样的。”，看着父亲面露羞涩的微笑，服务员从后间搬出了一摞鞋盒，当然经验也决定了服务员不会把大人穿的鞋子给5岁的儿童试穿。

二、汉语文本变量的定量研究

汉语易读性研究起步较晚，到目前为止，研究者们大体从汉语文本的物理排版、体裁、文本要素，以及读者自身因素方面，研究了汉语易读性的影响因素。

（一）文本的物理排版因素

1927年，沈有乾控制了中文阅读材料的物理排版，将12篇文本安排横竖两种排版方式，选用4号字体，每行的长度设定为6.125英寸，每行约24到29个汉字和3到8个标点符号，共32个字符空间，每一篇文本均有18行或列。

追踪被试在阅读过程中的眼动，结果表明，阅读横排版要比阅读竖排版的中文文本的注视停留时间短，这说明横排版比竖排版更易于读者阅读（闫国利，白学军，2011）。此外，沈德立等对初中生阅读有无插图的说明文进行了研究，发现被试在阅读插图课文上的表现显著优于无图课文，插图对课文的阅读理解整合具有明显的促进作用，说明文本是否有插图是影响易读性的一个因素（沈德立，陶云，2001）。

另外，1935年，Wang以71名在美国大学读书的中国学生为研究对象，对其在阅读文言文和白话文时的眼动特质进行了研究，结果表明被试读白话文比读文言文的速度快（闫国利，白学军，2011）。

（二）文本的体裁

研究者对记叙文、说明文、新闻等进行研究，但都不是将体裁作为自变量探究文本的易读性，而是作为因变量，从字词句和呈现方式等方面研究影响不同体裁的因素。

1. 记叙文

20世纪90年代，白学军等以眼动为指标，考察了不同年龄阶段的学生阅读记叙文时的眼动特点，发现年级越高的被试阅读记叙文的速度越快，注视次数、注视时间和回视次数都会随着年龄的增长而减少，这意味着，随着年龄的增长，学生对以记叙文体裁表达的文本内容更易于理解。

2. 说明文

陶云、申继亮（2003）用眼动仪对小学5年级共28名学生，实行2（呈现方式）*2（难度）的二因素混合设计：呈现方式有两种，图文和文字；说明文文本难度有两种：简单材料和难材料。采用方差分析和交互效应检验。实验结论为，小学生的图文课文阅读成绩高于文字课文阅读成绩，图文课文比文字课文更易让学生理解，表现为学生阅读图文课文时的注视次数、注视频率、眼跳距离和回视次数显著少于阅读文字课文时的这些眼动指标。

3. 新闻

留美学者杨孝溶在1974年，以报纸为研究对象，从中抽取样本，每样本约两百字左右，对其进行研究，以“完全对称字率”（样本中完全对称的单字，如中、平，与总字数的比率)、“计一到十率”(样本中含有笔画一到十单字和总字数的比率)、“难词率”“每句平均词数”“完整句率”等23个自变量，对被试进行理解性测验和填空测验，分别计算出分数。他首先利用标准化常态分布方法设定报纸难易程度标准，而后对自变量和因变量之间的相关度和显著度进行分析，他发现“计一到十率”和“特殊词率”与“理解分数”的显著度和相关性高，“完全对称字率”和“难词率”与“填空分数”的显著度和相关性高。证明“计一到十率”和“特殊词率”，“完全对称字率”和“难词率”是新闻易读性的两组重要影响因素，杨孝溶以这两组变量创立的中文易读性公式被认为是真正意义上的中文新闻易读性公式(黄敏，2010)。

4 文学作品

有学者通过对名小说的分析，总结出影响文学作品可读性的因素。比如，文然和魏海岩(2006)分析了国内外学者的相关研究结论，总结出四个影响文学作品可读性的因素，分别是句子长度，图画，标点符号和文体类型。

(三)文本语言变量

1. 字

汉字是在二维结构上用笔画表示的几何形状非常规则的方块字，它既具有图形特征，又含有明确的语义内容，并且在语音上皆为单音节，由一至二十以上笔画组成(陈凌育，赵信珍，孙复川，1999)。孙汉银(1992)将字均笔画数视为影响汉语读物易读性的其中一个因素。然而，也有学者提出相反的观点。孙复川等(Sun and Feng)对汉字识别时的眼动进行了研究，对汉字识别定量分析后发现，识别汉字的注视次数和识别时间与汉字的频率有关，而与汉字的笔画无关(闫国利，白学军，2011)。此外，陈凌育等考察了汉字识别的眼动特征。研究对字频和笔画数均做了控制。结果表明，汉字识别时间与笔画数无关，而是存在识别时间随字频减小而增大的字频效应；识别眼动的注释次数也随字频减少而增多(陈凌育，赵信珍，孙复川，1999)。

2. 词

Rayner 等(2007)在读者模型的建模中，发现了词是中文阅读的分析单位(闫国利，白学军，2011)。Yang 和 McConlie 等人对词频在汉语阅读材料中的影响进行了研究，结果表明在阅读中文文本时，由两个结构简单的汉字组成的高频词被被试跳读的可能性最大，而对难词的回视频率较多，凝视时间较长（闫国利，白学军，2011），这说明，常用高频词语易于对文本的理解，而难词会增加文本难度。闫国利的分析结果也表明，难词会增加文本难度。

Meyer 提出，标明文本的主要信息或者组织结构，可以使读者更好的回忆文本的主要意义。而使用标志词强调文本的组织结构，会使文本结构变得清晰明了，读者也会使用一定的策略，寻找并利用这种结构，以促进他们对文本的理解和记忆。所谓的标志词就是“表示语篇逻辑联系的词语”，包括连接句子和语篇的连词，如顺向连接词“因此”，还有起连贯作用的副词等，如“首先”“其次”等等（Meyer，2003）。彭小川（2004）提出“抓标志词”是提高阅读能力的好方法，有利于提高语篇连贯性，有利于阅读者理解语篇。

严格来说，标志词是文章逻辑结构的提示，标志词研究和英语文本分级研究中的词汇研究并不是一个层面，具有语篇（discourse）研究的特点，和英语分级研究中的新兴力量 Coh-Metrix system 试图构建的凝聚性语言变量（coherence of texts）类似，由于语篇本身的复杂性，目前 Coh-Metrix system 虽有衡量语篇难度的客观分值，但是尚没有针对中小学阅读的应用研究（National Governors Association Center for Best Practices & Council of Chief State School Officers，2010）。

3. 语意块

人的短时记忆容量是7±2个单位。对于汉语初级学者来说，一个单位多指一个汉字或一个词语。读者在阅读时，如果在7±2个单位范围内发现了标点符号，他们就会在这一范围内，对所看到的语句进行加工，形成一个整体的概念。也就是说，读者对所读材料的加工，不一定是在读完一整个句子之后才进行的，而是在这之前就形成了一个个的组块。因此，一段文字如果能够在7±2个单位内表达一个清晰的意义，即使后面不是句号、问号和叹号，我们也可以将其看成一个完整的语意块来进行统计，这就是语意块的内涵。

朱勇等人将语意块作为影响对外汉语读物易读性的一个重要因素，他们认为，读者对所读材料的加工，不一定是在读完一个完整的句子之后才进行的，而是在这之前就形成了一个个的组块，不论是以句为单位，还是以短语为单位，只要能够表达一个完整的意义，就可以将其看作语意块。在他们的研究中，文本难度等级越高的读本，平均语意块的字数会更多（朱勇，邹沛辰，2012）。

4. 句

张宁志（2000）认为，测量平均句长是一种能有效地将教材进行文本难度等级区分的方法，每百字平均句数越多，平均每个句子的语料越短，文本就越易于理解。台湾的 Yang 和荆溪昱都将每篇文本的句子数作为影响汉语文本易读性的重要因素，并研究出了汉语易读性公式（王蕾，2008）。

Yao-Ting Sung 等人认为，简单句和复杂句对于文本难度也有较大影响。简单句有独立的语法单位，包含主语和谓语，常以句号、感叹号、问号结尾。而复杂句由两个或多个简单句构成，之间常用逗号隔开。因此，一篇文章中简单句或者说单句数越多，文本越容易理解（Sung，et al.，2015）。

Johansson 认为，在一个句子中，名词短语越多，意味着聚集了很多信息与概念，这样的句子就越复杂（Johansson，2008）。当名词词组有更多更长的修饰语时，句子的结构就越复杂（Ravid & Berman，2010）。文本难度随之增加。

（四）个体差异

Chen 和 Ko 的研究发现，对于年龄大的儿童而言，重读时间受到文本体裁的影响（闫国利，白学军，2011）。因而体裁是高龄儿童易读性的影响因素。此外，他们还发现，所有低龄儿童对难词和实词的注视时间更长（闫国利，白学军，2011）。因此，词是影响低龄儿童易读性的一个重要因素。

20世纪90年代，白学军等以眼动为指标，考察了不同年龄阶段的学生阅读记叙文时的眼动特点，发现年级越高的被试阅读记叙文的速度越快，注视次数、注视时间和回视次数都会随着年龄的增长而减少，这表明，年级或者年龄是中文易读性的一个影响因素，或者说阅读经验越丰富的被试越易于文本阅读。张兴利等采用眼动记录法，研究出被试的工作记忆容量越高，就越容易建立语言表征和空间关系，更容易形成语篇的完整表征（闫国利，白学军，2011）。这说明，对文本的理解在读者间存在个体差异，工作记忆容量越高的读者更易理解文本。

三、汉语文本易读性公式研究

孙汉银（1992）认为，第一个真正的汉语易读性公式是Yang制定出来的。Yang将85篇汉语繁体文本作为材料，从字词句三个方面对39个变量进行了量化分析，确定了影响汉语文本易读性的几个重要因素，然后设计出根据短文回答问题的试卷，并以台湾某高中一二年级学生的阅读理解成绩作为因变量，创立了如下公式：

Y（Y = 易读性分数）= 14.9596 + 39.07746*X_1（X_1= 难词比率）+ 1.011506*X_2（X_2= 完整句子数）– 2.48*X_3（X_3= 平均笔画数）

其中，难词比率为5600词表以外的词的比率，完整句子数是指有主语和谓语（动词或动词性短语）的句子，这些变量能够解释阅读成绩的63%（Yang，1971）。Shen（2005）认为，该实验利用相同的问题衡量不同类型文本的阅读理解程度、利用笔画数衡量词的抽象程度，这些方式是有待商榷的，而且，文本使用的是汉语繁体文本，对于阅读成绩的解释力只有63%，实验效度有待进一步考查。

在汉语作为母语的教学领域中，荆溪昱（1995）将每篇文本的词数、句数和熟悉词的数量作为预测变量，课本对应学期数作为因变量，对台湾1–12年级的中文课本进行了分析，研究出易读性公式：

Y（Y = 易读性分数）= 17.5255 + .0024*X_1（X_1 = 均文本词数）+ .04415*X_2（X_2 = 均文本句数）– 18.3344*X_3（X_3 = 熟悉词的数量）

该研究中所用材料，依然是汉语繁体文本材料，在以简体为主的大陆，能否应用和推广这一公式有待进一步验证。

孙汉银（1992）以初二年级学生为研究对象，以字词等13个可以量化的变量为文本易读性文本变量，根据被试完成完型填空的成绩情况，采用回归方法建立了易读性公式：

Y（Y = 正确率）= –7.00685 + 14.34587*X_1（X_1= 字均笔画数）– 2.13791*X_2（X_2= 难词比例）– 3.38799*X_3（X_3= 以句号为起点的句均字数）+ 4.00371*X_4（X_4= 句均词数）

其中，难词是指1000常用词以外的词语。公式中的变量能够解释完型填空成绩的7.08%，虽然解释力比较大，但是，郭望皓（2009）认为，笔画数越多，文本难度越小，似乎不符合常理，此外，研究中的句均词数也存在同样的问题，有待进一步验证。

王蕾（2005）同样以完型填空的成绩作为因变量，以20篇记叙短文作为文本材料，筛选出可量化的10个重要文本影响因素，采用多元线性回归的方法，探讨了初中级日韩留学生的文本易读性公式，该公式能够解释8.3%的变异。公示如下所示：

Y（Y = 易读性分数）= 72.749 － .462X_3（X_3 = 总词数）+ .802X_4（X_4 = 简单词数）－ 7.515X_5（X_5 = 虚词数）+ 2.446X_7（X_7 = 分词数）

郭望皓（2009）先通过主观性测验，即问卷调查，分析证明《博雅汉语》难度等级安排的合理性，然后，采用二层随机抽样的方式，先抽取其中的28篇文本，再次随机抽取其中的90个句子作为研究对象，确定字、词与句子的难度关系。他认为文本难度是文本每个句子的加和，故在研究文本难度时，将28篇文本的所有句子作为研究对象，将可量化的字、词、句等变量作为易读性文本变量，通过线性回归的方法，研究出文本易读性公式：

Y（Y = 易读性分数）= −11.946 + .123X_1（X_1= 平均句长）+ .198X_2（X_2= 汉字难度）+ .811X_3（X_3= 词汇难度）

公式中汉字难度和词汇难度均是根据《汉语水平词汇与汉字等级大纲（修订本）》为标准划分字词的难度。其 R 方解释力为91.7%，是目前汉语文本易读性公式研究中，解释力最强的一个公式。

此外，汉语文本易读性公式的研究方法趋于多样化，与计算机结合的趋势明显。比如，陈阿林（2000）等人就通过人工神经网络建立模型，以研究汉语文本难度。

四、汉语文本易读性公式研究的主要特点

（一）聚焦于字词句等文本语言变量

既有文献在研究影响文本易读性的因素上，涉及字词句三个层面。在字的层面上，涉及汉字笔画数；在词的层面上，涉及词频和标志词；在句的层

面上，涉及文本句子数、平均句长。在研究文本易读性公式上，涉及到的文本易读性文本变量除上述以外，在词的层面增加了均文本词数、句均词数、总词数、虚词数、分词数；在句的层面增加了完整句子数。既有文献对于文本易读性文本变量的探索奠定了现代中文文本易读性公式研究的基础，也对本研究具有指导和借鉴作用。

（二）采用回归分析推导汉语易读性公式

不论是汉语繁体文本还是简体文本的易读性公式研究，其采用的研究方法均是回归分析法。回归分析法将文本变量与学生成绩或文本学期数之间的关系用一个等式表示，等式即为文本易读性公式，可通过文本难度变量预测文本难易程度。这种方法简便直观，不仅是英文易读性公式研究的传统方法，也是中文易读性公式惯用的分析方法。

（三）借鉴英语文本难度研究

既有文献表明，无论是繁体，还是简体中文易读性文本变量研究，都离不开对英语易读性文本变量研究的借鉴。类似于词长、词频、句长等变量，均出自对英语易读性因素的探索过程。这种借鉴为汉语易读性研究提供了指导和帮助，丰富了汉语易读性研究，但由于英语和汉语的语言特征不同，汉语易读性文本变量研究亟待新的突破。

（四）缺乏针对大陆学生群体的文本易读性研究

汉语文本易读性公式最早是为了测量台湾高中生的繁体中文文本难度，后经荆溪昱等研究者推进，使得繁体中文文本易读性研究得到发展。但在以简体中文为主的大陆，能否应用和推广这类公式有待进一步验证。既有文献看来，中国大陆虽有学者研究简体中文文本易读性公式，但针对的却是将汉语作为第二语言（对外汉语）的群体，缺乏针对大陆学生群体的（母语）文本易读性研究。

（五）缺乏研究成果的教育应用

虽然，目前有些汉语易读性公式的解释力较强，例如，孙汉银的易读性公式的解释力为7.08%，王蕾的公式解释力为8.3%，郭望皓易读性公式的解释力为91.7%，但是，仍没有得到进一步的推广。主要原因，第一，虽然研究出了众多易读性公式，但尚未经过实践的检验，易读性公式在实际运用中的效果不得而知。第二，由于缺乏验证，其公信力阻碍了它与计算机技术的进一步结合。第三，缺乏对文本难度与读者阅读能力之间关系的分析，汉语易读性公式如何使用，得分范围分别对应哪些层次，如何有针对性地提高读者的阅读能力水平，这在很多研究中均未谈及。

（六）个体认知背景无法分离

现今对英语文本难度公式的批判大多集于此，即文本分级公式难以剥离读者的背景知识和句法难度之间的复杂关系，文本难度变量研究忽视了进入文本的读者因素。没有尝试从读者的角度出发，细分用户群体，制定出适合特定人群的文本易读性公式。

六、本研究设想和创新

本研究的设想也即本研究的创新之处。

（一）确定符合大陆初中生的阅读理解测试文本

既有研究或以繁体为阅读字体，或选取对外汉语文本作为测试文本。面对不同题材的文本，不同的读者群体具有不同的难度感知。比如，普通的阅读者很难理解具有专业医学术语的阅读文本。基于此，试卷选材应充分考虑到学生平时的阅读范围和对不同题材的熟悉程度，在学生所涉猎到的范围内进行选材。以这样的方式选择出的阅读材料既不会偏离学生的实际阅读情况而让学生感到为难，又能让学生充分发挥平日所习得的阅读策略。因此，良好的选材是探索简体中文可读性公式的重要的第一步。

（二）阅读问题要基于学生的阅读认知心理

阅读理解测试文本的问题不能随意编制，因为问题难度的大小直接会影响到学生的阅读成绩，当学生的阅读成绩作为因变量时，到底是学生在简单题目上所得的分数代表文本的难度水平，还是学生在难题上所得的分数代表文本的难度水平，这是难以抉择的问题。因此，在对阅读文本的问题进行编制时，要有一个标准，一个能反应该年龄段学生阅读认知水平的标准，考查学生在代表不同阅读认知发展水平的不同类型题目上的认知能力。

（三）基于阅读问题统计文本难度变量

文本难度通过阅读问题的形式对学生进行考查。既往的普遍经验显示，相同的文本，不同的阅读理解问题，学生表现出的阅读得分大相径庭。换言之，阅读理解问题是影响学生阅读水平的重要因素。更进一步而言，如果学生没有看懂阅读理解问题的话，他们无法对问题进行实质性解答。在这一过程中，阅读问题是将文本难度与学生能力相联系的纽带，因此，在文本难度变量统计过程中应该充分体现“纽带”的作用，实现学生水平与文本难度的对应。在既有文献研究的过程中，预测变量均出自独立的阅读文本，将阅读文本变量与学生对问题的认知和对文本难度的感知割裂开来，摒弃了“纽带”的作用。本研究为了改进这一缺点，将文本变量与阅读问题紧密结合，所有的文本难度变量都在阅读问题的基础上进行统计，实现文本难度、阅读问题、学生个体认知水平三位一体，提高文本易读性公式的准确性和预测效能。

（四）运用罗斯模型将学生成绩和文本难度相对应

既有文献大多采用学生的原始成绩作为因变量，没有将学生的成绩与题目的难度直接对应。Rasch 模型解决了将学生成绩与项目难度割裂的问题，通过 Rasch 计分处理，能计算基于学生实际能力之上的每道题目的难度，亦能将题目难度与学生的阅读素养在 Logit 标尺上进行比较。使学生个体阅读认知水平与阅读题目难度相对应，从而间接体现阅读文本的难度。

（五）运用回归分析计算文本易读性公式

目前，回归分析是研究文本易读性公式的主要方法，能将文本难度与文本预测变量之间的关系通过等式表现出来，简便直观。本研究将沿用这一方法，探索文本变量与难度之间的关系程式。

简言之，本研究的创新之处主要在于以下两点：

其一，既有文献热衷于对中文繁体和对外汉语阅读文本易读性进行研究，缺乏针对中国大陆初中学生群体的连续性文本易读性的研究，本研究将对初中连续性文本易读性公式进行探索。

其二，国内外既有文献表明，文本变量的探索目前局限于文本语言变量的字词句层面，本研究以阅读问题为出发点，探究阅读问题本身的语言变量和基于阅读问题的文本语言变量对文本难度的影响。

第二章

预研究测试的质量分析

为了提升研究的科学性和成功的概率，本研究从比较成熟的国际阅读素养测试的样本试题中选择阅读理解文本，即NAEP2011年的样题、PIRLS2006年的样题和PISA2009年的样题。为了检验国际素养测试样本试题在我国的本土化程度，本研究选取被试进行了前测。

一、被试的选择

采取分层抽样的方法选取广西三四年级、五六年级和初中学生分别参与PIRLS、NAEP和PISA的测试。首先，按照省会学校、其他市级学校和县级学校将广西中小学分为三类，每一类学校尽量涵盖学生成绩高、中、低的学校。然后以随机抽样方式从每一类学校中抽取一定数量的学校，抽取的学校数量与该类型的学校总数成比例。最后从抽取的学校中再随机抽取一定班级的学生参与测试。

预研究中的研究对象共计2378名中小学生，其中三四年级学生860名，五六年级学生771名，初中学生747名。860名三四年级学生分别来自北海、百色、桂林、河池、柳州、南宁、钦州、梧州、贺州9市12所小学的37个班级；771名五六年级学生来自9市12所小学34个班级，其中17个五年级班级和17个六年级班级；747名初中学生来自南宁、柳州和贺州3市的12所学校共21个班级。

从PIRLS、NAEP和PISA的阅读测试文本中筛选出11篇，分别让三四年级被试参与测试《一个不可思议的晚上》《太空漫步》，让五六年级被试参与测试《不屈不挠的黛西》《奶爸别动队——南极洲最后的居家父亲》和《玛丽安的革命》，让初中被试参与测试《刷牙》《移动电话安全性》《捐血公告》《守财奴和他的金子》《那就是戏》和《远距办公》。

二、研究方法

借鉴国际三大阅读素养评价项目和我国阅读教学的相关知识，通过理论和实践相结合的方法，对广西中小学生阅读素养评估进行了系统的研究。研究过程中主要运用了文献分析法、测试法、比较研究法和软件分析法。

（一）文献分析法

通过阅读国内外关于阅读素养和国际三大教育评价项目的期刊文献、书籍和网站，力图对国际三大教育评价项目的评估模式和中小学生阅读素养有全面客观的认识，从而启发和指导论文的写作。

（二）测试法

用国际三大教育评价项目中阅读素养评价的样本试题中文版给广西中小学生进行试测，分析广西中小学生阅读素养的水平及特点，为提高广西中小学生阅读素养提供依据。

表2-1　阅读理解测试文本的项目反应类型分布

年级	篇名	题目类型					
		进入与提取		整合与阐释		反思与评价	
		数量N	占试卷总题目百分比%	数量N	占试卷总题目百分比%	数量N	占试卷总题目百分比%
三四	一个不可思议的晚上	9	33.33	2	7.4	1	3.7
	太空漫步	11	4.74	2	7.4	2	7.4
五六	不屈不挠的黛西	1	3.3	9	30	1	3.3
	奶爸别动队	3	10	6	20	0	0
	玛丽安的革命	2	6.67	6	20	2	6.67

续表

年级	篇名	题目类型					
		进入与提取		整合与阐释		反思与评价	
		数量N	占试卷总题目百分比%	数量N	占试卷总题目百分比%	数量N	占试卷总题目百分比%
初中	刷牙	2	11.11	1	5.56	1	5.56
	移动电话安全性	0	0	2	11.11	2	11.11
	捐血公告	0	0	1	5.56	1	5.56
	守财奴和他的金子	1	5.56	2	11.11	0	0
	那就是戏	0	0	3	16.67	0	0
	远距办公	0	0	1	5.56	1	5.56

（三）比较研究法

采用横向和纵向相结合的比较法。横向将国际三大阅读素养评价项目与我国阅读评估进行比较，发现我国阅读评估存在的问题。通过对广西中小学生阅读素养水平和国际三大阅读素养评价项目试题的横向量化比较，找出广西中小学生阅读素养水平的特点以及与国际上的差距。此外，通过对广西中小学生不同年级阅读水平的纵向量化比较，发现中小学阅读素养水平的内在发展规律。

（四）统计法

Bond&foxsteps1..0软件分析法：运用该统计软件对样本数据进行Rasch分析，将广西中小学生阅读素养水平与国际三大阅读素养评价项目进行客观量化的比较，并用各种图表揭示其特点。

三、阅读理解测试文本的质量分析

采用罗斯模型分析前测试卷的质量。

如前所述，Rasch模型将项目和被试放在同一水平上量化比较，实现读者能力和文本难度的分离，使得测试结果不因样本和被试的不同而受影响。Bond&Foxsteps1..0软件能够以各种图表形式描述试题难度与被试水平的关系，为测试提供描述性的实证参考信息，研究采用该软件对测试样本数据进行Rasch模型分析。

为了方便运用Rasch模型分析，将测试试题的计分方式全部改为0–1的形式，即答对为1分，答错或没答为0分。除了选择题之外，还有建构题，这类题型根据对文章的理解深度来给分，有1分、2分和3分，对这类主观题的不同得分则采用多级记分方式，记分按其得分的种类分别记为0–1–2或0–1–2–3的形式。

首先对参与的学生样本进行单维性检验（Multidimensionality Investigations），检测试题是否考查同一潜在特质。然后运用软件对样本数据进行了以下六项Rasch模型分析：怀特图、被试与样本的总体统计、项目拟合和误差统计、气泡图、项目功能差异和项目特征曲线。根据产生的图表，分析阅读水平和题目特点，最后得出试卷质量的结论。

（一）三四年级试卷的质量分析

1. 单维性检验（Multidimensionality Investigations）

Rasch模型有单维性和局部独立性（Local Independence）两个基本前提假设，只有当测试满足基本条件时，才能实现客观等距的测量。

单维性是指测试中的所有项目所测的都是一种特质。在项目反应理论中，测验若有单一主成分或因素影响测验结果，就能认为其符合单维性假设，而这个主成分因素便是单维性所测特质（Embretson & Reise，2000）。局部独立性是指当试题所测均为一种特质时，被试正确反应一个项目的概率不影响其他项目的回答，也不受其他项目的影响。通常，当单维性假设成立时，也满足局部独立性假设（Lord，1980）。

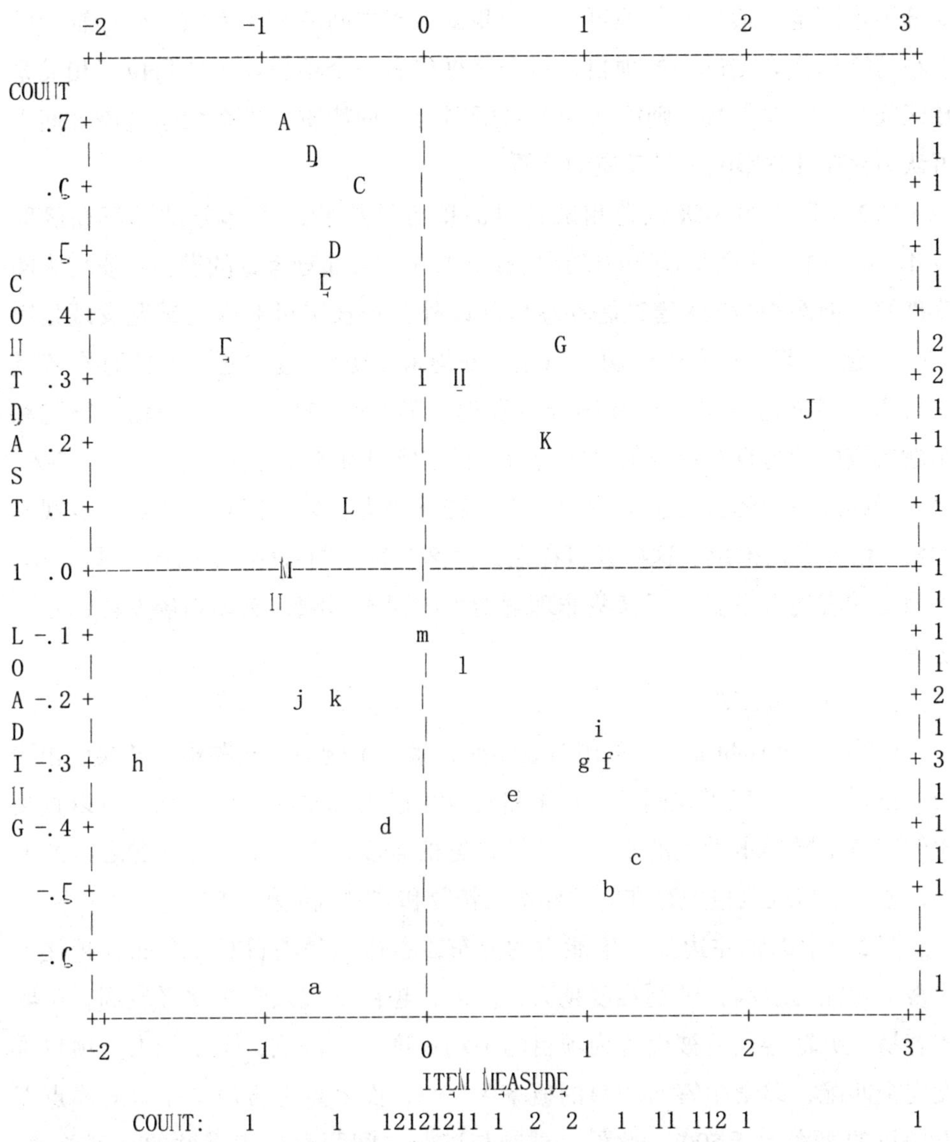

图2-1 三四年级PIRLS阅读理解测试标准残差对比

Rasch模型用于检验单维性的方法是主成分分析法（Principle Components Analysis）。图2-1是Bond&Foxsteps1..0软件输出的标准残差对比图，从中可以直接观察测验项目的单维性。图中横轴是项目难度的logit值，纵轴是当主成分因素固定，项目与其他可能影响测试因素之间的相关系数，坐标轴中的大小写字母代表测试中的项目，每个字母代表一个项目。当项目位于相关系数区间［-.4，.4］时，则能认为项目所测为一种特质，当系数超过该区间则可认为存在其它影响被试反应的特质。

图2-1是三四年级试卷测试题目的单维性检验，大部分试题都在区间［-.4，.4］内，说明大部分的试题具有单维性，大部分考查的潜在特质均为阅读理解。但图中也有8道试题在该区间以外，查找字母对应的试题发现是第2题、3题、7题、9题和18题、24题、26题和27题，这些题目可能存在着其它特质。根据这些试题作具体分析发现，第2题、3题、7题、9题、18题和26题考查的均为直接提取信息的能力，很多题目都能从原文中直接找到答案，属于阅读能力中的直接提取信息能力，题目较为容易，但是答题者的表现不理想。由此可以推出，这些题目存在其他潜在特质的可能原因是样本量太小，答题者的表现水平受到了某些非理解能力的因素影响，例如临场发挥、专注度等。

2. 项目－被试匹配

怀特图（Wright map）利用对数转换，将学生能力与试题难度转换成相同的logit单位，实现了在同一标尺上量化学生能力和试题难度。从而可以直接比较来自不同样本学生的水平、不同试题的难度，以及学生与试题之间的差异，解决了传统测量中存在的“样本依赖”和“测试依赖”问题。

图2-2中纵轴左边是学生能力的分布，右边则是项目难度分布，越往上代表学生能力越高，试题难度越大，反之，越往下代表学生水平较弱，试题较容易。纵轴零点处被设置为项目的平均难度，在该点，学生能力与项目难度完全匹配，即学生答对题目的概率为50%，而零点上方的学生答对零点下方题目的概率大于50%。此外，试题与试题之间距离代表试题的难度差异，学生与学生之间的距离代表他们水平的差异，试题难度与学生水平的距离越近，对考生水平的估计越精确。

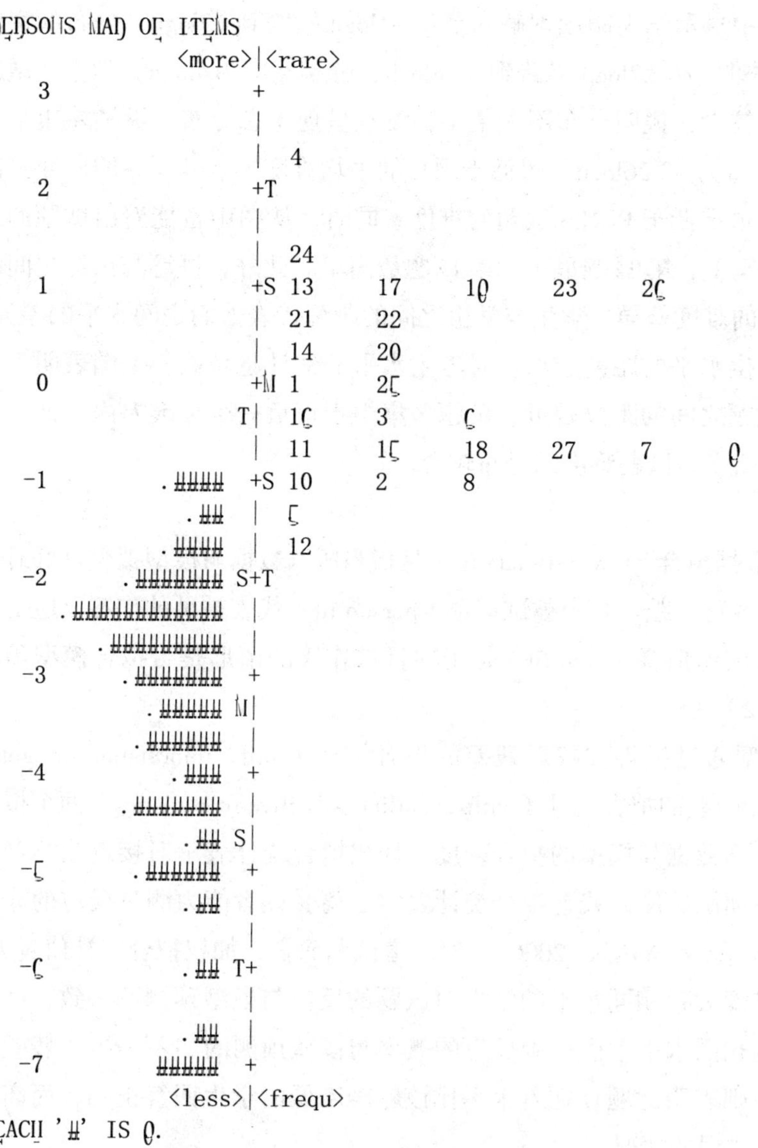

图2-2 三四年级PIRLS阅读理解测试项目－被试匹配

图2-2是广西三四年级参与PIRLS的表现情况，左边呈现学生阅读能力的分布，右边是试题难度的分布，最左边的阿拉伯数字是由对数转换的logit值。纵轴的左右两边分别有字母M、S和T，分别代表均值、一个标准差和两

个标准差。图中显示学生阅读理解水平从 -1logit 横跨到 -7logit，分布的宽度为6logit，试题难度从2.2logit 横跨到 -1.8logit，分布宽度为4logit，学生和试题分布宽度都比较大，说明分布不太集中，没有呈现正态分布。纵轴左边学生的平均能力 M 值为 -3.26logit，远低于项目的平均难度零点处，说明广西三四年级学生阅读水平低于 PIRLS 试题的难度。同时，从图中也能看出试题的难易顺序，从上至下，第24题最难，第12题最简单。此外，试题与试题之间的距离代表试题的难度差异，学生与学生之间的距离代表他们之间水平的差异，试题难度与学生水平的距离越近，对考生水平的估计越精确。上图表明，大部分试题与试题之间的距离较近，试题多集中于正负一个标准差内，低于平均难度的试题略多，试题难度的分布较合理。

3. 总体统计

“模型 - 数据拟合”（model-data fit）是指当所测数据与模型拟合良好时才能实现测量的客观等距。其中被试拟合（person fit）代表被试的作答反应是否与模型拟合，试题拟合（item fit）是指项目被作答的情形是否拟合模型预期（杨玉琴，2012）。

Rasch 模型通过报告加权后残差的拟合统计（infit，information-weighted fit statistics）和残差的拟合统计（outfit，outlier-sensitive fit statistics）两个拟合指标来衡量所测数据与模型的拟合程度。加权拟合统计表示对接近受测者能力测量的非预期敏感度，残差拟合统计表示远离受试者能力测量反应的非预期敏感度（Linacre & Wright，2000）。对一道试题而言，加权拟合统计值越大，表示与试题难度大致相同水平的学生对试题的反应与模型预测不一致，即大致与试题难度相同水平学生正确反应的概率与模型预测的 .5不一致；残差拟合统计越大，则表明此题存在着水平比该题难度低的学生回答正确，而高水平的学生回答错误的情况。

均方差（MNSQ mean square residuals）的理想值为1，意味着所测学生能力完全与 rasch 模型相匹配。当值小于1时为过度拟合（overfit），表示所测学生能力的变异数小于 rasch 模型预期，反之，值大于1时为欠拟合（underfit），表示所测值的变异数大于 rasch 模型的预期。Underfit 通常是由杂乱无章的答案所造成，会直接损害测量的质量。而 overfit 虽然可能会降低测量的效率，但对测量质量的影响反而不大（Linacre & Wright，2000）。ZSTD是t分布的标准拟合数据，服从均值为1，方差为0的t分布，又称作z检验，是infit和outfit的标准化形式。许多研究者认为outfit和infit的值在.5到1.5区间时，所测数据与模型预期拟合较好；当该值大于1.5时，表明对于一道题目而言，出现了能力低的学生做对了，而能力高的学生答错了的情况，从而导致题目难度与模型预期不匹配；当值小于.5时，表明对于一道题目而言，出现了能力高于这道题目的学生全部答对了，而能力低于这道题目的学生全部答错了的情况.

表2-2是广西三四年级学生阅读能力和试题的总体统计情况，“估计”（Measure）是指对学生能力和试题难度的Rasch分数估计，其中Rasch模型设定的试题平均难度为0logit，广西三四年级学生平均阅读能力为–3.26logit，学生阅读水平远低于试题的难度。“Error”是估计被试的标准误，越接近0误差越小，估计也越精确。表中显示学生阅读能力的模型误差为.47，说明所测学生阅读能力的误差较大，而试题难度误差仅为.08，误差比较小，试题难度估计较精确。

表中广西学生的平均INFIT MNSQ为1.01，OUTFIT MNSQ为1.03，说明广西学生阅读能力与模型预期拟合较好，即任何被试在难度低的项目上的表现好于难度高的项目上的表现，在任一项目上，能力高的被试比能力低的被试正确反应项目的概率大。此外，试题的平均INFIT MNSQ为.99，OUTFIT MNSQ为1.03，说明试题的难度与模型预期拟合较好。

表2-2 广西三四年级学生阅读能力和试题的总体统计

	Measure	Error	Infit		Outfit		Separation	Reliability
			MNSQ	ZSTD	MNSQ	ZSTD		
学生	–3.26	.47	1.01	.1	1.03	.1	2.63	.87
试题	.00	.08	.99	–1.5	1.03	–.6	1.93	.99

4. 项目拟合和误差统计

分隔系数（separation）则是校正测量误差后的估计值的标准差（ADJ.S.D.）和均方根误差（root mean standard error，RMSE）的比值，衡量个体间是否存在明显差异的统计量，当它大于2时通常认为所测个体存在显著差异。信度（reliability）这里是指分隔信度，它等于分隔系数的平方除以1加上分隔系数的平方（Linacre & Wright，2000）。由表2-2中被试学生的分隔系数和信度分别为2.63和.87可知，PIRLS试题和学生样本能够比较好地诊断考生的能力，考生能力估计的精确度比较高。项目分隔系数和信度分别为1.93和.99可知，学生样本非常好地反映了试题难度,PIRLS试题对题目的难度估计也十分准确，题目信度非常好。

表2-3是按照PIRLS2006样本试题中全部27道题的顺序输出的统计信息表。第三列是试题难度的Rasch测量值，值越大试题越难，越小则题目越容易，模型设定0logit为题目平均难度值。第四列是Rasch标准误，误差越小，题目对学生能力估计越准确，试题信度越高。PIRLS所有试题的标准误均较小，说明试题对学生能力估计准确，试题信度高。第五列和第六列是项目是否拟合的评判指标，是项目infit和outfit的残差均方值。表中第4、8、11、12和27题的infit和outfit的残差均方取值范围不在.5至1.5之间，而是大于1.5，表明这几道题目是欠拟合（underfit）项目，出现了能力高的学生答错了和能力低的学生答对了的情况。剩余大部分试题与模型拟合都较好。第7列为相关系数，即试题与测量目标的相关程度，全部都为正数，说明与测量目标一致，除第4题外其余题目的相关系数值都较高，表明试题的效度很好，能准确地反映学生的阅读能力。

第4题的难度值为2.38logit，是试卷所有题目中最难的一道题，考查的阅读能力是进入与提取，属于进入与提取阅读能力中的高难度题，分析这道题发现它的问题没有在文中的一句话中直接显示，而是需要根据文章的一句话再在文中找答案，需要学生推两次。

第8、11、27考查的都是学生的阐释与整合能力，第12题考查的是反思与评价能力，难度都属于中等的主观题，但都出现了高水平的同学答错和低水平的同学答对该题的情况。

表2-3 PIRLS 试题拟合和误差统计

Entry NO.	Total score	Measure	Rasch S.E.	Infit MNSQ	Outfit MNSQ	Cor.
1	411	-.02	.08	1.03	1.48	.43
2	559	-.86	.07	.71	.73	.59
3	479	-.42	.08	.83	.82	.56
4	99	2.38	.11	1.26	2.59	.09
5	620	-1.19	.07	.59	.60	.63
6	485	-.45	.08	1.03	1.24	.44
7	527	-.69	.07	.73	.72	.60
8	569	-.92	.07	1.75	1.72	.49
9	512	-.60	.08	.73	.73	.60
10	559	-.86	.07	.72	.74	.59
11	541	-.77	.07	1.94	1.83	.55
12	727	-1.74	.07	1.58	1.64	.62
13	271	.86	.08	1.21	1.13	.35
14	372	.21	.08	.85	.78	.55
15	505	-.56	.08	.80	.87	.56
16	450	-.25	.08	1.26	1.21	.55
17	236	1.11	.09	1.13	1.01	.37
18	507	-.58	.08	.65	.63	.64
19	249	1.02	.08	.78	.67	.53
20	374	.20	.08	.75	.69	.59

续表

Entry NO.	Total score	Measure	Rasch S.E.	Infit MNSQ	Outfit MNSQ	Cor.
21	284	.77	.08	.85	.82	.51
22	323	.52	.08	.66	.56	.62
23	234	1.12	.09	.80	.67	.51
24	214	1.28	.09	.79	.74	.50
25	411	-.02	.08	.66	.61	.64
26	232	1.14	.09	.77	.69	.52
27	527	-.69	.07	1.86	1.77	.58

另外软件还输出了气泡图，见图2-3，更为直观展示项目拟合和项目误差的情况。一个气泡表示一道试题，气泡直径由Rasch S.E.决定，气泡越大说明试题对学生阅读能力估计不精确，气泡越小，说明试题的效度越好。纵轴是试题难度的测量值，越靠近顶部的试题难度越大，靠近底部的试题难度则越小。横轴是Outfit Mean-square值，题目的outfit mean-square值在.5-1.5之间，则认为试题与模型拟合良好。有少数试题相重合，说明题目难度接近。从图中可以清楚看到第4题在所有题的右上角，试题最大误差最大，并且其Outfit Mean-square值也是最大，此外，偏离看到第1题旁边的第8、11、12和27题Outfit Mean-square值都超过了1.5，说明这5道题与模型拟合都不好。

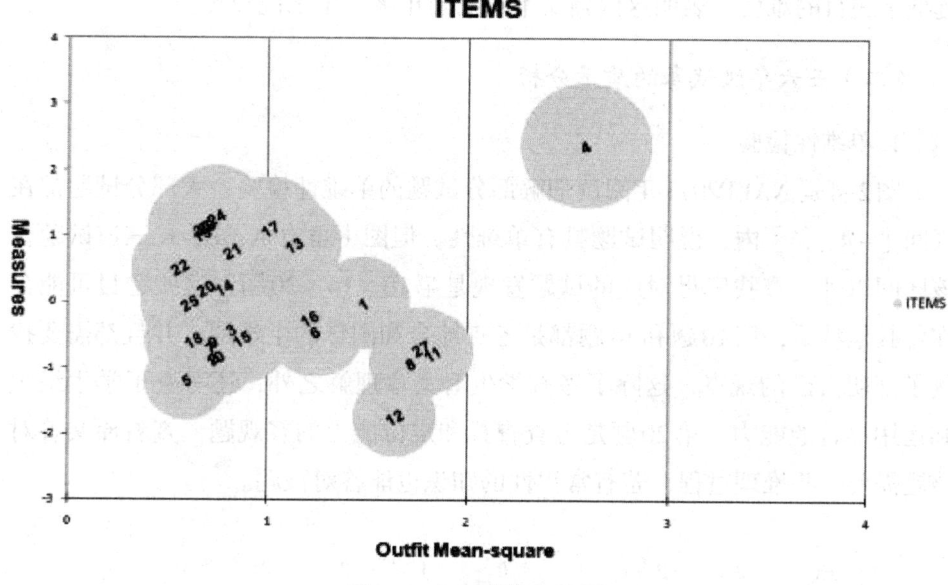

图2–3 三四年级气泡图

5. 项目功能差异检测

按照项目反应理论的观点，项目功能差异（DIF，Differential Item Functioning）是指来自两个不同组别但具有相同能力的被试对某一项目的反应概率存在差异，即两个组别在同一项目上的特征曲线不同，这不是因为被试特质水平不同，而是由与测验无关的因素引起的（Shealy & Stout，1993）。如果存在项目功能差异，通常将非优势群体组称为目标组也就是焦点组，将优势群体组称为参照组。当 DIF MEASURE 为负值时，DIF 有利于参照组，当 DIF MEASURE 为正值时，DIF 有利于焦点组。

本文对性别因素作 DIF 分析，将因素中的男女作为组别对每个因素作 DIF 检测，先删掉每个因素缺失的样本数据，然后用软件对数据进行处理。判断 DIF 的方法是当 DIF Contrast 绝对值大于 .5 且 t 的绝对值大于2时说明该项目存在 DIF，但通常当 DIF Contrast 值大于 .5时便能认为存在 DIF。通过对广西三四年级样本学生的性别进行 DIF 发现性不存在严重的 DIF。

综上分析表明，三四年级学生参与测试的 PIRLS2001 样本试题具有很高的信度和效度，能准确测量学生的阅读理解能力；被试的阅读理解能力则远远低于题目的难度，表明这两篇文本对三四年级学生来说较难。

（二）五六年级试卷的质量分析

1. 单维性检验

图2-4是NAEP2011年阅读理解部分试题的单维性检验，大部分试题都在区间［-.4，.4］内，说明试题具有单维性。但图中也有A、B、C三道试题在该区间以外，查找字母对应的试题发现是第10、14、20题，这些题目可能存在着其他特质，第10题和14题都是考查综合和阐释的主观题，并且都需要找例子证明自己的观点，这除了考查学生对文章理解之外，还考查了学生组织和运用语言的能力。第20题是考查查找和定位能力的客观题，查看原文答对该题需要一些推理过程，若有常识性的知识也能答对该题。

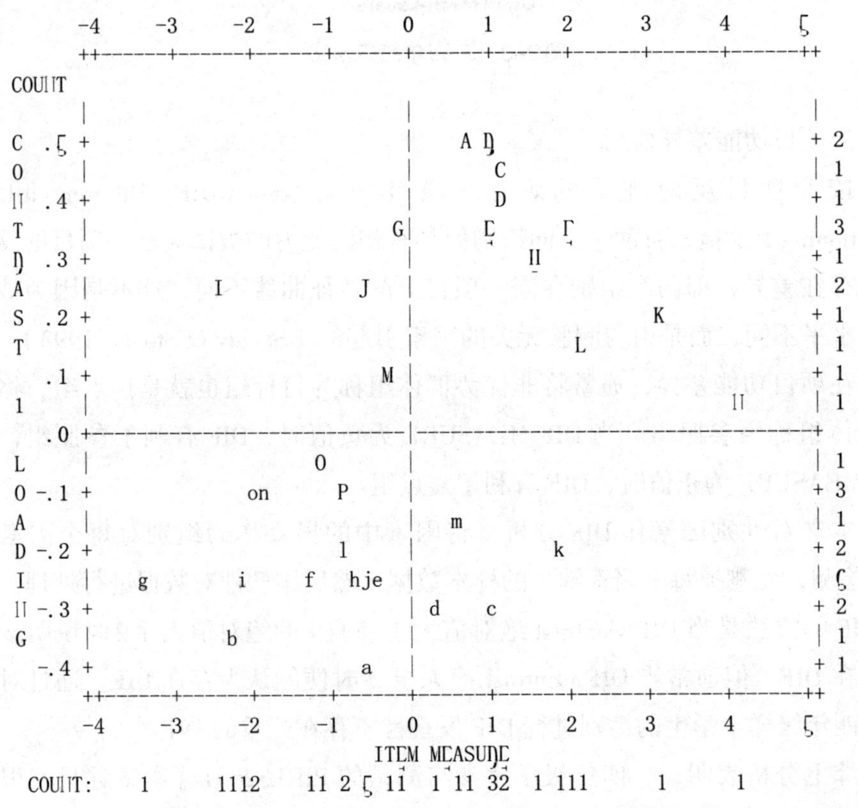

图2-4 五六年级NAEP阅读理解测试标准残差对比

2. 项目－被试匹配

```
PERSONS MAP OF ITEMS
             <more>|<rare>
 4                 +  11
                   |T
 3               . +  7
               . T|
 2             .## +  27     30     31
        .#######  |S  18
 1     .######### S+  10     14     15     20     25     6
  .#############  |   28     8
 0   .########### M+M 29     5
   .############  |   1      13     16     24     9
-1         .#### S+   21     22     23
             .##  |S  12
-2            .#  +   17     19     26
              .# T|   2      4
-3             .  +
               .  |T 3
-4                +
               .  |
-5            .#  +
            <less>|<frequ>
EACH '#' IS 12.
```

图2–5　五六年级学生项目－能力匹配图

图2–5是广西五六年级参与测试的表现情况，从图中学生阅读理解水平从－1logit横跨到－7logit，分布的宽度为6logit，试题难度从2.2logit横跨

到 -1.8logit，分布宽度为4logit，试题和学生的数量都是位于其难度和水平的一个标准差内的较多，大致呈正态分布。纵轴左边学生的平均能力 M 值为 0logit，与试题的平均难度相等，说明广西五六年级学生阅读水平与 NAEP 试题难度相当。同时，学生与学生之间距离较近，在平均水平上下的学生人数差不多均等，学生人数大多集中在一个标准差内。试题分布与学生分布类似，大多数题目位于平均难度一个标准差内，平均难度上下的题数均等，说明试题对学生能力估计精确。试题难度从上到下，第11题最难，第3题最容易。

3. 总体统计

由表2-4可知广西五六年级学生平均阅读能力为 .03logit，与 NAEP 试题难度几乎相等。学生阅读能力的模型误差为 .47，说明所测学生阅读能力的误差较大，而试题难度误差仅为 .1，误差比较小，试题难度估计较精确。广西五六年级学生的平均 INFIT MNSQ 为1.00，OUTFIT MNSQ 为1.02，说明广西学生阅读能力与模型预期几乎完全拟合，即任何学生在简单题目上的表现好过较难题目的表现。此外，试题的平均 INFIT MNSQ 为 .99，SD=3.0，OUTFIT MNSQ 为1.05，说明试题的难度与模型预期也几乎完全拟合，说明能力高的学生反应任何试题，比能力低的学生正确反应概率大。被试学生的分隔系数和信度分别为2.12和 .82可知，NAEP 和学生样本能够比较好地诊断考生的能力，考生能力估计的精确度比较高。项目分隔系数和信度分别为15.58和1.00可知，学生样本非常好地反映了试题难度，NAEP 试题对题目的难度估计也十分准确，题目信度非常好。

表2-4　广西五六年级 NAEP 测试学生阅读能力和试题的总体统计

	Measure	Error	Infit		Outfit		Separation	Reliability
			MNSQ	ZSTD	MNSQ	ZSTD		
学生	.03	.47	1.00	–.1	1.02	–.2	2.12	.82
试题	.00	.10	.99	–.1	1.05	.2	15.58	1.00

4. 项目拟合和误差统计

表2-5是按照试题顺序输出的NAEP试题中所有31道题目统计信息表。除了第11题和第30题的OUTFIT MNSQ大于1.5之外，其余的题目都在.5-1.5之间，说明大部分题目与Rasch模型基本拟合。题目11和30都属于较难的题目，而它们的OUTFIT MNSQ都大于1.5，说明很多阅读能力较低的同学答对了这两道题目。第11题考查的是批评和评价，第30题考查的是综合和阐释，这两题都是选择题，可能原因是低水平学生猜测导致。相关系数全部都为正数，说明与测量目标一致，31道题目的相关系数值都较高，表明试题的效度很好，能准确地反应学生的阅读能力。

表2-5 广西五六年级学生样本的Rasch模型题目信息表

Entry NO.	Total score	Measure	Rasch S.E.	Infit MNSQ	Outfit MNSQ MNSQ	Cor.
1	484	-.63	.08	1.16	1.22	.36
2	660	-2.29	.12	1.04	1.20	.48
3	716	-3.42	.17	.78	.54	.63
4	665	-2.37	.12	1.29	1.12	.39
5	425	-.22	.08	1.07	1.12	.40
6	227	1.12	.09	.88	1.05	.43
7	49	3.18	.15	.98	1.41	.19
8	307	.56	.08	1.11	1.16	.33
9	479	-.59	.08	1.20	1.31	.33
10	233	1.08	.09	.95	.93	.40
11	21	4.11	.22	1.00	2.11	.11
12	567	-1.28	.09	.97	.97	.50
13	468	-.51	.08	1.09	1.09	.41

续表

Entry NO.	Total score	Measure	Rasch S.E.	Infit MNSQ	Outfit MNSQ MNSQ	Cor.
14	275	.78	.08	.86	.87	.47
15	248	.97	.09	1.18	1.25	.26
16	471	–.53	.08	1.06	1.13	.42
17	635	–1.97	.11	.86	.83	.58
18	168	1.60	.09	1.01	1.05	.32
19	647	–2.12	.11	.80	.63	.63
20	253	.93	.08	.91	1.16	.42
21	556	–1.18	.09	.84	.73	.58
22	520	–.89	.09	.86	.83	.56
23	510	–.82	.09	.95	.97	.50
24	474	–.56	.08	.99	.93	.48
25	243	1.00	.09	.91	.98	.42
26	641	–2.04	.11	.79	.58	.63
27	133	1.94	.10	.87	.81	.38
28	345	.31	.08	1.21	1.24	.29
29	418	–.17	.08	.88	.83	.52
30	136	1.91	.10	1.24	1.70	.11
31	118	2.10	.11	.88	.69	.37

五六年级学生气泡图中清晰看出最右边11，30和7三道题与剩下的题目相分离，其难度相对高于其他试题，气泡也较大，同时，左下角第3题是最容易的题目，气泡也很大，从而说明试题太难或者太简单对学生阅读能力估计

的误差较大，另外，试题太难，学生都不会从而很可能出现猜测等情况，使得测试结果与模型拟合较差。

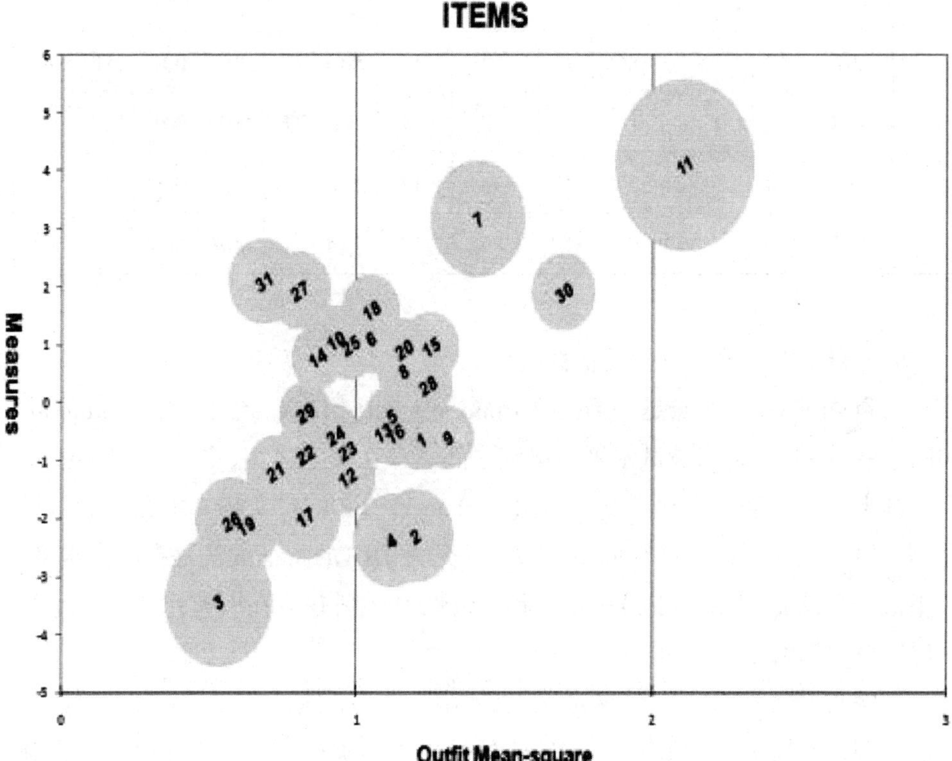

图2-6　样本学生的气泡图

5. 项目功能差异检测

表2-6呈现的是广西五六年级参与NAEP试题中性别分组严重存在DIF检测的结果，试题5、11和15三道题严重存在DIF。第5题、15题考查的能力是综合和阐释，第5题有利于男生，15题有利于女生。

表2-6 性别分组的DIF检测结果

Person Class	DIF Measure	DIF S.E.	Person Class	DIF Measure	DIF S.E.	DIF Contrast	JOINT S.E.	t	d.f.	Prob.	MH		Item Number
											Prob.	Size	
1	.07	.12	2	-.45	.11	.52	.17	3.13	771	.0018	.0018	.51	5
2	-.45	.11	1	.07	.12	-.52	.17	-3.13	771	.0018	.0018	-.51	5
1	.48	.13	2	1.37	.12	-.89	.17	-5.14	771	.0000	.0000	-.70	15
2	1.37	.12	1	.48	.13	.89	.17	5.14	771	.0000	.0000	.70	15

6. 项目功能差异的项目特征曲线

项目功能差异可能是一致性（Uniform）DIF 和非一致性（Non-uniform）DIF，一致性 DIF 是指被试水平与组别之间不存在交互作用，非一致性 DIF 则指被试水平与组别之间存在交互作用（Hepner，2008）。判断 DIF 是一致性还是非一致性通常可以用特征曲线观察，一致性 DIF 的特征曲线是在所有水平，一组被试反应概率都大于另一组，非一致性 DIF 则并非在所有水平，一组被试反应概率都大于另一组。

对发现严重存在 DIF 的两道试题绘制项目特征曲线如下图。从图2-7中可以发现，在特质水平在小于 -3logti 处是男生正确反应概率大于女生，但在接近 -2logit 处为男生正确反应概率小于女生，则该题为非一致性 DIF。

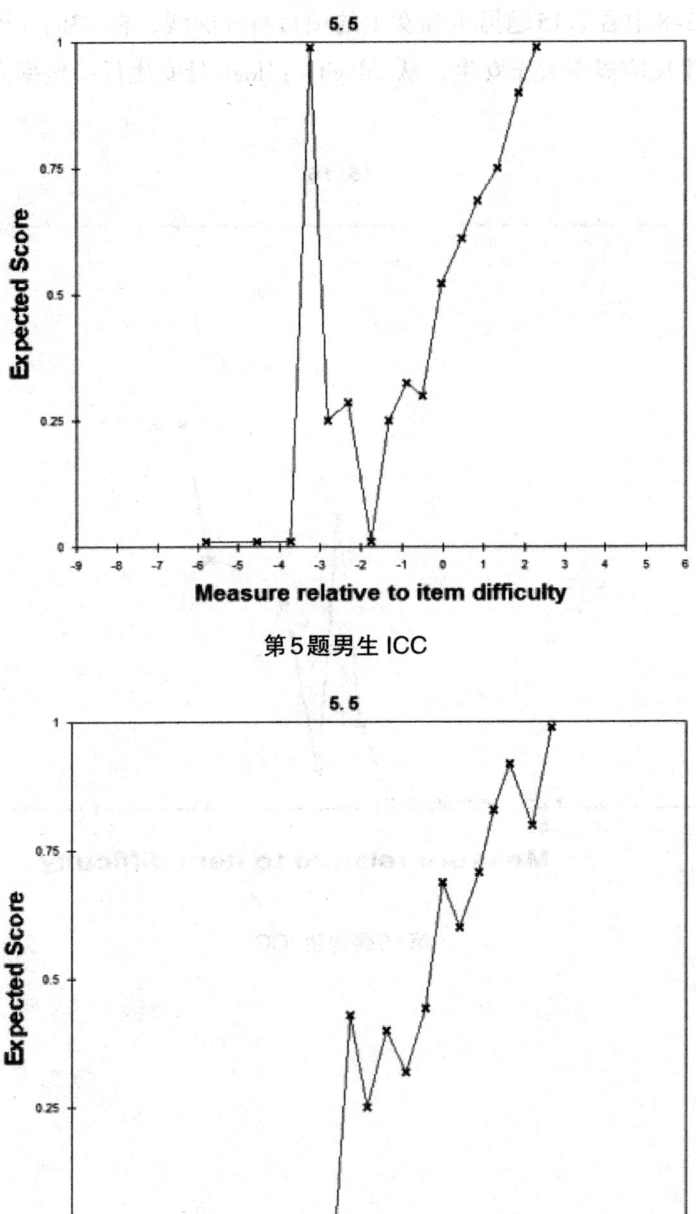

第5题男生 ICC

第5题女生 ICC

图2-7 第5题男生和女生项目特征曲线

从图2-8中看第15题男生和女生的项目特征曲线，在 -3logit 到 -2logit 位置处，男生反应概率大于女生，从 .5logit 到 1logit 处女生反应概率大于男生。

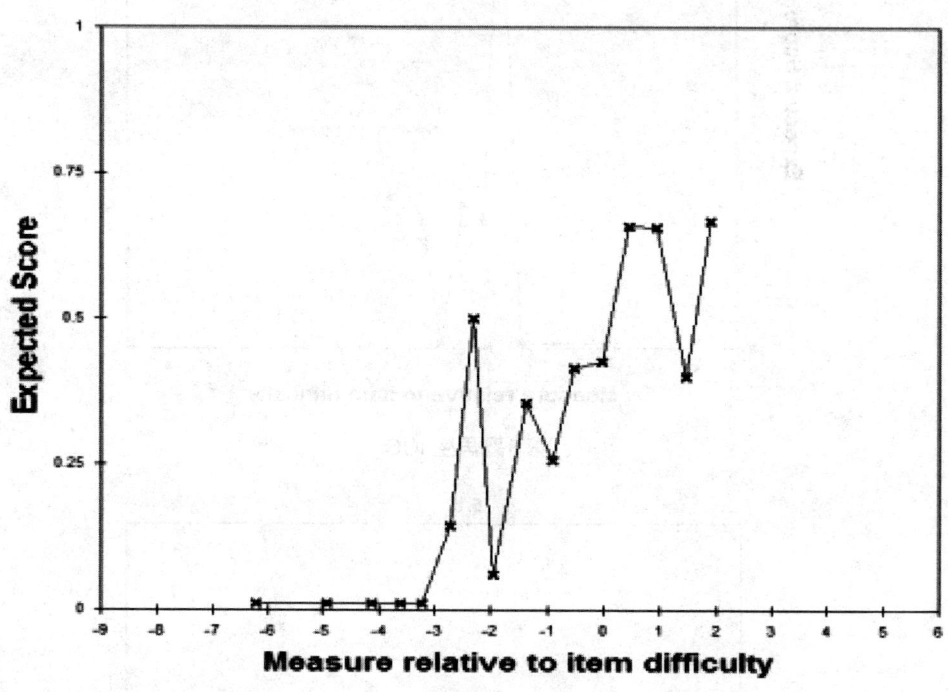

第15题男生 ICC

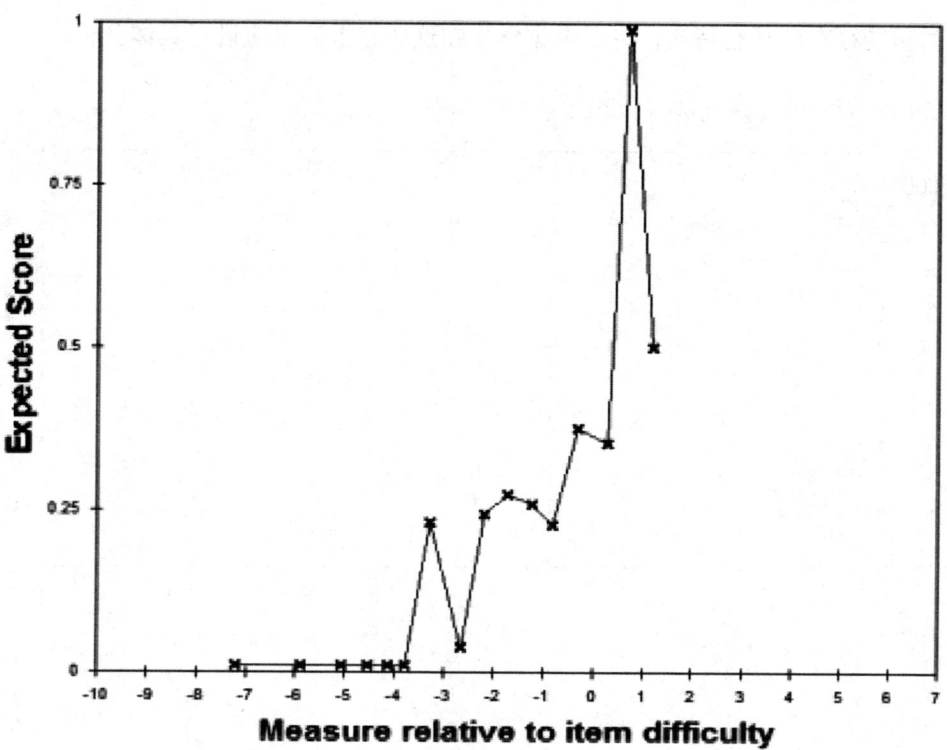

第15题女生ICC

图2-8 第15题男生和女生项目特征曲线

综上分析表明，五六年级学生参与测试的NAEP2001样本试题具有很高的信度和效度，能准确测量学生的阅读理解能力；被试的阅读理解能力和题目的难度接近。

（三）初中年级试卷的质量分析

1. 单维性检验

图2-9是受检验的阅读理解测试题的单维性检验，图中显示，除了A、a、

b和c四道题外其余试题都在区间［-.4，.4］内，说明试题具有单维性。查找字母对应的试题发现分别对应的是第10题、第1题、第4题和第2题，这些题目可能存在着其它特质，可以根据学生在这些题上的反应进行具体分析。

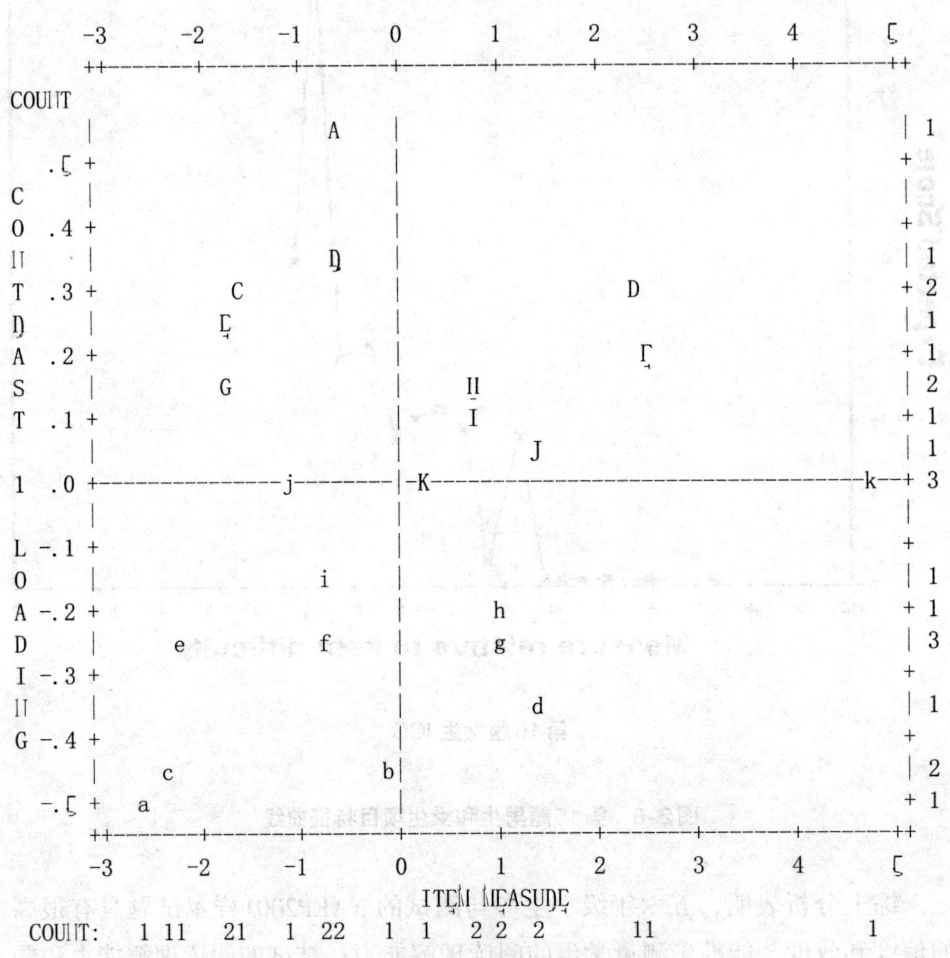

图2-9 PISA阅读理解测试标准残差对比

2. 项目 - 被试匹配

图2-10是广西初中学生参与PISA的表现情况，从图中学生阅读理解水平从0logit横跨到-8logit，分布的宽度为8logit，试题难度从-2.5logit横跨到5logit，分布宽度为7.5logit，学生水平和试题难度跨度都较大，分布也都大致

呈现正态分布。纵轴左边学生的平均能力 M 值为 -3logit，远低于项目的平均难度零点处，说明广西初中学生阅读水平低于 PISA 试题的难度。试题与试题之间有的较近，也有部分试题距离较远，低于平均难度的试题占绝大多数，最简单的试题难度大概为 -2.5logit，高于学生的平均水平。另外，学生与学生之间的距离较近，但是位于平均难度之上的学生几乎没有，说明 PISA 对于广西初中学生而言难度偏大。

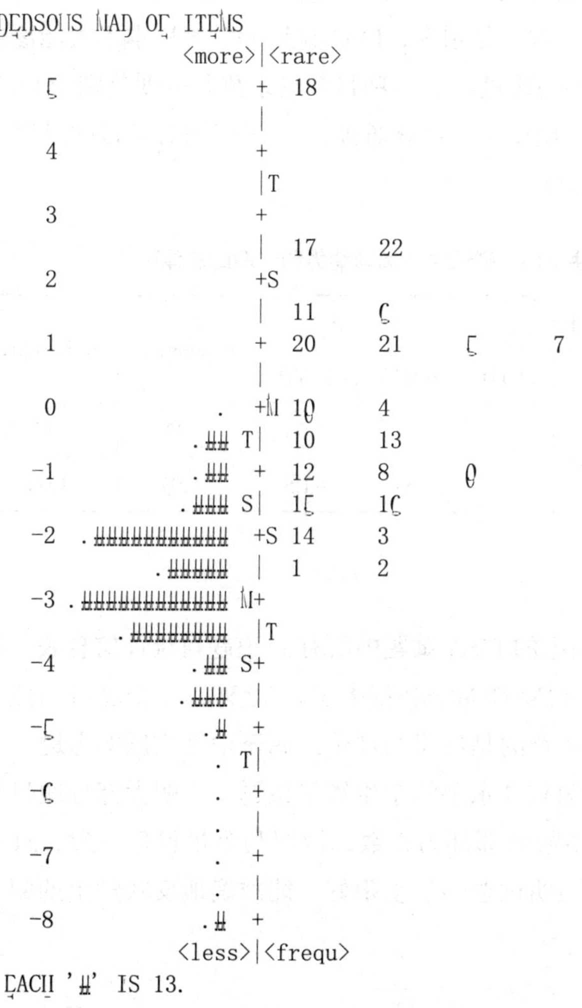

图2-10 初中学生项目 - 能力匹配图

3. 总体统计

表2–7显示，广西初中学生平均阅读能力为 –2.85logit，低于 PISA 试题难度。学生阅读能力的模型误差为 .6，说明所测学生阅读能力的误差较大，而试题难度误差仅为 .08，误差比较小，试题难度估计较精确。广西初中学生的平均 INFIT MNSQ 为 .99，OUTFIT MNSQ 为 .95，说明广西学生对试题的反应与模型预期几乎完全拟合。此外，试题的平均 INFIT MNSQ 为 .94，OUTFIT MNSQ 为 .95，说明试题的难度与模型预期也几乎完全拟合。被试学生的分隔系数和信度分别为1.82和 .77，都不是很高，PISA 试题和学生样本不太能诊断考生的能力，考生能力估计的精确度一般。项目分隔系数和信度分别为15.97和1.00可知，学生样本非常好地反映了试题难度，PISA 试题对题目的难度估计也十分准确，题目信度非常好。

表2–7　广西初中学生 PISA 测试学生阅读能力和试题的总体统计

	Measure	Error	Infit		Outfit		Seperation	Reliability
			MNSQ	ZSTD	MNSQ	ZSTD		
学生	–2.85	.60	.99	.0	.95	.0	1.82	.77
试题	.00	.08	.94	.9	.95	–1.5	15.97	1.00

4. 项目拟合和误差统计

表2–8是按照试题顺序输出的 PISA 试题中所有22道题目统计信息表。除了第10题的 OUTFIT MNSQ 和 INFIT MNSQ 都大于1.5之外，其余题目的拟合值都在 .5–1.5之间，第10题考查的是反思与评价，属于中等难度的考题，可能存在低水平的学生答对该题和高水平的学生答错该题。说明大部分题目与 Rasch 模型基本拟合。相关系数全部都为正数，说明与测量目标一致，31道题目的相关系数值都较高，表明试题的效度很好，能准确地反映学生的阅读能力。

表2-8　广西初中学生样本的 Rasch 模型题目信息表

Entry NO.	Total score	Measure	Rasch S.E.	Infit MNSQ	Outfit MNSQ	Cor.
1	714	−2.63	.13	.35	.24	.53
2	694	−2.31	.12	.60	.49	.47
3	686	−2.19	.12	.60	.58	.49
4	496	−.17	.09	1.12	1.24	.38
5	325	1.05	.08	1.03	1.16	.40
6	278	1.38	.09	1.23	1.48	.26
7	360	.81	.08	.90	.83	.51
8	571	−.81	.10	.90	.82	.52
9	565	−.75	.10	1.04	1.15	.42
10	554	−.65	.09	2.84	4.11	.56
11	273	1.42	.09	.92	.82	.47
12	606	−1.16	.10	.75	.69	.58
13	548	−.60	.09	.84	.75	.56
14	657	−1.78	.12	.58	.44	.61
15	654	−1.74	.12	.61	.50	.59
16	641	−1.57	.11	.62	.48	.62
17	156	2.38	.10	.88	.80	.41
18	23	4.75	.22	.98	.59	.18
19	444	.22	.08	.96	.97	.48
20	331	1.01	.08	1.08	1.10	.38
21	362	.79	.08	.95	.91	.47
22	139	2.55	.10	.89	.82	.39

初中年级学生气泡图中清晰看出最右边的第10题与剩下的题目相分离，其难度不大，气泡也不大，但与题目拟合非常不好。同时，最上面的18题是最难的题目，气泡最大，从而说明试题太难对学生阅读能力估计的误差较大。

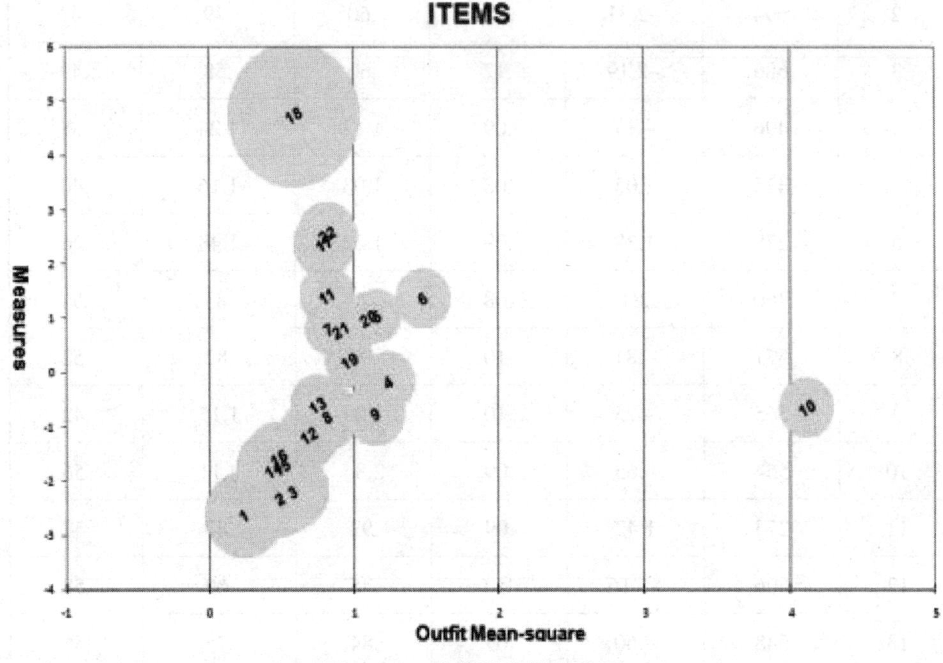

图2–11　样本学生的气泡图

5. 项目功能差异检测

表2–9呈现的是广西初中学生参与PISA测试的性别分组中严重存在DIF的检测结果，第9、10和15这三道题明显存在DIF。这三道题分别考查的是整合与阐释、反思与评价和整合与阐释。第9题和第10题有利于女生，第15题有利于男生。

表2-9　性别分组的DIF检测结果

Person Class	DIF Measure	DIF S.E.	Person Class	DIF Measure	DIF S.E.	DIF Contrast	JOINT S.E.	t	d.f.	Prob.	MH		Item Number
											Prob.	Size	
1	−1.06	.15	2	−.50	.13	−.56	.20	−2.88	733	.0041	.0130	.63	9
2	−.50	.13	1	−1.06	.15	.56	.20	2.88	733	.0041	.0130	.63	9
1	−.93	.15	2	−.40	.12	−.53	.19	−2.75	733	.0061	.0012	−.37	10
2	−.40	.12	1	−.93	.15	.53	.19	2.75	733	.0061	.0012	.37	10
1	−1.41	.16	2	−2.10	.17	.69	.23	2.95	733	.0032	.0007	1.05	15
2	−2.10	.17	1	−1.41	.16	−.69	.23	−2.95	733	.0032	.0007	−1.05	15

6. 项目功能差异的项目特征曲线

从图2-12可知，在潜在特质水平 −5logit 到 −2logit 处，男生正确反应项目概率小于女生概率，在 −2logit 处和 −.5logit 处，男生正确反应概率大于女生概率。该项目为非一致性项目功能差异。

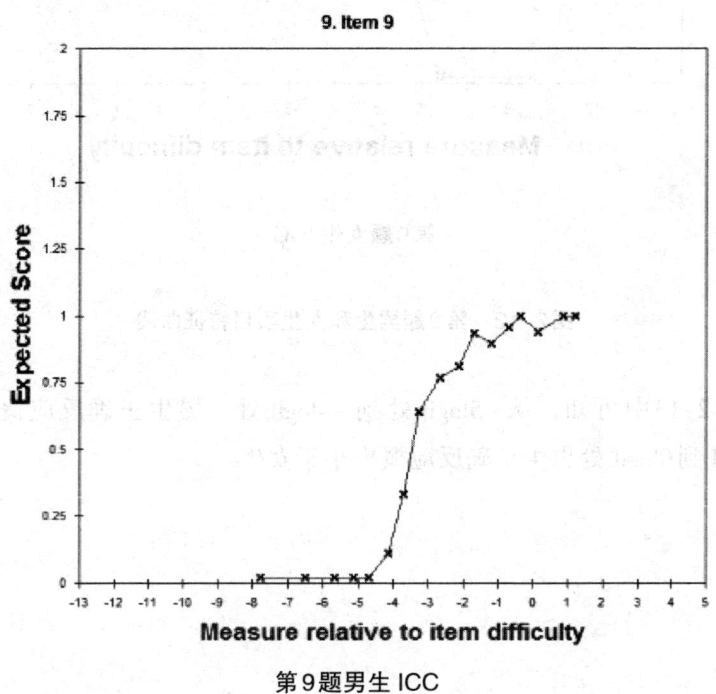

第9题男生 ICC

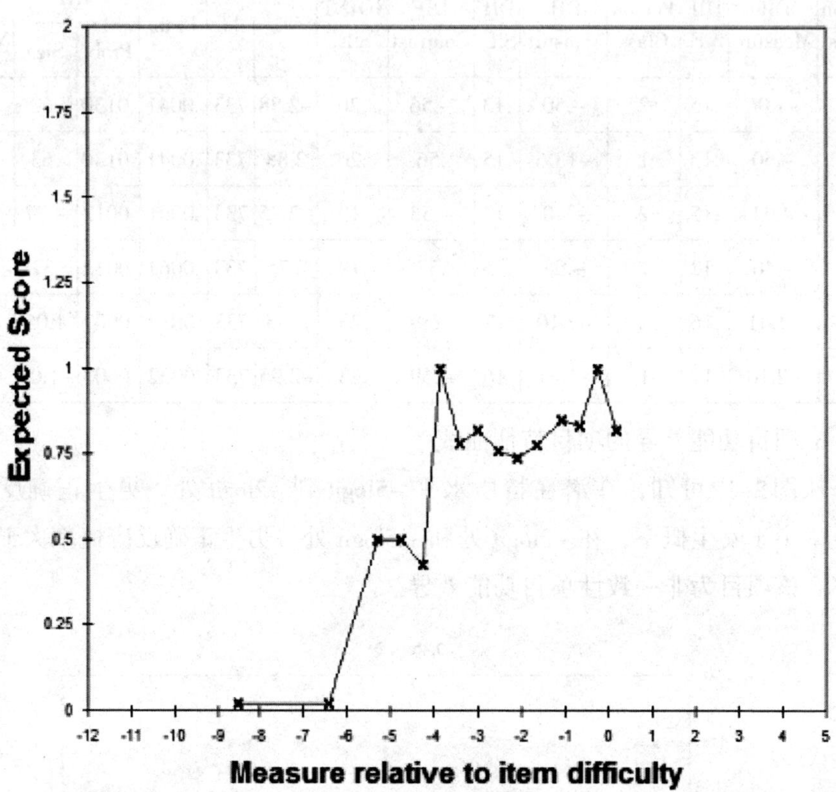

第9题女生 ICC

图2-12　第9题男生和女生项目特征曲线

从图2-13中可知，从 -5logit 处到 -4logit 处，男生正确反应概率大于女生，在 -1 到 0logit 处男生正确反应概率小于女生。

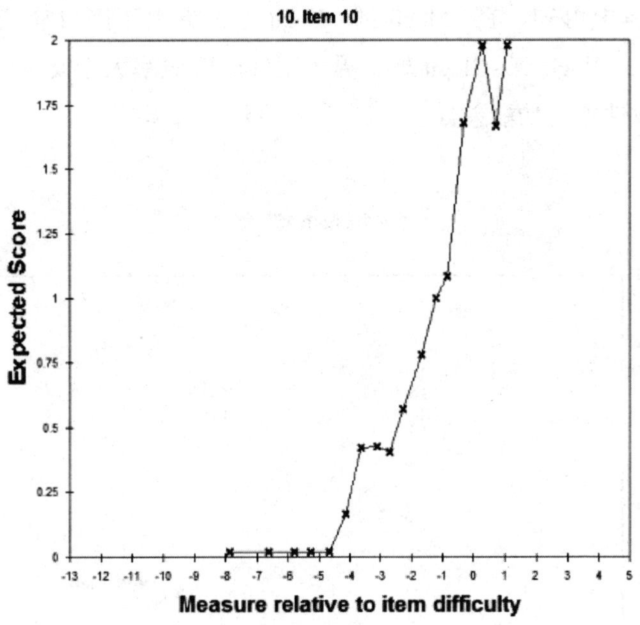

第10题男生 ICC

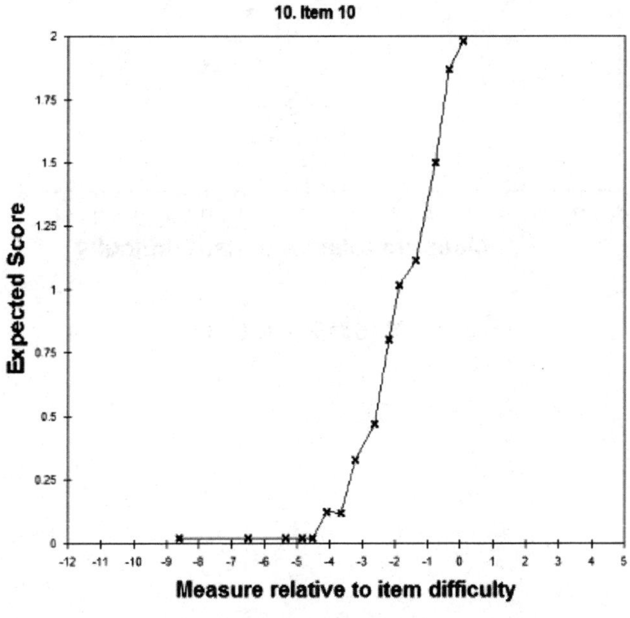

第10题女生 ICC

图2-13 第10题男生和女生项目特征曲线

从图2–14中可知，在 –5logit 到 –3logit 处，男生正确反应概率小于女生反应概率，从 –3logit 到 –2logit 处，男生正确反应概率大于女生反应概率，该题也是非一致性项目功能差异。

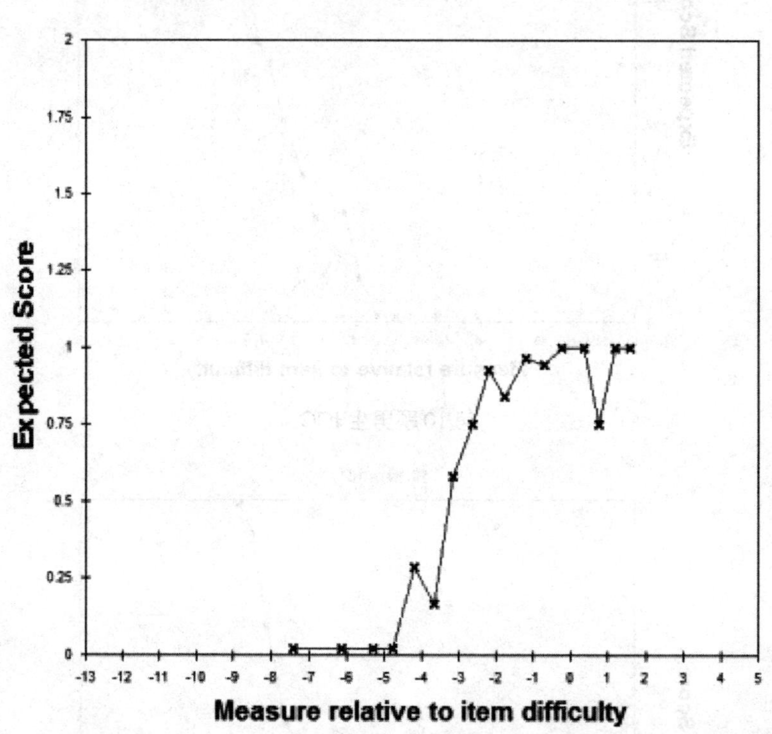

第15题男生 ICC

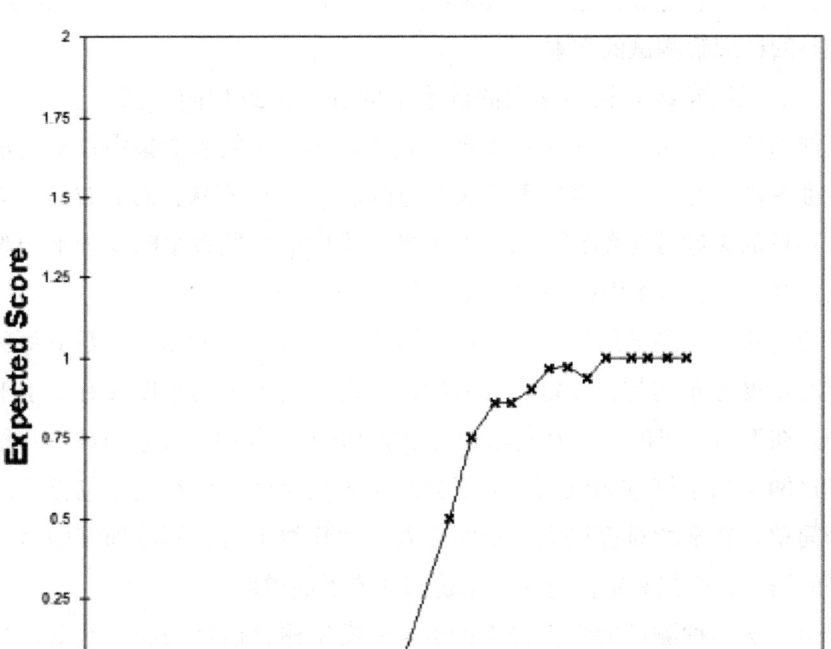

第15题女生 ICC

图2–14 第15题男生和女生项目特征曲线

（四）试卷质量的结论

通过对广西中小学生阅读理解的 Rasch 模型分析，发现存在以下特点：

（1）广西中小学生阅读水平整体低于国际三大教育评价项目测试的难度。其中三四年级平均水平为 –3.26logit，五六年级的学生水平与试题平均难度相匹配，初中学生的平均阅读水为 –2.85logit，五六年级学生阅读水平最高，三四年级阅读能力最低。分析表明，广西三四年级学生的能力低于 PIRLS2006

试题难度，难以顺利完成试题。初中学生的能力低于 PISA2009 的样本试题难度，也难以顺利完成试题。这意味着，研究应该选择高年级的被试参与测试，并调整阅读理解测试的文本。

（2）三四年级和初中学生阅读水平的分布大致相同，都不呈正态分布，学生能力跨度较大，高于平均水平的人数略多，人数主要集中在平均水平一个标准差内，五六年级学生平均水平为 0logit，近似服从正态分布。三大教育评价项目的试题分布都较均匀，高于平均难度的试题数量略少于平均难度以下的试题，试题多集中在平均难度正负一个标准差内。

（3）从三种测试的怀特图中可以得出，三四年级 PIRLS 试题中每种类型的试题难度分布均匀，即每种类型的试题既有高于平均难度又有低于平均难度的。在五六年级的 NAEP 试题和初中的 PISA 试题中，反思与评价和整合与阐释这两类属于较难的试题，大部分高于平均难度，而查找定位类的试题均较为简单，在平均难度以下。说明随着学生年级上升，阅读训练增多，思维水平的提升，查找和定位这一类型题都变成了简单题。

（4）从三种测试的学生样本的 Rasch 模型题目信息表和气泡图可知，所有测试项目的相关系数都为正数，说明测试项目与测试目标一致，大部分试题与模型拟合良好，对学生水平的估计误差较小。

（5）从三个年级的学生样本 Rasch 模型题目信息表中可知，与模型拟合不好的以及误差较大的试题均为整合和阐释、批评与评价类试题，其中整合和阐释类最多。这意味着阅读理解问题，即项目反应类型和项目反应方式对学生阅读理解水平具有极大地影响。相同的文本，不同的题目，学生的理解得分相差很大。

（6）对三个年级学生样本的性别分组作 DIF 检测，发现三四年级学生不存在严重 DIF，五六年级和初中学生分别有两道题和三道题存在严重 DIF，这五道题考查的能力也都是整合和阐释、反思与评价。绘制它们的项目功能曲线，发现存在严重 DIF 的均为非一致性 DIF。

第三章

正式研究的设计和信效度检验

前面已陈述汉语易读性公式研究的优缺点和对本研究的启示，也对预测的试卷质量进行了分析。本章将重点阐述如何将既有文献研究过程中的优点延续，如何将既有文献研究带给我们的启示在实际中运用，并根据试测质量分析结果对阅读理解文本进行筛选。

一、研究思路

研究思路图如下：

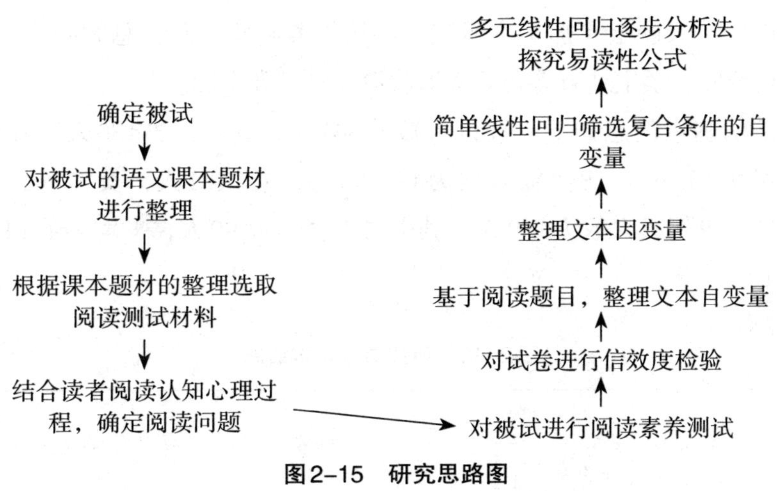

图2–15　研究思路图

首先，确定被试，并对被试所用语文课本的题材行整理，为试卷选材提供依据。

其次，在 PISA，NAEP 和 PIRLS 样题中选取学生所熟悉的题材作为测试文本。

第三，结合读者阅读认知心理过程确定阅读问题，文本的问题涵盖学生的阅读认知发展阶段。

第四，使用编制好的阅读素养试卷，对被试进行阅读素养测试。并对测试结果进行信效度检验，证明调查研究所得数据可以用于以下的数据分析。

第五，基于阅读题目，整理文本自变量。使用相关分析工具，对变量进行统计。

第六，整理因变量。将初中生的阅读分数经过Rasch计分处理，运用winsteps软件计算学生的阅读logit分数，使学生分数与阅读题目难度相对应。

第七，文本易读性公式的探索。将整理好的自变量和因变量数据通过SPSS软件进行多元回归分析，创建文本易读性公式。

二、研究被试

研究对象为湖北省荆州市某县城一所中学的8年级和9年级学生。测试时间为2015年10月，学校整个8年级和9年级学生在刚刚结束完新学期第一阶段月考的第二天晚上参加了本研究的阅读素养测验，测验总时间为90分钟。试卷现场分发，学生结束答题后立即收取并将试卷带回。

被试的基本信息如下。被试人数共347人，其中，男180人，女167人，平均年龄为13.54岁。8年级人数为178人，其中男101人，女77人，平均年龄13.07岁。9年级人数为169人，其中男79人，女90人，平均年龄14岁。详见表2-10。

表2-10　研究对象基本信息

<table>
<tr><td colspan="2" rowspan="2">1（男）</td><td colspan="2">性别</td><td rowspan="2">总数</td><td rowspan="2">平均年龄（标准差）</td></tr>
<tr><td>2（女）</td><td></td></tr>
<tr><td rowspan="2">年级</td><td>8</td><td>101</td><td>77</td><td>178</td><td>13.07（.547）</td></tr>
<tr><td>9</td><td>79</td><td>90</td><td>169</td><td>14（.570）</td></tr>
<tr><td colspan="2">总计</td><td>180</td><td>167</td><td>347</td><td>13.54</td></tr>
</table>

三、研究方法

（一）文献分析法

采用文献综述的方法了解文本易读性公式的国内外研究现状，找出英语易读性公式研究的优缺点，从而对中文易读性公式的研究起到指导意义。探索目前中文易读性公式研究中所存在的问题，即为本研究要解决的主要问题。

对研究对象所用的语文教材内容进行整理，了解学生熟悉的阅读主题，为阅读能力试卷的编制提供依据。

（二）测验法

选取初中8年级和9年级的学生作为调查对象，对其进行阅读能力测验。根据学生熟悉的阅读题材，从中文版本 NAEP2011年的样题、PIRLS2006年的样题和 PISA2008年的样题中选材。文本测验项目都以认知心理学为基础，强调读者与文本之间的建构和交互的过程，要求学生在通读全文后，能够捕捉文中的细节信息，通过信息做出合理推断，了解全文主旨、并对文本进行反思与评价。本试卷的测验项目包括三种认知类型，即进入与提取、整合与阐释、反思与评价（OECD，2010）。通过测验学生对项目的掌握情况，考查学生的阅读认知水平，了解学生对文本的理解程度，为文本易读性公式的研究奠定基础。

（三）统计分析法

用汉语语料库在线网站、Chinese Text Analyzer 软件、文本可读性指标自动化分析系统2.3对初中简体中文连续性文本的语言变量进行统计。用 Winsteps3.65.0版本将学生的分数经过 Rasch 计分处理，让学生的分数能与阅读问题的难度相对应，从而能够代表文本的难度。用 IBM SPSS Statistics21版本进行回归分析，探索文本变量对文本难度的预测公式。

四、阅读理解测试文本的筛选

（一）人教版语文文本题材的分析

整理人教版8年级和9年级所用语文教材。根据蓝思网站中划分的题材种类（https：//hub.lexile.com/find-a-book/），将教材所包含的每篇课文的题材进行整理和归类，了解学生接触到的题材范围和其熟悉程度，以便为阅读试卷的选材提供依据。从书名、版本、题材和文本名称四个方面进行梳理，详见表2-11。

表2-11 研究被试的语文文本名称和题材（人教版）

八年级（上）		八年级（下）	
题材	文本名称	题材	文本名称
历史＋军事	人民解放军百万大军横渡长江	学校生活＋医学	藤野先生
历史＋军事	中原我军解放南阳	家庭	我的母亲
军事＋小说	芦花荡	家庭＋教育	我的第一本书
军事＋小说	蜡烛	人物	列夫·托尔斯泰
军事＋历史	就英法联军远征中国给巴特勒上尉的信	教育＋家庭	再塑生命
军事＋小说	亲爱的爸爸妈妈	自然＋哲学	雪
家庭＋小说	阿长与《山海经》	文学＋哲学	雷电颂
小说＋家庭	背影	生命＋哲学	短文两篇
小说＋家庭	台阶	自然＋哲学	海燕
小说＋家庭	老王	文学＋哲学	组歌
小说	信客	自然＋生态＋社会问题	敬畏自然
地方（名胜古迹）＋艺术＋建筑	中国石拱桥	自然＋生态＋社会问题	罗布泊消逝的仙湖
艺术＋建筑	桥之美	自然＋动物＋数学＋生态＋社会问题	旅鼠之谜
地方（名胜古迹）＋艺术	苏州园林	自然＋动物＋生态＋社会问题	大雁归来
地方（名胜古迹）＋艺术＋建筑	故宫博物院	小说＋社会问题	喂－－出来！

续表

八年级（上）		八年级（下）	
题材	文本名称	题材	文本名称
艺术	说“屏”	地方＋风俗	云南的歌会
科学＋自然	大自然的语言	地方＋风俗	端午的鸭蛋
科学＋生物	奇妙的克隆	地方＋风俗	吆喝
科学＋考古	恐龙无处不在	风俗	春酒
科学＋天文地理	被压扁的沙子	人物	俗世奇人
生物＋生态	生物入侵者	文学＋自然	与朱元思书
自然＋科学	落日的幻觉	文学＋人物	五柳先生传
文学＋地方	桃花源记	文学＋社会问题	马说
文学	陋室铭	文学＋教育	送东阳马生序
文学	爱莲说	文学＋哲学＋自然	诗词曲五首
文学＋艺术	核舟记	文学＋旅游＋自然	小石潭记
文学	大道之行也	文学＋自然＋哲学	岳阳楼记
文学＋地方＋自然	望岳	文学＋自然＋哲学	醉翁亭记
文学	春望	文学＋自然＋哲学	满井游记
文学＋家庭＋军事	石壕吏	文学＋哲学	诗五首
文学＋地方＋自然	三峡		
文学＋地方＋自然	答谢中书书		
文学＋自然	记承天寺夜游		
文学＋地方＋自然	观潮		
文学＋自然	湖心亭看雪		
文学	归园田居		
文学＋旅行和地方＋自然	使至塞上		

续表

八年级（上）		八年级（下）	
题材	文本名称	题材	文本名称
文学+旅行和地方+自然	渡荆门送别		
文学+地方	登岳阳楼		

表2–11和表2–12是对人教版8年级和9年级语文教材中的共118篇文本题材的梳理。8年级共69篇文本，分为上下两册，上册共39篇，下册共30篇。9年级共49篇文本，分为上下两册，上册共25篇，下册共24篇。对这118篇文本涉及的题材频率进行进一步分析，结果详见表2–13。

表2–12 研究被试的语文文本名称和题材（人教版）

九年级（上）		九年级（下）	
题材	文本名称	题材	文本名称
文学+自然+哲学	沁园春 雪	文学	诗两首
文学+自然+哲学	雨说	文学	我用残损的手掌
文学+自然+哲学	星星变奏曲	文学	祖国啊，我亲爱的祖国
文学+自然+哲学	外国诗两首	文学	外国诗两首
哲学+社会问题	敬业与乐业	小说	孔乙己
哲学+文学	纪念伏尔泰逝世一百周年的演说	小说+家庭	蒲柳人家
教育+家庭+哲学	傅雷家书两则	小说	变色龙
家庭+爱情+社会问题	致女儿的信	小说	热爱生命
小说+家庭	故乡	文学+哲学	谈生命
小说+家庭	孤独之旅	社会问题	那树

续表

九年级（上）		九年级（下）	
题材	文本名称	题材	文本名称
小说＋家庭	我的叔叔于勒	自然＋哲学	地下森林断想
教育＋社会问题＋小说	心声	哲学	人生
哲学＋社会问题＋小说	事物的正确答案不止一个	（戏剧）文学＋法律＋社会问题	威尼斯商人
教育＋社会问题＋小说	应有格物致知精神	（戏剧）文学	变脸
教育＋小说	短文两则	（戏剧）文学	枣儿
社会问题＋小说	中国人失掉自信力了吗	（戏剧）文学	音乐之声
军事＋小说	智取生辰纲	文学＋军事＋政治	公输
军事＋小说	杨修之死	文学＋军事＋哲学	《孟子》两章
小说＋社会问题＋教育	范进中举	文学＋哲学	鱼我所欲也
小说＋文学	香菱学诗	文学＋哲学	《庄子》故事两则
文学＋人物＋军事＋历史	陈涉世家	文学＋军事	曹刿论战
文学＋军事	唐雎不辱使命	文学＋政治	邹忌讽齐王纳谏
军事＋文学	隆中对	民间故事＋文学＋哲学	愚公移山
政治＋军事＋文学	出师表	文学＋爱情	诗经两首
文学	词五首		

注：表格中的文学特指诗词歌赋。

表2–13中，题材为文学的频率数最高，达到57，占全部数量的48.31%，涵盖了课本中的诗词和话剧，由于课本中涉猎的短小诗词较多，因而导致文学的频率数最高。其次是自然题材，频数为29，占比为24.58%。并列第三位的是小说和哲学，频数均为25，占比为21.19%。由于在课本中学生面对的几乎全部是连续性文本阅读材料，因此，本研究针对连续性文本进行选材。以表2–13为依据，对考查8年级和9年级学生阅读素养的连续性文本进行选材，选材涵盖自然、小说、哲学、社会问题、家庭、地方、教育、科学、政治、人物、历史、动物、天文地理、学校生活和民间故事。

表2–13 题材频率列表

题材	8年级	9年级	合计	所占百分比	题材	8年级	9年级	合计	所占百分比
历史	3		3	2.54%	学校生活	1		1	.85%
军事	7	9	16	13.56%	医学	1		1	.85%
小说	9	16	25	21.19%	教育	3	5	8	6.78%
家庭	8	6	14	11.86%	人物	3	1	4	3.39%
地方	14		14	11.86%	哲学	10	15	25	21.19%
艺术	6		6	5.08%	生命	2		2	1.69%
建筑	3		3	2.54%	生态	5		5	4.24%
科学	5		5	4.24%	社会问题	6	9	15	12.71%
自然	24	5	29	24.58%	数学	1		1	.85%
生物	3		3	2.54%	动物	2		2	1.69%
考古	1		1	.85%	风俗	4		4	3.39%
天文地理	1		1	.85%	爱情		2	2	1.69%
生态	5		5	4.24%	政治		5	5	4.24%
文学	29	28	57	48.31%	法律		1	1	.85%
旅行	3		3	2.54%	民间故事		1	1	.85%

注：表格中的文学特指诗词歌赋。

（二）阅读理解文本的筛选

1. 阅读理解文本

从中文版本NAEP2011年的样题、PIRLS2006年的样题和PISA2009年的样题中选材。共选取5篇文本，它们是《一个不可思议的晚上》《太空漫步》《不屈不挠的黛西》《睿智的法官》和《玛丽安的革命》，共56道题目。《一个不可思议的晚上》题材涉及人物、小说、家庭和动物；《太空漫步》涉及科学、自然和天文地理；《不屈不挠的黛西》涉及小说、家庭、学校生活、哲学、教育和人物；《睿智的法官》涉及小说、地方、人物、民间故事；《玛丽安的革命》涉及历史、人物、社会问题和政治。

2. 阅读理解的项目反应类型

与本研究的阅读测试理解文本配套的项目反应也来自NAEP、PIRLS和PISA。

项目反应即阅读理解的问题，项目反应的具体名称或内容为题干，项目反应方式为主观建构题、客观建构题、排序题、表格题等，项目反应类型指的是题目所考察的认知类型，即进入与提取、整合与阐释和反思与评价。阅读的认知心理学视角就是将文本内容视作信息，将阅读过程看作是对文本内容进行感觉、知觉、记忆、思维和想象的认知过程（罗德红，龚婧，2016）。从这种视角出发，这三大国际阅读素养测试根据阅读素养逐层深化的阶段，将阅读理解问题设置为进入与提取、整合与阐释、反思与评价。

表2-14 阅读理解测试文本的项目反应类型分布 补充完整

	进入与提取		整合与阐释		反思与评价	
	N	%	n	%	n	%
一个不可思议的晚上	9		2		2	
太空漫步	11		3		1	
不屈不挠的黛西	1		9		1	
一位公正的法官	1		2		4	
玛丽安的革命	2		6		2	

五、测试工具

（一）阅读理解文本

预研究中的试卷质量分析表明，PIRLS2006和PISA2009的样本试题的难度分别高于三四年级和初中学生的阅读理解能力，换言之，正式研究需要调整试题难度和提高施测被试年龄。

由于正式研究的被试为初二和初三年级的学生（表2-10），而PISA2009的样本试题难度高于初三学生的水平，综合考虑到预研究中的试卷质量的各项指数，共选取5篇文本。它们是《一个不可思议的晚上》《太空漫步》《不屈不挠的黛西》《睿智的法官》和《玛丽安的革命》，共56道题目。《一个不可思议的晚上》题材涉及人物、小说、家庭和动物；《太空漫步》涉及科学、自然和天文地理；《不屈不挠的黛西》涉及小说、家庭、学校生活、哲学、教育和人物；《睿智的法官》涉及小说、地方、人物、民间故事；《玛丽安的革命》涉及历史、人物、社会问题和政治。

（二）阅读理解的项目反应类型

与本研究的阅读测试理解文本配套的项目反应也来自NAEP、PIRLS和PISA。

项目反应即阅读理解的问题，项目反应的具体名称或内容为题干，项目反应方式为主观建构题、客观建构题、排序题、表格题等，项目反应类型指的是题目所考察的认知类型，即进入与提取、整合与阐释和反思与评价。阅读的认知心理学视角就是将文本内容视作信息，将阅读过程看作是对文本内容进行感觉、知觉、记忆、思维和想象的认知过程（罗德红，龚婧，2016）。从这种视角出发，这三大国际阅读素养测试根据阅读素养逐层深化的阶段，将阅读理解问题设置为进入与提取、整合与阐释、反思与评价。

表2-15 阅读理解测试文本的项目反应类型分布

	进入与提取		整合与阐释		反思与评价	
	N	%	n	%	n	%
一个不可思议的晚上	9	16.07	2	3.57	2	3.57
太空漫步	11	19.64	3	5.36	1	1.79
不屈不挠的黛西	1	1.79	9	16.07	1	1.79
一位公正的法官	1	1.79	2	3.57	4	7.14
玛丽安的革命	2	3.57	6	1.71	2	3.57

表2-16 阅读理解测试文本的项目反应类型、题干和项目反应方式

文章名称	项目反应序号	项目反应类型的名称（题干 / 阅读理解的题目）	项目反应类型	项目反应方式
不可思议的夜晚	T1Q1	有不寻常的事情发生的第一个征兆是什么?	进入与提取	
	T1Q2	鳄鱼是从哪里来的	进入与提取	
	T1Q3	哪些语词告诉你小安很害怕	进入与提取	
	T1Q4	为什么小安觉得鳄鱼要攻击了	进入与提取	
	T1Q5	排列下面的句子	进入与提取	
	T1Q6	为什么小安叫红鹤来	进入与提取	
	T1Q7	房间的门是怎么弄破的	进入与提取	
	T1Q8	杂志怎样帮了小安的忙	整合与阐释	
	T1Q9	小安对红鹤有什么感觉	进入与提取	
	T1Q10	很难向爸爸、妈妈解释的事情	进入与提取	
	T1Q11	她是个怎么样的人	整合与阐释	
	T1Q12	这可能是一场梦	反思与评价	
	T1Q13	这可能不是一场梦	反思与评价	

续表

文章名称	项目反应序号	项目反应类型的名称（题干 / 阅读理解的题目）	项目反应类型	项目反应方式
太空漫步	T2Q1	在这篇文章里主要学习到	整合与阐释	
	T2Q2	航天员到航天飞机外面的理由	进入与提取	
	T2Q3	在太空与在地球上最大不一样的地方	进入与提取	
	T2Q4	为什么需要穿宇宙飞行服	进入与提取	
	T2Q5	为什么航天员需要准备几个小时才能离开航天飞机	进入与提取	
	T2Q6	为什么航天员到航天飞机外总是两个人一起去	进入与提取	
	T2Q7	为什么隔壁舱里需要有第三个航天员	进入与提取	
	T2Q8	穿宇宙飞行服的顺序	进入与提取	
	T2Q9	塑料管线怎样帮助航天员在太空工作	进入与提取	
	T2Q10	为什么坚硬的上半身是宇宙飞行服最重要的部分	进入与提取	
	T2Q11	为什么作者提到，航天员走进太空前会“再一次抓抓鼻子”	反思与评价	
	T2Q12	什么东西让他们不会飘走	进入与提取	
	T2Q13	隔离舱是航天飞机最重要的部	进入与提取	
	T2Q14	当一名航天员的一项好处	整合与阐释	
	T2Q15	当一名航天员的一项坏处	整合与阐释	
不屈不挠的黛西	T3Q1	黛西在故事中面对的主要难题是什么	整合与阐释	
	T3Q2	黛西是个怎样的女孩	整合与阐释	
	T3Q3	为什么黛西对摔跤感兴趣是件很自然的事情	进入与提取	
	T3Q4	“等着瞧”。这说明黛西是个怎样的人	整合与阐释	
	T3Q5	俄亥俄州的人是怎么想的	整合与阐释	
	T3Q6	为什么搬到加利福尼亚是件很麻烦的事情	整合与阐释	
	T3Q7	“不屈不挠”。文章中还有描述她性格的两种其他方式	整合与阐释	
	T3Q8	“她从牙缝里蹦出这几个字”。这意味着黛西	整合与阐释	
	T3Q9	肌肉男总是低估女生。这意味着男生	整合与阐释	
	T3Q10	第一个对手和最后一个对手的区别在哪里	整合与阐释	
	T3Q11	作者主要是用什么方法展示黛西的感受的	反思与评价	

续表

文章名称	项目反应序号	项目反应类型的名称（题干 / 阅读理解的题目）	项目反应类型	项目反应方式
一位公正的法官	T4Q1	为什么包尔卡斯不想被认出来呢?	整合与阐释	
	T4Q2	法官是如何知道妇人是学者的妻子呢	进入与提取	
	T4Q3	您认为法官对所有罪行都处以相同的惩罚，是公正的吗	反思与评价	
	T4Q4	这个故事主要是关于什么	整合与阐释	
	T4Q5.1	相同处罚方式	反思与评价	
	T4Q5.2	相异处罚方式	反思与评价	
	T4Q6	下列哪一项最能描述本故事	反思与评价	
玛丽安的革命	T5Q1	这篇文章的主要内容是什么	整合与阐释	
	T5Q2	为什么玛丽安1928–1939年定居欧洲	整合与阐释	
	T5Q3	为什么玛丽安认为1939年她可以被允许在宪法大厅唱歌	进入与提取	
	T5Q4	为什么“为民权而唱”的标题很好	反思与评价	
	T5Q5	为什么罗斯福夫人从 DAR 辞职了	进入与提取	
	T5Q6	解释为什么玛丽安的事业对民权运动的发展非常重要	整合与阐释	
	T5Q7	许多人对 DAR 的原则非常愤慨。这意味着	整合与阐释	
	T5Q8	为什么玛丽安在第一首歌中唱到，“我的祖国，自由之地，我为你歌唱”	反思与评价	
	T5Q9	玛丽安在许多有名望的地方表演。这意味着	整合与阐释	
	T5Q10	作者为什么以宪法大厅作为文章的开始和结束	整合与阐释	

六、分析工具

（一）词频计算工具

词频计算工具有两种。一种是在汉语语料库在线网站（语料库 - 北京大学文科数智化公共平台）上计算阅读理解文本的自有词频，即词频度（文本中包含的重复词语频率）。

另一种是下载《国家语委现代汉语语料库词频表》，将现代汉语语料库词频表植入商业软件 Chinese Text Analyzer（2025），计算出各类型词频（详见概念界定）的数量，如难词、高频词，等。

（二）文本可读性指标自动化分析系统

文本可读性指标自动化分析系统2.3（Chinese Readability Index Explorer，CRIE2.3）可统计文本语言变量指标，包括词语和句子的相关变量统计。

（三）Rasch 模型

1. 模型原理

Rasch 模型是由丹麦数学与教育学家 G.Rasch 于1960年提出来的，是一个用来测量潜在特质的概率模型（Rasch，1993）。Rasch 认为被试对待特定项目的反应概率可以用一个简单的函数来表示：$Log_e(P_{ni1}/(1-P_{ni1}))=B_n-D_i$（Linacre & Wright，2000）。本研究采用了二分模型和多分模型。

在 Rasch 二分模型中，被试的成功项目反应记为1，失败项目反应记为0。B_n 则代表编号为 n 的被试的能力水平，D_i 代表项目 i 的难度，能力 B_n 的被试 n 在难度 D_i 的项目 i 上，计分为1的可能性为 P_{ni1}，计分为0的可能性为 $1-P_{ni1}$。这个公式表明，Rasch 模型是在 Log-odds 中进行测量的，等式左边的 Log-odds 为等式右边的 B_n 和 D_i 提供了一个同一的单位 Logit，可将被试能力与项目难度相比较。如果被试水平与项目难度相等（$B_n=D_i$），正确反应项目的概率则为50%；如果被试能力显著大于项目难度（$B_n > D_i$），正确反应的概率接近100%；相反，若个体能力小于项目难度（$B_n < D_i$），正确反应的概率接近0（Planinic，Ivanjek & Susac，2010）。

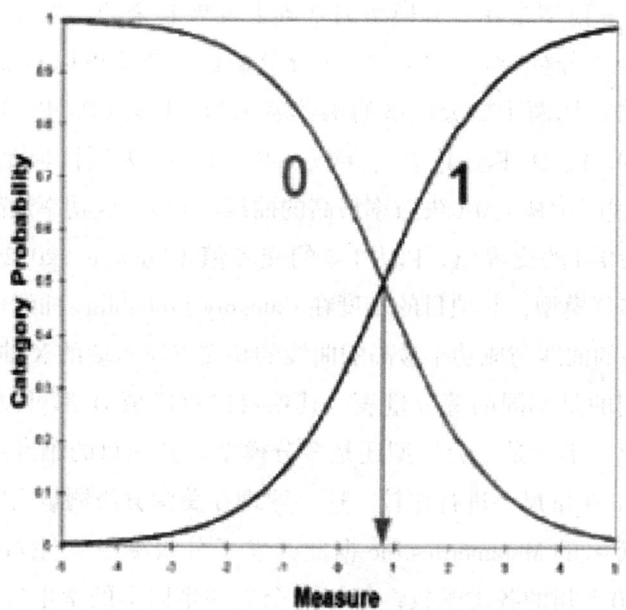

图表2–16 Rasch 二分模型图

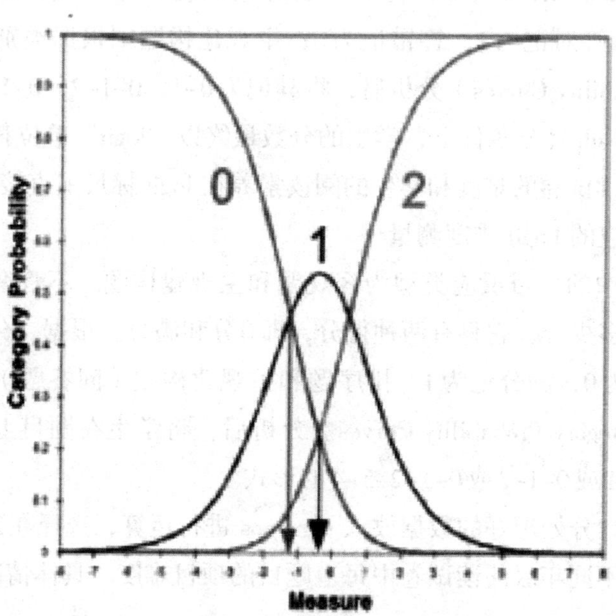

图表2–17 Rasch 多分模型

多分 Rasch 模型是在二分模型的基础上发展起来的，多分 Rasch 模型可以看作 X-1个二分模型。比如一个三分 Rasch 模型就可以看成两个二分模型：0-1和1-2，用两个二分模型的函数表示为：$Log_e(P_{ni1}/P_{ni0})=B_n-D_i-F_1$ 和 $Log_e(P_{ni2}/P_{ni1})=B_n-D_i-F_2$。其中 $P_{ni0}+P_{ni1}+P_{ni2}=1$，$D_i$ 为项目难度，在 Category Probability 曲线图中视为0（失败率最高的曲线）与2（成功率最高的曲线）的交界值，F_1 为0-1的交界值，F_2 为1-2的交界值（Linacre，2012）。无论是二分模型还是多分模型，其项目的难度在 Category Probability 曲线图中，均表现为失败率最高的曲线与成功率最高的曲线的相交点所对应的 X 轴上的 logit 值。

即使使用的是不同的等分量表，其项目的难度值 D_i 都可以用 Logit 单位来表示，因此，不管是二分模型还是多分模型，其项目的难度或者学生的能力均可以在 Logit 量尺上进行比较。这一原理在美国分级测量研究中得到了广泛的运用，著名的 Metametrics.Inc 据此开发了分级测量软件 Lexile Analyzer，应用于全美50个州的各类学校，每年为全美一半以上的学生报告3千万个各类阅读测试的蓝思分值，实施个别化教育（罗德红，余婧，2013）。

使用 Winsteps3.65.0版本，将学生的分数以篇为单位用 Rasch 模型计分处理,。客观题答对记为1，答错记为0；主观建构题则根据类别可能性曲线（Category Probability Curves）分析后，将其记为0-1，0-1-2，0-1-2-3和0-1-2-3-4,。在 Rasch 计分条件下，学生的分数最终以“logit”单位替换常用单位“分”，可将阅读试卷的难度和学生的阅读素养在 logit 标尺上直接进行比较。

2. 项目反应的 Logit 难度测量

阅读试卷中的项目反应类型为客观题和主观建构题。不管客观题（单选题）的分值为多少分，它只有两种得分，即0分和满分。根据二分模型计算原理，将0分记为0，满分记为1。排序题和主观建构题（问答题）通过类别可能性曲线（Category Probability Curves）分析后，将学生在题目上所得的原始分数转化为0-1或0-1-2或0-1-2-3-4的形式。

将 Rasch 计分处理好的数据放入 winsteps 进行运算，选择在200-1200logit 的量尺上表现不同年级阅读试卷中每道题目的项目难度。具体情况如表2-16。

表2-16 Rasch 计分处理数据和项目难度 logit 值

项目		8年级				9年级			
文章名称	题目序号	题目分值	客观题（Rasch 计分）	排序题和主观建构题（Rasch 计分）	Rasch 模型计算出的题目难度值（logit）	题目分值	客观题（Rasch 计分）	排序题和主观建构题（Rasch 计分）	Rasch 模型计算出的题目难度值（logit）
不可思议的夜晚	T1Q1	2	0–1	/	856.42	1	0–1	/	844.8
	T1Q2	2	0–1	/	855.64	1	0–1	/	844.52
	T1Q3	2	0–1	/	856.49	1	0–1	/	845.35
	T1Q5	4	/	0–1–2–3–4	85.1	4	/	0–1–2–3–4	839.49
	T1Q6	3		0–1	856.23	2		0–1	844.91
	T1Q7	2	0–1		855.42	1	0–1		844.35
	T1Q8	2		0-–1-–2	853.34	2	/	0-–1-–2	842.54
	T1Q9	2	0–1		856.19	1	0–1		844.69
	T1Q10	2		0–1	856.29	1		0–1	845.49
	T1Q11	4	/	0–1–2–3–4	852.34	4	/	0–1–2–3–4	841.57
	T1Q12	2	/	0–1	858.02	2	/	0–1	846.99
	T1Q13	2	/	0–1	856.89	2	/	0–1	845.59
太空漫步	T2Q1	2	0–1	/	829.72	1	0–1	/	827.35
	T2Q2	2	0–1	/	829.79	1	0–1	/	827.51
	T2Q3	3	/	0–1	829.62	2	/	0–1	826.84
	T2Q4	4	/	0-–1-–2	826.87	2	/	0-–1-–2	823.95
	T2Q5	4	/	0-–1-–2	83.35	2	/	0-–1-–2	827.93

续表

项目		8年级				9年级			
文章名称	题目序号	题目分值	客观题（Rasch计分）	排序题和主观建构题（Rasch计分）	Rasch 模型计算出的题目难度值（logit）	题目分值	客观题（Rasch计分）	排序题和主观建构题（Rasch计分）	Rasch 模型计算出的题目难度值（logit）
太空漫步	T2Q6	2	0–1	/	828.52	1	0–1	/	826.19
	T2Q7	3	/	0–1	829.79	2	/	0–1	827.25
	T2Q8	4	/	0–1–2–3–4	824.95	4	/	0–1–2–3–4	822.42
	T2Q9	2	0–1		829.21	1	0–1		826.82
	T2Q10	3	/	0-–1-–2	827.44	2	/	0-–1-–2	824.28
	T2Q11	3	/	0–1	83.89	2	/	0–1	828.72
	T2Q12	2	0–1	/	828.74	1	0–1	/	826.3
	T2Q13	2	/	0-–1-–2	829.73	2	/	0-–1-–2	827.3
	T2Q14	2	/	0-–1-–2	829.34	2	/	0-–1-–2	827.21
	T2Q15	2	/	0-–1-–2	83.19	2	/	0-–1-–2	827.58
不屈不挠的黛西	T3Q1	2	0–1	/	684.54	1	0–1	/	687.4
	T3Q2	2	0–1	/	683.27	1	0–1	/	686.56
	T3Q3	2	0–1	/	682.65	1	0–1	/	685.98
	T3Q4	3	/	0–1	683.45	2	/	0–1	686.51
	T3Q5	3	/	0–1	685.86	2	/	0–1	689.4
	T3Q6	3	/	0–1	687.94	2	/	0–1	69.91
	T3Q8	2	0–1	/	686.03	1	0–1		689.19
	T3Q9	2	0–1	/	683.59	1	0–1		686.6
	T3Q10	4		0-–1-–2	683.62	2		0-–1-–2	687.17
	T3Q11	2	0–1		685.67	1	0–1	/	689.08

续表

项目		8年级				9年级			
文章名称	题目序号	题目分值	客观题（Rasch计分）	排序题和主观建构题（Rasch计分）	Rasch模型计算出的题目难度值（logit）	题目分值	客观题（Rasch计分）	排序题和主观建构题（Rasch计分）	Rasch模型计算出的题目难度值（logit）
一位公正的法官	T4Q1	/	/	/	/	1	0–1	/	80.77
	T4Q2	/	/	/	/	1	0–1	/	799.05
	T4Q4	/	/	/	/	1	0–1	/	799.34
	T4Q5.1	/	/	/	/	2	/	0–1	808.98
	T4Q5.2	/	/	/	/	2	/	0–1	804.9
玛丽安的革命	T5Q1	/	/	/	/	1	0–1	/	692.17
	T5Q2	/	/	/	/	1	0–1	/	692.17
	T5Q3	/	/	/	/	1	0–1	/	693.73
	T5Q4	/	/	/	/	4	/	0–1	694.76
	T5Q5	/	/	/	/	1	0–1	/	691.43
	T5Q6	/	/	/	/	4	/	0–1	697.55
	T5Q7	/	/	/	/	1	0–1	/	695.12
	T5Q8	/	/	/	/	4	/	0–1	694.09
	T5Q9	/	/	/	/	1	0–1	/	697.33
	T5Q10	/	/	/	/	4	/	0–1	697.44

表2-16中，“题目序号”列中的T代表文本Text，Q代表阅读问题Questions，T1Q1则表示第一篇文章中的第一个问题。“题目分值”列标出的是每道题目的原始设分。在“Rasch模型计算出的题目难度值（logit）”列中，每道题目难度的logit值被标出，值越大，表示这道题目对于特定年级的学生而言越难，值越小，表明该题对于特定年级的学生而言越简单。比如，就9年

级阅读题目中的T5Q10（697.44logit）与T1Q3（845.35）相比较，前者比后者简单845.35–697.44个logit。除了在年级阅读题目中进行纵向比较以外，还可以在不同年级中进行横向比较。以T1Q2为例，8年级在这道题目上的难度为855.64logit，9年级在这道题目上的难度为844.52logit，这表明这道题目对于8年级的学生更难，难度值比9年级的高855.64–844.52个logit。

（四）SPSS分析软件

将文本变量和学生分数进行整理后，使用IBM SPSS Statistics21进行回归分析，探索文本变量对阅读文本难度的解释度，构建回归方程，实现文本变量对阅读文本难度的预测。

七、阅读素养测验的信度和效度检验

用以上步骤所编制的初中阅读素养试卷，考查8年级和9年级学生的阅读素养水平。对所得数据进行信效度检验，结果如下。

（一）信度检验

对8年级和9年级阅读试卷中的每篇文章以及整份试卷进行信度检验。

其中，8年级《不可思议的夜晚》《不屈不挠的黛西》《太空漫步》这三篇文章的信度分别为.738，.661和.784，整份试卷的信度为.883。因子分析建议对文章中的个别题目进行删减，删减《不可思议的夜晚》中的第四题后，其文章的信度上升至.753。就整份试卷而言，因子分析建议删掉《不可思议的夜晚》中的第四题和《太空漫步》中的第七题，其信度从.883上升至.887，信度较高。

对9年级《不可思议的夜晚》《不屈不挠的黛西》《太空漫步》《睿智的法官》和《玛丽安的革命》这五篇文章进行信度检验，结果分别为.792、.691、.819、.472、.549，整份试卷的信度为.895。因子分析建议删掉《不可思议的夜晚》中的第四题、《太空漫步》中的第七题、《睿智的法官》中的第三题和第六题。删掉后《睿智的法官》的信度上升至.565，整份试卷的信度上升至.9。试卷信度较高。

将8年级和9年级的数据进行整合，计算每篇文章和整份试卷的信度。这5篇文章的信度分别为.811、.748、.823、.472、.549，整份试卷的信度为.895。经因子分析，删减《不可思议的夜晚》中的第四题、《太空漫步》中的第七题、《睿智的法官》中的第三题和第六题。删掉后《睿智的法官》的信度上升至.565，整份试卷的信度上升至.9。具体系数见表2–17.

根据Cronbach’s α 系数的取值范围，可判断试卷信度的高低。α 系数的取值范围是0–1，取值越高表明一系列项目的内部一致性越强，α 系数在.9及以上表示信度优秀；α 系数在.8–.89之间表明信度好；α 系数在.7–.79之间表明信度一般；α 系数在.6–.69之间，处于信度可接受的边缘。根据Henson的观点，如果研究者的目的在于编制测验或构思先导性研究信度系数在.5–.6已经足够（吴明隆，2003）。因此，本研究的各测试文本的信度符合要求，整体达到优秀。详见表2–17。

表2–17 阅读理解测试的分年级分篇和整体信度和效度系数表

阅读理解文本	八年级		九年级	
	信度	效度	信度	效度
不可思议的晚上	.753	.801***	.805	.888***
太空漫步	.784	.841***	.819	.863***
不屈不挠的黛西	.672	.823***	.708	.806***
睿智的法官	/	/	.565	.655***
玛丽安的革命	/	/	.549	.737***
总体	.887	.843***	.900	.838***

注：*** P = .00。

（二）效度检验

根据Kaiser的观点，KMO值大于.9其效度是最好的，大于.8是比较好的，大于.7是中等水平，大于.6被认为可接受（吴明隆，2003）。分别对8年级和9年级的试卷进行效度检验，其KMO值分别为.843（P=.000，P<.05）和.838

（P=.000，P<.05），表明原变量之间具有明显的结构性和相关关系，具有较好的结构效度。具体信息表6。对8年级和9年级试卷中的每篇文本进行效度检验。就8年级而言，三篇文本的KMO值分别为.801（P=.000，P<.05）、.841（P=.000，P<.05）和.823（P=.000，P<.05），效度检验结果处于较好水平。就9年级而言，五篇文本的KMO值分别为.888（P=.000，P<.05）、.863（P=.000，P<.05）、.806（P=.000，P<.05）、.655（P=.000，P<.05）、.737（P=.000，P<.05），效度检验结果处于接近中等到较好水平。两个年级的试卷总体效度较好（表2-17）。

八、文本自变量

（一）题干的文本语言变量

研究计算了两类文本自变量，一类是阅读问题本身（题干）的文本语言变量，例如，《不屈不挠的黛西》中的第六道阅读问题："根据这个故事，对黛西来说，为什么搬到加利福尼亚是件很麻烦的事情？"就这句话统计关于阅读问题本身，及其词语和句子层面的变量，具体变量信息详见表2-18。

表2-18阅读问题本身的文本语言（自）变量类型和数量

文本语言变量层面	文本语言变量名称	统计工具	变量数量
词	阅读问题的词频度（词语在阅读问题中重复4次、3次、2次、1次的词语数量）	汉语语料库在线网站	4
	阅读问题的词频，包括简单词、高频词、中高频词、中频词、中低频词和难词	Chinese Text Analyzer软件和《现代汉语语料库词频表》	6
句子	阅读问题包含的句子总字数	Word文档	1
题干	项目反应类型	按认知类型记录	1
	项目反应方式	按反应方式记录	1
总计			13

注：在前文已做解释的变量将不再赘述。

（二）基于题干的文本语言变量

另一类是基于题干的文本语言变量，即答案所涉及的文本语言变量。续上例，这道阅读题目的答案在文本中的出处分布于6至8自然段：

自然段6：许多男生已经在摔跤垫上做放松练习了。签名台前就我一个女生。一些男生对我指指点点地笑着。等着瞧吧。

自然段7：以前在俄亥俄州的时候，人们已习惯看我摔跤了。我经常露面。我几乎没有输给过男孩。他们不再对我指指点点了，开始为我欢呼。

自然段8：后来，我们搬到了加利福尼亚。瞧，一切重演，我又成了个另类了。

在本研究中，将6至8自然段的所有内容称为“答案所涉内容”，划线部分被称为“答案所在句”，“答案所涉内容的段落跨度”为答案所涉及的自然段数最大值减去最小值（8–6=2），即段落跨度为2，“答案所涉内容的段落数”为6、7、8，共3个段落。详见表2–19。

表2–19 答案所涉文本语言（自）变量类型和数量

文本语言变量层面	文本语言变量名称	统计工具	变量数量
词	答案所涉内容的词频度（词语在答案所涉及内容中重复10次以上、重复6到9次、2到5次、1次的词语数量，以及包含的所有词频度的词语总数量）	汉语语料库在线网站	5
	答案所涉内容的词频（包括简单词、高频词、中高频词、中频词、中低频词和难词）	Chinese Text Analyzer软件和《现代汉语语料库词频表》	6
	答案所涉内容的代名词数	文本可读性指标自动化分析系统2.3	1
	答案所涉内容的连接词数		1
	答案所涉内容的正向连接词数		1
	答案所涉内容的负向连接词数		1
	答案所涉内容的名词词组修饰语数		1
	答案所涉内容的名词词组比率		1

续表

<table>
<tr><th>文本语言变量层面</th><th>文本语言变量名称</th><th>统计工具</th><th>变量数量</th></tr>
<tr><td rowspan="7">句子</td><td>答案所涉内容的句子总字数</td><td rowspan="2">Word 文档</td><td>1</td></tr>
<tr><td>答案所在句的总字数</td><td>1</td></tr>
<tr><td>答案所在句的句子数量</td><td rowspan="2">汉语语料库在线网站</td><td>1</td></tr>
<tr><td>答案所在句的子句数量</td><td>1</td></tr>
<tr><td>答案所在句的平均句长</td><td rowspan="2">在 SPSS 中做除法</td><td>1</td></tr>
<tr><td>答案所在句的平均子句长</td><td>1</td></tr>
<tr><td>答案所涉内容的单句数比例</td><td>文本可读性指标自动化分析系统 2.3</td><td>1</td></tr>
<tr><td rowspan="2">段落</td><td>答案所涉内容的段落总数</td><td rowspan="2">手动计算</td><td>1</td></tr>
<tr><td>答案所涉内容的段落跨度</td><td>1</td></tr>
<tr><td>总计</td><td colspan="2"></td><td>26</td></tr>
</table>

注：在前文已做解释的变量将不再赘述。

本研究将从文本语言变量层面，对阅读问题本身的文本语言（自）变量和答案所涉文本语言（自）变量进行统计，共计13（详见表2–18）+26（详见表2–19）=39个自变量。在概念界定部分，已界定表中的部分变量，下面将阐释未曾解释的变量。

（三）文本语言变量的阐释

（1）阅读理解问题包含的句子总字数

包括阅读问题的题干总字数与排除选项字母后的选项内容总字数之和。

（2）阅读理解问题的项目反应类型

根据国际阅读素养对阅读问题认知题目的划分，将其划分为三种类型，即进入与提取、整合与阐释、反思与评价。

（3）阅读理解问题的项目反应方式

阅读问题的题型分为客观题和主观建构题。客观题为我们平常所说的选择题，主观建构题即问答题。

（4）答案所涉内容的代名词数

使用过多的代名词容易造成指代上的混淆及理解困难。指代是文章中某一个元素和被用来提供解释或诠释理解的另一个元素在语意上的链接关系。“答案所涉内容的代名词数”统计的则是代名词在答案所涉内容中的数量。

（5）答案所涉内容的连接词数

连接词是连接句子与句子，或者段落与段落之间的词语，通常分为正向连接词与负向连接词。正向连接词是连接文本前后呈现顺接关系的词语，比如，而且、还有、和等；负向连接词是连接文本前后呈转折关系的词语，比如，然而，却等。“答案所涉内容的连接词数”则是统计的答案所涉内容中正向连接词数与负向连接词数的总和。

（6）答案所涉内容的名词词组修饰语数

统计的是在答案所涉内容中，名词词组修饰词在名词词组中出现的次数，修饰语越长，越容易造成理解困难。

（7）答案所涉内容的名词词组比率

统计的是在答案所涉内容中名词词组的比率。名词是实词类中具有最明确词汇语意的词类，因此，一个句子的名词词组越多，讯息及概念相对也较多。

（8）答案所涉内容的句子总字数

答案所涉内容的所有句子的总字数。

（9）答案所在句的总字数

答案所在划线句子的总字数。

（10）答案所在句的句子数量

答案所在划线句子所包含的句号、感叹号及问号数量。

（11）答案所在句的子句数量

答案所在划线句子所包含的逗号、句号、感叹号、问号等的数量。

（12）答案所在句的平均句长

答案所在划线句子的总字数除以其以句号、问号或感叹号结尾的句子数量。

（13）答案所在句的平均子句长

答案所在划线句子的总字数除以其以逗号结尾的子句数量。

（14）答案所涉内容的单句数比例

计算的是由一个独立的主语和谓语构成的完整句子数量占答案所涉内容的句子总数量的比。

八、因变量

Winsteps 软件运用 Rasch 模型将学生的原始分数与阅读问题的难度相对应。以上文本语言变量的整理均基于阅读问题，因此，经 Rasch 模型处理过的阅读题目难度 logit 值能代表阅读文本难度。本研究中的因变量为每篇文章经 Rasch 模型计分处理后项目的 logit 值。Rasch 模型的原理详见分析工具部分的 Rasch 模型简介。

简而言之，本章的主要内容是，根据前述的汉语易读性公式研究的优缺点、对本研究的启示和前测试卷质量分析的结果，本章在研究思路、研究对象、研究工具、自变量与因变量的设置方面，重点阐述如何将既有文献研究过程中的优点延续，以及如何将既有文献研究带给我们的启示在实际中运用。为下一章文本易读性公式的探索做好充分且合理的准备。

第四章

研究结果

一、文本易读性公式探索

本研究涉及两类文本的自变量，一类是阅读问题本身（题干）的文本语言变量，包含词、句子、词干三个层次，共13个自变量，另一类是答案所涉及的文本语言变量，包括词、句子、段落三个层次，共26个自变量，总计39个自变量。因变量为经 Rasch 模型计分处理后项目的 logit 值。

（一）简单线性回归分析

每个自变量对应同一个因变量，做39次简单线性回归分析，记录下每个自变量能够解释因变量的变异程度 R^2，将每个层次中，效应量在中等及以上（$R^2 \geqslant .09$）的变量保留，最后筛选出8个符合条件的自变量，详见下表。

表2-20　效应量中等及以上的文本语言变量

<table>
<tr><th></th><th>阅读问题本身的文本语言变量</th><th>R^2</th><th>答案所涉文本语言变量</th><th>R^2</th></tr>
<tr><td rowspan="3">词的层面</td><td>阅读问题的难词</td><td>.317**</td><td rowspan="3">答案所涉内容的中高频词</td><td rowspan="3">.09**</td></tr>
<tr><td>阅读问题的中高频词</td><td>.239**</td></tr>
<tr><td>阅读问题的词频度（重复1次）</td><td>.206**</td></tr>
<tr><td rowspan="2">句的层面</td><td rowspan="2">阅读问题包含的句子总字数</td><td rowspan="2">.125**</td><td>答案所涉内容的单句数比率</td><td>.293**</td></tr>
<tr><td>答案所在句的平均句长</td><td>.257**</td></tr>
<tr><td>题干层面</td><td>阅读问题的项目反应类型</td><td>.126**</td><td colspan="2">不涉及此层面</td></tr>
</table>

注：** 为 $P<.01$。

（二）多元线性回归逐步分析法

采用多元线性回归逐步分析法进行分析。逐步回归分析方法综合了逐步剔除法和逐步引入法的特点。其基本原理为：从一个自变量出发，根据自变量对因变量的影响显著性大小，从大到小将自变量引入回归方程，同时，在逐个自变量选入回归方程中，如果发现先前被引入的自变量在其后由于某些自变量的引入而失去其重要性，可以从回归方程中随时予以剔除，直到既没有显著的解释变量选入回归方程，也没有不显著的解释变量从回归方程中剔除为止（满敬銮，杨薇，2010）。

将上表中筛选出的8个符合条件的自变量和因变量采用多元线性回归逐步分析法进行分析。经过引入和剔除的反复过程后，模型逐步剔除了阅读题目的阅读问题的中高频词、阅读问题包含的句子总字数、答案所涉内容的单句数比率这三个自变量，在最后一个模型中保留了5个对公式有显著贡献的预测变量，这个最佳模型的详细信息如下。

表2-21　方差分析表格

模型		df	F	Sig.
1	Regression	1	36.075	.000
	Residual	87		
	Total	88		
2	Regression	2	37.830	.000
	Residual	86		
	Total	88		
3	Regression	3	3.148	.000
	Residual	85		
	Total	88		

续表

模型		df	F	Sig.
4	Regression	4	29.421	.000
	Residual	84		
	Total	88		
5	Regression	5	26.950	.000
	Residual	83		
	Total	88		
6	Regression	6	24.761	.000
	Residual	82		
	Total	88		
7	Regression	5	28.644	.000
	Residual	83		
	Total	88		

注：因变量是经 Rasch 处理过的 Logit 难度值。

模型1的自变量为：答案所涉内容的单句数比率

模型2的自变量为：答案所涉内容的单句数比率、阅读问题的词频度（重复1次）

模型3的自变量为：答案所涉内容的单句数比率、阅读问题的词频度（重复1次）、阅读问题的项目反应类型

模型4的自变量为：答案所涉内容的单句数比率、阅读问题的词频度（重复1次）、阅读问题的项目反应类型、答案所涉内容的中高频词

模型5的自变量为：答案所涉内容的单句数比率、阅读问题的词频度（重复1次）、阅读问题的项目反应类型、答案所涉内容的中高频词、阅读问题的难词

模型6的自变量为：答案所涉内容的单句数比率、阅读问题的词频度（重复1次）、阅读问题的项目反应类型、答案所涉内容的中高频词、阅读问题的难词、答案所在句的平均句长

模型7的自变量为：阅读问题的词频度（重复1次）、阅读问题的项目反应类型、答案所涉内容的中高频词、阅读问题的难词、答案所在句的平均句长

方差分析表明，5个模型均显著（P<.01），经反复的引入和剔除程序后，模型7中的5个自变量能够显著预测文本难度。

表格2–22中，模型7为最佳模型回归分析统计信息。复相关系数R为.796，拟合优度R^2为.633，调整后的R^2为.611。其中R表示因变量与所有预测变量之间的相关程度，但这并不是衡量多元线性回归分析拟合效果的一个良好指标，即使R值很高，有时也并不意味着公式预测力强（张厚粲，1990）。R^2是衡量回归方程的重要指标，表示回归方程对样本数据的代表程度，R^2越接近于1，公式的解释力越强。在模型7中，R^2值为.633，表示该方程能解释63.3%的变异。

表2–22 回归分析统计量表

模型	R	R^2	调整后的R^2	估计标准差
1	.541[a]	.293	.285	59.44052
2	.684[b]	.468	.456	51.86407
3	.718[c]	.516	.498	49.78471
4	.764[d]	.584	.564	46.43369
5	.787[e]	.619	.596	44.68787
6	.803[f]	.644	.618	43.42811
7	.796[g]	.633	.611	43.84296

注：因变量是经Rasch处理过的Logit难度值。

模型1的自变量为：答案所涉内容的单句数比率

模型2的自变量为：答案所涉内容的单句数比率、阅读问题的词频度（重复1次）

模型3的自变量为：答案所涉内容的单句数比率、阅读问题的词频度（重复1次）、阅读问题的项目反应类型

模型4的自变量为：答案所涉内容的单句数比率、阅读问题的词频度（重复1次）、阅读问题的项目反应类型、答案所涉内容的中高频词

模型5的自变量为：答案所涉内容的单句数比率、阅读问题的词频度（重复1次）、阅读问题的项目反应类型、答案所涉内容的中高频词、阅读问题的难词

模型6的自变量为：答案所涉内容的单句数比率、阅读问题的词频度（重复1次）、阅读问题的项目反应类型、答案所涉内容的中高频词、阅读问题的难词、答案所在句的平均句长

模型7的自变量为：阅读问题的词频度（重复1次）、阅读问题的项目反应类型、答案所涉内容的中高频词、阅读问题的难词、答案所在句的平均句长

从表格2–23的非标准化系数（Unstandardized Coefficients）中可以看出，进入最佳模型的5个变量中，阅读问题的词频度（重复1次）、阅读问题的项目反应类型、阅读问题的难词与因变量成显著负相关（$P<.01$）。答案所涉内容的中高频词、答案所在句的平均句长与因变量成显著正相关（$P<.05$）。

表2–23 最佳模型的回归系数表

模型 B		非标准化系数		标准化系数	t	Sig. 容忍度	共线性统计	
		标准差	Beta				方差膨胀因子	
7	常数	82.138	2.925		39.195	.000		
	阅读问题的词频度（重复1次）	–1.151	.580	–.187	–1.986	.050	.500	2.000
	阅读问题的项目反应类型	–35.738	8.023	–.360	–4.455	.000	.676	1.480
	答案所涉内容的中高频词	1.307	.315	.330	4.145	.000	.699	1.431
	阅读问题的难词	–9.775	3.214	–.275	–3.041	.003	.539	1.855
	答案所在句的平均句长	1.767	.346	.376	5.104	.000	.812	1.231

注：因变量是经Rasch处理过的Logit难度值。

同时，该方程的共线性容忍度（Tolerance）均大于.1，而预测变量的方差膨胀因子（VIF）的数值远远低于容忍度的10倍，这说明，该方程没有多重共线性问题（王蕾，2005）。

根据以上分析，多元线性回归得出的最佳方程为：

$Y=82.138-1.151X_1-35.738X_2+1.307X_3-9.775X_4+1.767X_5$

Y = 初中简体中文连续性文本难度，单位Logit

X_1 = 阅读问题的词频度（重复1次）

X_2 = 阅读问题的项目反应类型

X_3 = 答案所涉内容的中高频词

X_4 = 阅读问题的难词

X_5 = 答案所在句的平均句长

在初中简体中文连续性文本领域，对于初中8年级和9年级的学生而言，运用该公式既可以对文本难度进行衡量，又可以对学生的阅读素养进行评估。首先量化阅读文本和阅读问题的这5个变量，然后将这5个数值代入方程，即可得到连续性文本的难度值，同时也可评估学生的阅读素养。

X_1 X_2 X_4 的回归权重都是负值（–1.151、–35.738、–9.775）的事实意味着“阅读问题的词频度（重复1次）”每增加1，学生在文本上的表现将减少 –1.151个 Logit（假设其他预测变量为常数保持不变）；“阅读问题的项目反应类型”每增加1，学生在文本上的表现将减少35.738个 Logit（假设其他预测变量为常数保持不变）；“阅读问题的难词”每增加1，学生在文本上的表现将减少9.775个 Logit（假设其他预测变量为常数保持不变）。一个正的回归权重则有相反的意义，即预测变量的值增加，文本难度的预测值也随之增加（假设其他预测变量为常数保持不变）。

二、结果讨论

（一）对于运用 Rasch 模型的探讨

既有文献表明，在汉语易读性研究过程中，善于将学生的完形填空原始分、根据文本回答阅读问题的原始分、课本的年级数、教师或读者对文本难度的主观性测定作为因变量。研究者的目的都是想将学生的表现与文本的难度联系起来，让学生的成绩反应文本难度，从而研究文本的易读性，这些因变量的处理方法推动了汉语易读性公式的研究。

Rasch 模型，有系统理论的支撑和实际运用的验证，使其具有将学生能力与文本难度直接相联系的合理性，蓝思分级公式（Lexile Readability Formula）就是以 Rasch 模型为基础而创立的，现已成为在当今美国学校中，使用最广泛的阅读测量标准，应用于全美50个州的各类学校，每年为全美一半以上的学生报告3千万个各类阅读测试的蓝思分值（罗德红，余婧，2013）。

本研究采用罗斯模型，对既有文献在因变量的处理方式上进行了新的尝试，为罗斯模型在汉语文本易读性未来研究上的理论化、系统化和合理化奠定基础。

（二）对于本研究易读性公式的探讨

上述公式中，预测变量涉及了本研究所研究的两类文本变量，一类是阅读问题本身的文本语言变量，包含词层面的阅读问题的词频度（重复1次）X_1、阅读问题的难词 X_4；题干层面的阅读问题的项目反应类型 X_2，另一类是答案所涉及的文本语言变量，包括词层面的答案所涉内容的中高频词 X_3；句子层面的答案所在句的平均句长 X_5。这一公式与国内外易读性公式相比，不再只局限于文本语言变量层面，而是从新的角度—基于阅读问题的角度，重新对影响易读性的文本语言变量进行了探索。公式还反映出阅读问题的项目反应类型确实对文本易读性的难度高低有重要影响，这进一步验证了基于阅读问题的角度探究文本变量对文本易读性的探索具有重要意义。

本研究表明，阅读问题的词频度（重复1次）数值越高（假设其他预测变量为常数保持不变），学生的阅读素养表现越差。换句话说，阅读问题中只出现1次的词的数量越多，对学生而言，其阅读成绩越低。这可能是因为，阅读问题中没有重复词，增加了学生对文字的识别量，相较于那些包含了重复多次的词语的阅读题目而言，学生会需要更多的时间去理解前者。

本研究公式中，阅读问题的项目反应类型的数值越高（假设其他预测变量为常数保持不变），学生的阅读素养表现越差。阅读问题的项目反应类型分为进入与提取、整合与阐释、反思与评价三类，题目难度随之逐层递进，文本对学生的阅读心理认知水平不断攀升，学生表现会随着难度的增加而不断降低。一般而言，学生在进入与提取类题目上会得分较高，在反思与评价类题型上会得分较低。

本研究公式中，阅读问题的难词数值越高（假设其他预测变量为常数保持不变），学生的阅读素养表现越差。难词是不在《国家语委现代汉语语料库词频表》中的词，换句话说，是学生不常用的词，不易接触的词，这类词出现在文本中无疑会增加学生的对文本理解难度，在阅读问题中，难词的数量越多，学生完全理解题目含义的难度就越大，就越难在原文中定位答案，其阅读素养表现就越差。

本研究公式中，答案所涉内容的中高频词的数值越高（假设其他预测变量为常数保持不变），学生的阅读素养表现越好。中高频词是出现在《国家语委现代汉语语料库词频表》中排名前1000到2000的词，是学生常接触或者运用的词，这类词在答案所涉及的内容中数量越多，学生越易理解答案所要表达的意思，从而提高做题的准确率。

本研究公式中，答案所在句的平均句长的数值越高（假设其他预测变量为常数保持不变），学生的阅读素养表现越好。这一结果打破了既有文献中"文本的平均句越长，句法越繁琐，而导致的文本难度越大的结论"。也进一步提出了句长作为句法指标的质疑。答案所在句的平均句越长，说明文本对阅读问题解释得更详细，学生越容易根据答案所在句的表述对问题进行理解，从而确定正确答案，提高答题的准确率。

本章的主要内容是，对初中连续性文本易读性公式进行了探索。首先，通过简单线性回归，在39个自变量中筛选出效应量在中等效应以上的预测变量；其次，运用多元回归逐步分析法，将筛选后的共8个自变量和因变量放入SPSS中分析。分析结果为，阅读问题的词频度（重复1次）X_1、阅读问题的项目反应类型X_2、答案所涉内容的中高频词X_3、阅读问题的难词X_4、答案所在句的平均句长X_5这五个自变量是文本难度的显著预测变量，能够解释文本难度变异的63.3%。易读性公式为：

$$Y=82.138-1.151X_1-35.738X_2+1.307X_3-9.775X_4+1.767X_5$$

三、研究总结与展望

简体中文文本易读性研究没有英语易读性研究那样悠久的历史，尚处于起步阶段，成果较少，目前还没有一个能被公认的且具有实际应用价值的文本易读性公式诞生。由于汉语和英语具有不同的语言特质，所以英语易读性公式的研究结果并不适用于中文文本难度的测量。因此，中文文本易读性公式需要更多的研究者去探索与推进。

在汉语易读性公式研究的历程中，展现出一些优缺点。优点为，既有文献在文本难度变量上做了文本语言变量的探索，并运用回归分析法计算出文本易读性公式，这为后继者的研究提供了宝贵和坚实的基础。不足之处为，太过局限于独立的文本语言变量，而忽视了从其他角度探索文本变量。本研究有诸多新尝试：

第一，本研究以阅读理解问题为出发点，探究了阅读理解问题（题干）层面的文本语言变量和基于阅读问题的答案所涉内容层面的文本语言变量对文本易读性的影响，结论证明，基于阅读问题的文本变量是文本易读性的重要影响因素，本研究从新的角度为文本易读性研究做出了尝试。

第二，本研究还推进了中国大陆初中文本易读性公式的探索，从新的角度研究了文本易读性公式，公式涉及五个变量，能够解释文本难度变异或者说学生阅读素养成绩变异的63.3%。公式为 $Y=82.138-1.151X_1-35.738X_2+1.307X_3-9.775X_4+1.767X_5$，其中 X_1 为阅读问题的词频度（重复1次）、X_2 为阅读问题的项目反应类型、X_3 为答案所涉内容的中高频词、X_4 为阅读问题的难词、X_5 为答案所在句的平均句长。

第三，在研究工具上的探索。本研究运用了 Rasch 模型对学生成绩进行 Rasch 计分处理，使学生的成绩能够与题目的难度在同一个 Logit 标尺上比较，这意味着学生成绩与题目难度上的对应，使学生的成绩和项目难度 Logit 值能够代表文本的难度水平。

汉语易读性公式的研究还处于探索阶段，随着研究者们对汉语文本难度研究的重视，相信在易读性公式研究的万花筒里面，会逐渐进化出一种或者多种可以作为测量汉语文本易读性的标准化公式。随着教育和市场的需要，易读性公式的应用将会与计算机应用相结合，便于推广和加快商业化进程，让学生、读者、教师、图书管理员、文学作家等大众受益。

本研究虽然在汉语易读性公式研究领域有所突破，但是，仍然存在很多不足，需要未来的研究加以补充和完善，主要表现在：

第一，被试虽然为该中学的所有初二和初三学生，但是人数仅为347人，样本量不是非常大，也不是标准化随机抽样。但是由于该校两个年级的学生均参加了测试，且以客观的文本语言变量为自变量进行回归分析，因此所得出的结论依旧具有较大的参考价值。但是其存在的被试数量不大的问题不容忽视，后续的研究将在被试数量上寻求突破。

第二，文本难度变量及其数量需要进一步探索。基于阅读问题之上的文本难度变量对文本难度的解释为63.3%，这就说明研究尚未发现引起另外36.7%的变异性的文本难度变量。然而，由于阅读是个非常复杂的过程，涉及到认知、情感和生理等多方面的因素，例如本次测试时，恰逢学生月考结束，且不是对学生具有高利害相关的期中期末测试，而是研究性测试，学生难免有一定的认知懈怠和生理疲惫，从而存在发挥不佳的极大可能性。针对阅读的复杂过程，开发蓝思分级公式的MetaMetrics公司也提出其蓝思分值对阅读理解能力为75%的预测概率（the forecasted comprehension rate is 75 percent）。另外，根据奥卡姆剃刀定律，文本难度公式应该服从简单有效的原理，考虑过多文本变量是不经济的行为。由此，后续的研究还将进一步着力于在增加被试数量的研究基础上进一步精简变量的数量，同时进一步多层面、多角度的发现影响汉语文本难度的文本预测变量。

本部分小结

本研究采用质性研究和量化研究相结合的混合研究方法，探究中文文本易读性公式。

在质性研究阶段，主要通过三个步骤设计阅读文本测试材料。首先，本研究以人教版8年级和9年级语文教材中的共118篇文本题材为研究对象，通过文本分析，梳理教材所涉题材频率；其次，以学生接触的高频题材为基础，在国际阅读素养测试–NAEP2011年的样题、PIRLS2006年的样题和PISA2009年的样题中选取5篇文本:《一个不可思议的晚上》《太空漫步》《不屈不挠的黛西》《睿智的法官》和《玛丽安的革命》作为阅读测试材料；再者，结合学生的认知发展规律，在每篇阅读材料后设计“进入与提取”“整合与阐释”“反思与评价”三类阅读问题，自此形成由阅读材料与阅读问题构成的阅读文本测试材料。

在量化研究阶段，主要通过两个步骤探寻中文文本易读性公式。在数据收集阶段，本研究以湖北省荆州市某县城一所中学的347名八九年级学生为研究对象，收集他们在“阅读文本测试材料”上的答题数据。在数据分析阶段，本研究选取了13个阅读问题本身的文本语言（自）变量和26个答案所涉文本语言（自）变量，以Rasch模型处理过的阅读题目难度logit值为因变量，通过简单线性的筛选和多元线性回归的分析，获得中文文本易读性公式：$Y=82.138-1.151X_1-35.738X_2+1.307X_3-9.775X_4+1.767X_5$，其中$Y$ = 初中简体中文连续性文本难度，单位Logit；X_1 = 阅读问题的词频度（重复1次）；X_2 = 阅读问题的项目反应类型；X_3 = 答案所涉内容的中高频词；X_4 = 阅读问题的难词；X_5 = 答案所在句的平均句长，这五个自变量的解释力达到63.3%。

第三部分 03

| 验证研究 |

第一章

研究导论

一、研究目的与内容

本部分以初中阶段学生为研究对象，使用符合学生阅读水平的国际阅读素养测试样题为阅读材料，通过设计眼动实验，探索文本最佳预测语言变量和学生阅读理解成绩间的关系，验证统计结果。并试图依据实验结果，为阅读文本的编写、阅读文本的选择和阅读教学活动的开展等提供科学建议。

从国际三大阅读素养测试（PISA、NAEP 和 PIRLS）样题中选取信度较高、难度合适且具有较好的区分度的题目及其对应文章作为阅读实验材料；随后设计眼动实验，选取实验被试，收集被试在阅读过程中的眼动数据，获取其眼动阅读成绩；依据最佳预测语言变量的确定，使用 Chinese Text Analyzer 软件和汉语语料库在线网站划分眼动兴趣区；最后，使用数据分析软件 Data viewer 导出眼动数据。使用 Excel 表格对眼动数据和眼动阅读成绩进行整理后，再使用 SPSS19.0 数据分析软件对最佳预测语言变量和眼动阅读成绩间的关系进行分析，明晰最佳预测语言变量对眼动阅读成绩的影响作用，从而验证统计结果，进一步明确分级阅读公式。

二、研究意义

提供了较新的视角探讨个体阅读过程与阅读成绩的关系，有助于打开“阅读黑箱”。随着阅读重要性的日益凸显，阅读成绩研究理应得到各界的关注。在以往的阅读成绩研究中，不乏学者使用实证性手段对个体的阅读过程进行探索，但少有学者使用心理学实验的研究范式，从最佳预测语言变量的视角出发，关注学生当下的阅读过程与最佳预测语言变量间的相互关系。本部分旨在通过开展心理学的眼动实验，证明最佳预测语言变量与眼动阅读成绩间的相关关系，同时为后人更成熟的相关研究提供思路与借鉴。

通过明晰影响阅读的重要变量以指导各类阅读活动开展是本研究的实践关照。阅读是人类的一项重要活动，是个体与世界交流的重要途径。前人虽对提升阅读能力做了各方努力，但已有的教学实践建议仍具有浓重的经验色彩，且院校研究者多从信息加工角度开展研究，所得结果较为抽象，难以进一步转化到教学实践中。基于此，本研究回归阅读活动的心理学本质，剖析最佳预测语言变量及其眼动指标对阅读成绩的影响。依据实验结果，为确定分级阅读公式，为教师阅读教学活动开展、阅读材料选择、儿童阅读习惯规范等方面提供切实可行的建议。

三、研究方法

（一）文献分析法

在文献综述阶段，对相关的文献进行收集、阅读和整理分析，以达到下述目的：了解国内外关于阅读的研究现状，寻找研究的可延续点；了解目前阅读成绩研究的特点，寻求选择最佳预测语言变量的理论和实践支撑；了解关于最佳预测语言变量的相关眼动研究，为眼动实验设计和数据收集分析提供借鉴。

（二）实验法

选取初中阶段的学生为实验被试，从中文版的NAEP2011年的样题，PIRLS2006年的样题，PISA2008年的样题中选择难易度适中的阅读题目和文章作为正式阅读材料，后通过开展眼动阅读实验，考察被试在阅读过程中的眼动指标，为找到阅读成绩影响因素提供实证支撑。

（三）数据分析法

使用Chinese Text Analyzer软件、汉语语料库在线网站对阅读材料的最佳预测语言变量进行统计，以此为划分眼动兴趣区的依据。使用眼动仪自有的数据分析软件Data Viewer划分兴趣区，并导出相应的眼动数据。将导出的眼动数据和被试的眼动阅读成绩经过Excel表格汇总整理后，使用SPSS19.0数据分析软件进行相关分析和回归分析，得出实验结果。

四、文献综述

（一）国内外阅读研究概览

阅读是个体获取知识，实现与文本世界互动的重要途径。随着阅读重要性和必要性的日益突显，个体阅读开始得到学界的关注，并由此展开系列的阅读研究。当下的阅读研究主要从文学、心理学、教育学、社会学、图书馆学五个视角开展，并基于视角和研究背景，选择合适的研究方法。

1. 阅读研究的文学视角

当前，国内阅读研究的文学视角关注儿童的分级阅读研究。致力于分级阅读研究的主体是出版商和阅读推广人，较具有代表性的是贵州人民出版社蒲公英童书馆、广州的南方分级阅读中心和北京的接力分级阅读研究中心。不同的分级阅读研究中心依据儿童的心理发展和学段，从实践层面提出了分级标准（罗德红，余婧，2013）。如，接力儿童分级阅读中心根据特定年龄阶段心理特质所制定发布的《儿童心智发展与分级阅读建议》，将儿童的身体、智力、语言、情绪、人格与社会发展作为变量，综合考虑读物的篇幅、难度和主旨，先后发布了总量为200本、250本的分级阅读书目（接力儿童分级阅读中心，2009）；南方分级阅读研究中心发布的《儿童青少年分级阅读内容选择标准》和《儿童青少年分级阅读水平评价标准》，分别从读物维度和读者维度进行分级，是国内以学段和年级来描述阅读水平和阅读建议的首套分级阅读标准，也是我国现有的分级阅读省会标准（国内首个儿童青少年分级阅读标准诞生，2009）。分级阅读理念自2008年被引入我国内地，但直到2019年国内才首次从学术层面构建了中文分级阅读体系——“鋆阅”分级标准，给出划分的标准与依据。“鋆阅”分级标准基于现有儿童阅读主体为儿童文学的特点，从儿童文学读物水平与儿童阅读能力评价水平两方面出发，构建了一个相辅相成的双线阶梯化联结体系，让读物与儿童阅读能力培养一一对应，用合适的读物提供适宜的指导，循序渐进培养儿童的阅读素养（王蕾，

2020）。该标准的出台不仅有助于灵活把握分级教学，还为分级阅读读物的出版提供了理论支撑。但从专业性和权威性而言，我国仍然缺乏权威的专业阅读分级标准（罗妍，仇森，赵丽霞，2021）。

分级阅读缘起于发达国家，旨在为儿童选择与其阅读心理发展相匹配的适当读物（罗德红，余婧，2013）。在美国，阅读研究非常成熟，不仅建立起衡量学生阅读素养的评价体系，如 NAEP、PISA、PIRLS 等（罗德红，龚婧，2013），还提出了分级阅读研究的字母表体系（罗德红，余婧，2012）、年级体系（刘娜，2015）、数字体系（罗德红，余婧，2013）等分级标准。英国最早进入分级阅读领域的是1963年出版的瓢虫系列图书“Ladybird Key Words Reading Scheme”，最为著名的则是牛津大学出版社所出版的代表性分级读物“牛津阅读树”（Oxford Reading Tree）。该读物经三十多年发展，形成以读物体系为核心，以助读体系为辅助，以指导体系为依托的系统化分级体系。我国学者王蕾和毛莉（2019）对该品牌读物进行了文本探究，认为该读物之所以能成为英国分级阅读的标志性读物，其重要原因在于读物体系的丰富庞大与持久更新，并且具有全面的阅读指导功能，不仅能帮助儿童练习发音和拼读能力，积累普通词汇和日常用语，还提供教师用书和家长用书分别指导教师和家长如何为儿童阅读提供帮助（王蕾，毛莉，2019）。此外，在一些欧盟创始国还依托公共图书馆制定了具有较强适用性、可靠性与针对性的少儿分级阅读标准。如德国的德意志国家图书馆建立了分级阅读测评体系，便于少儿读者根据自身阅读能力选择目标读物；荷兰的阿姆斯特丹公共图书馆通过“儿童阅读测量尺”项目增强少儿分级阅读推广能力；意大利的公共图书馆利用智能阅读系统获取少儿分级阅读的需求与偏好大数据，指定有针对性的阅读标准等等（吴明华，王丽帆，2021）。

2. 阅读研究的心理学视角

阅读是一种需要记忆、思维、想象等心理活动参与的高级认知过程。心理学视角下的阅读研究关注个体阅读过程中的认知加工机制，涵括字词句的认知理解过程、文本阅读过程中的推理加工和情境加工模型的建构、阅读策略和阅读方式的选择等方面的研究。该视角下的阅读研究主要使用眼动技术（胡美娟，2012）、事件相关电位技术（ERP）（孙海静，王权红，2012）、功能性核磁共振技术（fMRI）（王雨函，李红，莫雷，等，2012）等研究手段，通过对个体阅读过程中的眼动轨迹、脑电波的波形变化、脑区的活跃状态进行即时监测，以揭示个体阅读过程中现时的心理加工机制。上述研究手段各有优势，亦存在使用局限。因而学界往往依据研究目标及研究侧重点的不同而加以选择使用。

眼动追踪技术可以测量和确定个体眼球运动和眼球位置，能够直观记录一段时间内或者一项任务中的眼动时间和凝视位置信息，经常被用作传统认知评估量表的辅助工具（Kowler，2011；Lim，Mountstephens & Teo，2022）。在阅读研究中，眼动技术用于解释个体阅读中的认知加工过程，通过绘制和分析阅读文本时的眼动行为，可以对其大脑信息处理方式和理解过程做出基于证据的推断。

ERP 技术则可以测查刺激呈现后的早期激活过程和不同认知加工水平的电生理反应，从而为眼动研究提供独立和互补的证据。ERP 具有良好的时间分辨率，可以较好地回答"文本阅读中的一些认知加工任务是否即时产生"这一类时效性问题，还可以将不同条件和时间段的脑电成分与相应的词汇加工联系起来，使得影响认知加工的不同因素通过脑电成分显示出来（陈庆荣，王梦娟，刘慧凝，2011）。

fMRI 和 PET 则具有较高的空间分辨率，可为研究者深入研究认知过程中大脑精确空间定位及其相关性提供良好的探究路径。fMRI 和 PET 技术的使用，使得研究者从认知神经层面更敏感而清晰的了解读者在文本阅读过程中的认知活动成为可能（王雨函，莫雷，陈琳，等，2013）。

早期的阅读研究整体上呈现出研究方法单一的特征，学者们倾向使用某一种研究技术探讨阅读过程中不同认知加工阶段的特征。后随着多种技术融合路径逐渐成熟，以多种技术组合形成优势互补的研究范式开始形成，涌现出部分以整合型研究范式的成果。如，Georgiewa 等把 ERP 和 fMRI 相结合，研究了阅读障碍和正常读者的语音加工特征（Georgiewa，et al.，2002）。将各种研究手段相结合成为认知神经科学发展的趋势。有学者认为，认知神经研究通过脑区活跃、脑电反应、眼动模式的猜测、实验、解释和应用，从刺激注意、先验知识、意义关系、学习输出等多维度揭示了阅读中的大脑处理过程，为理解阅读本质并引导行为和认知带来新的可能（刘叶萍，袁小群，2023）。

3. 阅读研究的教育学视角

教育学视角的阅读研究主要从个体课内外阅读现状（刘小天，2011；王贺林，2011）、教师阅读教学策略（马英英，2014）、阅读教学方法（伍岳，王显槐，陈晓玲，2005）、阅读评价（杨清，2012）等几个方面进行展开。在明析当下学生的课内外阅读现状、如何构建有效阅读教学课堂、建立科学标准化的阅读评价体系等研究内容上均取得了较为丰富的成果。该视角下的阅读研究与心理学视角下的阅读研究虽有交叉之处，但二者间的差异源自研究方法的不同。教育学视角下的阅读研究主要采用自然观察法、个案研究法、文献分析法、调查问卷法、访谈法等手段，侧重对外显的阅读行为进行研究，未过多关注阅读的心理过程。

当前，全民阅读已成为国家文化战略的重要组成部分。全民阅读对提升国民整体素质，促进社会公平与和谐发展具有深远的意义。在此背景下，关注不同群体的阅读发展水平成为应有之义，学者们也致力于通过明晰不同群体的阅读现状，以找出影响阅读发展的关键问题，探讨阅读发展的现实路径。在已有研究中，除了一般性群体外，乡村少儿群体（胡苗，亢琪，边玉芳，2024）、留守儿童群体（邓倩，2015）、欠发达地区少年儿童群体（杨翠萍，2012）等弱势群体的阅读发展情况也备受关注，从阅读资源条件获取、阅读内容、阅读认知及思维特征、阅读困难与障碍等方面剖析现状，并提出具有针对性的困境改善建议。

有效的阅读教学是助力个体阅读素养提升的重要途径，学校阅读教学可以为处于不同背景下的个体提供阅读指导，能有效弥合群体间的阅读能力发展不均的现实问题。且阅读教学也是语文教学活动中的重要内容，在提升个体整体素养上扮演着十分重要的角色，因而阅读教学成为教育学视角下阅读研究的重点关注方面。当前的阅读教学研究主要围绕新课程标准下的阅读教学活动（阳雪梅，2024）、不同类型文本的阅读教学策略（陈玫玫，2024）、针对不同群体的阅读教学路径建构、多样化的阅读教学模式探讨（何立新，2024）等方面展开。阅读教学与阅读评价密不可分。有效的阅读评价方式有助于关注个体阅读过程，能帮助教师及时发现问题、及时反馈、及时改进阅读教与学活动。学者们主要围绕不同的阅读评价方式，如伴随式评价（石群，赵芝萍，2021）、过程评价、增值评价（李毅，郑鹏宇，黄怡铭，2022）、阅读策略评价（余闻婧，2023）等，探讨阅读教学中的评价方式使用及其价值；探讨不同评价标准在阅读教学评价中的适用性问题，如 PISA 的阅读素养评价标准（毛超，王珊珊，2024）、PIRLS 阅读素养评价、NAEP 阅读素养评价、泛加拿大评估项目（Pan-Canadian Assessment Program）阅读素养评估框架等（陆卓涛，张雨强，2022）。除了课内阅读评价，课外阅读评价体系的相关研究也有所发展（张春影，2017）。

近年来，以新教育实验为平台，建设书香校园为精神底色的阅读推广活动得到了广泛的关注。该阅读推广组织从班级图书角、年级图书广场、学校图书馆、学生个人图书箱的建设，提出了书香校园的建设途径。目前，该阅读推广组织出版了《中华经典诵读》，启动儿童阶梯阅读项目，并按时举办阅读节，开展各类阅读活动，以推动学生阅读数量和质量的提升。

4. 阅读研究的社会学视角

阅读活动具有社会学属性，且面向全体社会人员。社会学视角下的阅读研究主要关注阅读行为的社会学意义，如满足个体的精神需求，激发创造能力，提高文化素质等（王平，2003）；也有学者运用理论工具，对全民阅读发展的内在机理和作用机制进行探思（郎玉林，徐锐，栾荣，2016）、借助社会学分析提出公共图书馆发展的动力机制等（孟艳芳，2016）。该视角下的阅读研究主要采取文献分析方法，试图从国内外的社会学理论角度，探索阅读活动对社会发展、文化传承的重大意义。

社会学视角的阅读研究关注阅读的社会学属性，阅读虽是一种个人化的认知行为，但在很大程度上也体现为人群和社会的文化活动和现象，阅读也是提高人口质量的重要途径，是实现社会可持续良性发展的文化根基。学界关于阅读研究社会学属性的探讨除了从理论维度上阐述阅读对个体发展、社会进步、人口素质提升等方面的重要作用，还将主要的研究关注点聚焦于全民阅读层面。即“让全体国民参与、实现阅读”，以期通过推广普及阅读，促进人的全面发展和社会的全面进步。“全民阅读”作为国家文化战略连续11年被写入《政府工作报告》。基于社会学视角的全面阅读研究涵括的内容涉及诸多方面，既有理论层面的探讨，如全民阅读主题演化研究（叶英平，肖桂玉，周昕，2024）、全民阅读价值引导和价值认识等（任翔，2024）；也有来自实践层面的探讨，如全民阅读推进路径研究（张建松，2024）、全民阅读服务策略研究、全民阅读推广过程中的资源利用、阅读信息服务体系构建、全民阅读推广模式等；还有从政策层面和法律层面对全民阅读进行了相关讨论（王丽，孙志鹏，2025；蒋盼，2024）。这些研究为从社会学视角深入理解阅读研究价值提供了丰富的研究基础。

5. 阅读研究的图书馆学视角

阅读研究的图书馆学视角是对阅读研究社会学视角的延续和实践，社会学视角下的阅读研究关注全民阅读，图书馆学视角下的阅读研究则侧重于如何通过图书馆这一重要载体，实现全民阅读的宣传、推广及服务。当前，全民阅读进入深入推进新阶段，图书馆作为推动全民阅读的核心力量和主要阵地，要承担起新时代全民阅读推广的先行角色和重要使命。有学者对图书馆助力全民阅读推广的方式进行了梳理分析，认为结合主题设计推广活动打造阅读推广品牌是现阶段图书馆阅读推广的主要方式，在全民阅读推广过程中，图书馆还会通过馆校合作、馆店协同、文旅融合等多种形式促进多方合作，不断充实阅读推广力量，取得了一定的推广成效，但仍存在制约推广的现实问题。

阅读研究的图书馆学视角主要关注图书馆阅读推广问题。该视角下的主要研究方法为文献分析法、个案分析法、访谈法以及调查问卷法。研究角度既涉及图书馆阅读推广的理论层面，主要包括：①阅读推广的理论基础问题分析，如阅读推广的定义、阅读推广与图书馆服务的关系、阅读推广是原有图书馆服务的延伸还是一种新的图书馆服务类型、阅读推广是否符合图书馆核心价值等这四大核心问题（范并思，2014）；②阅读推广的理论建构，如以图书馆阅读推广五要素、阅读推广六要素为代表的要素论研究范式，以阅读推广模型为代表的模型论研究范式以及关注阅读推广活动各个环节的过程论研究范式（谢蓉，刘炜，赵珊珊，2015）；③推广模式研究（王素芳，孙云倩，王波，2013），如新技术支撑的阅读推广新模式、文旅融合阅读推广模式、基于馆藏文献的阅读推广模式等相关内容；也涉及阅读推广的现实途径探索层面，如分析影响阅读推广的现实因素（黄健，2013；杨向华，2014）、发达国家公共图书馆阅读服务的研究与实践（公晓，田丽，2015；沈敏，王姝，魏群义，2015）等内容。国外阅读推广研究通常结合图书馆宣传（advocate）、读者发展（reader development）、素养（literacy）培育等主题进行研究，也有一些关于读者借阅或阅读习惯调查方面的研究，但大都包含在 R eading Promotion 概念之下（谢蓉，刘炜，赵珊珊，2015）。

6. 阅读研究视角的现状述评

综合上述五种视角下的阅读研究现状，可发现，当下阅读研究具有以下几个特点：

第一，在研究内容上，已涉及阅读活动各个层面。不仅探索了阅读活动内部心理机制，还推及到外显的阅读行为和文学意义。也关注到阅读的社会属性，强调阅读活动对社会发展的重要意义，为公共图书馆的有效运行和阅读推广提供理论支撑和实践依据。

第二，在研究方法上，一改以往的理论研究取向。多以实证分析为主要手段研究外显性的阅读行为，如教育学领域中的阅读研究和图书馆学视角下的相关研究。此外，将先进的认知神经科学技术运用于阅读研究也开始逐步占据主流地位。

当前的阅读研究虽已取得较为成熟的研究成果，但在研究领域和视角上仍可进一步拓展。现有的阅读研究较多从宏观的角度出发，探讨阅读对个人和社会的价值，未能很好地体现阅读对特定个体发展的现实意义。尤其对中小学阶段的学生而言，阅读活动与成绩更是息息相关。因此，需对学生的阅读活动深入研究，追寻影响阅读成绩的具体因素，以突显阅读研究的现实价值。

（二）国内中文阅读成绩研究

根据分级阅读公式构建的经典方法，阅读成绩是分级公式中的因变量，阅读成绩研究隶属于教育学研究和测量学的范畴，也是阅读研究的重要分支。近年来，随着阅读素养理念的传播与发展，如何提升个体阅读能力和阅读水平成为学界的重要命题。且作为阅读能力重要衡量标准的阅读成绩是诸多因素相互影响的结果。基于此，当前国内研究者们对阅读成绩研究的重点在于使用实证研究的范式，探寻阅读成绩的影响因素。以下，将阅读成绩的影响因素划分三类：环境因素、个体因素、文本因素，并详细阐述研究的主要对象、采用的具体方法和重要的研究结论。

1. 阅读成绩的环境影响因素

学生的阅读成绩易受家庭经济环境、阅读课堂环境等外部环境因素的影响。家庭经济环境具体可用父母受教育水平、父母鼓励阅读的程度、父母的职业阶层等相关指标进行衡量；阅读课堂环境则以教师是否在课堂上采取合适的阅读教学策略作为主要的衡量指标。研究者就上述影响因素与学生阅读成绩间的相关关系进行了探讨。

家庭经济条件是学生阅读成绩的显著影响因素。陈俊等（2011）采用问卷调查法，随机选取澳门特别行政区若干名4 ~ 6年级学生，考察“父母受教育水平”和“父母鼓励”两种因素对小学生阅读成绩的影响。结果表明，“父母受教育水平”对孩子的阅读成绩有正向影响，而“父母鼓励”在父母受教育水平与阅读成绩之间的部分中介效应显著（陈俊，苏玲，何淑茹，2011）。倪雨菡，张敏强，胡志桥，等（2016）亦使用问卷形式，以九年级学生为研究对象，探讨父母受教育水平和职业与学生阅读成绩的关系。经分析发现家庭社会经济地位能够正向预测初中生阅读成绩。研究突显了家庭经济环境易对学生的阅读成绩产生正向影响，处于良好的家庭经济环境的学生，其阅读成绩则相对较好。

学生的阅读成绩也会受到来自阅读教学环境的影响。为验证二者间的相关性，张佳佳（2013）采用准实验设计中的不等组前后测验设计，选取两个初中阶段的平行班，将其中一个作为实验班，进行语文阅读策略教学；另一班作为控制组，不采取任何阅读策略教学。发现经过一段时期的教学后，阅读策略教学可以有效提升学生的阅读成绩，证明了阅读教学策略对学生阅读成绩的重要影响作用。林江泽和李佳哲（2022）通过对我国中部某省八年级学生感知到的教学策略、阅读兴趣、阅读成绩进行调查，不仅证实了教学策略对学生阅读成绩的正向预测作用，还发现学生的阅读兴趣在教学策略与学生阅读成绩的关系间发挥部分中介作用。

.2阅读成绩的个体影响因素

阅读活动的个体性差异主要表现为外在阅读行为和内部心理的不同。目前，学界着重使用问卷法、实验法，探讨阅读者的外在阅读行为和个体的内部心理差异对阅读成绩的影响作用。

个体外在阅读行为是预测阅读成绩的重要指标。主要包括个体的阅读时间、阅读参与度这两个个重要的衡量指标。宋凤宁和宋歌（2000）采用问卷调查法，对初中、高中学生的阅读时间、阅读成绩进行调查，发现中学生的阅读时间长短影响阅读成绩。张向阳和何先友（2004）沿袭前人研究范式，考察小学、初中学生课外阅读时间、阅读时间分配与阅读成绩的关系，结果表明中小学生课外阅读时间与阅读成绩存在显著相关。此外，也有学者使用上海学生 PISA 阅读素养测试的原始成绩，采用二层回归模型分析学生阅读成绩和阅读参与度之间的关系，发现阅读参与度对学生个人和学校间的阅读成绩差异具有重要的影响作用（陆璟，2012）。相似地，李昶洁和杨雨航（2023）基于 PISA2018 中国四地阅读成绩的数据，运用倾向得分匹配法和分位数效应模型探究了课时投入与中学生学业成就间的因果关系以及课时投入对不同学业成就学生的异质性影响。该研究发现，课时投入对不同阅读能力水平学生的影响存在差异，课时增加的主要受益群体是学弱生，对学优生则会造成显著的负向影响。

个体内部心理特征对学生阅读成绩产生显著影响。具体包括：个体的认知方式、认知风格、工作记忆广度、阅读监控能力、阅读广度、阅读兴趣等方面。毕秀芹（2007）采用实验手段探究认知方式、工作记忆广度对阅读成绩的影响。该实验先对被试的认知方式和工作记忆广度进行判定和测量，再以有无标记的文章为阅读材料，把阅读成绩作为因变量，考查场认知方式、工作记忆广度对阅读成绩的影响。实验表明，场认知方式和工作记忆广度都对被试的阅读成绩产生显著影响。该结论验证了前人的研究结果（董华，2006）。此外，有学者以大学生为研究对象，考察阅读监控能力和阅读广度对阅读理解成绩的影响。结果表明，大学生的阅读理解监控，阅读广度和阅读材料难度对其阅读理解成绩有着直接影响（徐富明，沈德立，白学军，

2006）。

除了上述影响因素外，涂阳军和陈建文（2009）还关注到个体的阅读兴趣、情境兴趣、话题兴趣等兴趣差异与阅读成绩的相关关系，其研究结果表明，兴趣对阅读成绩的影响达到显著性相关。

3. 阅读成绩的文本影响因素

除了环境因素和个体因素外，阅读文本自身的特性也会影响个体的阅读成绩。主要包括语篇层面的文本影响因素，如文章特点、文章主题的组织方式、文章体裁、文章结构等，以及语言层面的文本影响因素，如文章内的字、词、句等。当前关于阅读成绩文本影响因素的研究主要以实证分析法、心理学实验法为主。

语篇层面的文本影响因素研究主要集中于对文章结构、文章题材、文中标记、插图等方面的探讨。张大均和余林（1998）以初中学生为实验对象，分别选取高阅读能力和低阅读能力的被试若干名，对其进行阅读水平测试和文章结构敏感性测试；随后对实验组被试施加文章结构训练，控制组进行常规阅读。被试的后测阅读成绩证明，文章结构对阅读成绩产生影响。有学者以大学生为实验被试，使用不同题材的文章为阅读材料，证实了文章题材能对阅读成绩产生显著影响（董华，2006）。也有学者在不同文章题材的基础上进一步考察了文章标记对被试阅读成绩的影响，其结果不仅证实了文章题材对阅读成绩的影响，也揭示了文章标记对阅读学习的重要作用（宋广文，李寿欣，王新波，2001）。张茗（2006）考察了文章插图对不同类型学生阅读理解成绩的影响，并证实了插图效应的存在，即有效的插图呈现方式对学生的阅读理解将产生促进作用。

语言层面的文本影响因素涉及字、词、句三个层面。但目前较少有研究者单独从文章中的字、词、句等个别因素出发探讨语言变量与学生阅读成绩的关系，学者们较为关注学生在阅读初期的汉语语素意识、语音意识、正字法意识、句法意识等对后期阅读理解能力的影响。基于阅读活动的物质载体是阅读文本，且语素、语音、正字法、句法等内容与字词句密不可分，故亦有必要介绍相关研究成果，以为本文的研究提供理论支撑。

陈宝国和陈雅丽（2008）以小学阶段的儿童为研究对象，考察汉语儿童句法意识，语音意识与阅读理解成绩间的关系。在实验过程中，使用句子判断和句子纠正任务测量句法意识，以音节合法性判断和音位删除任务测量语音意识，并进行词汇理解、句子理解和篇章理解测验。结果发现，句法意识可预测低年级学生词汇理解和句子理解的成绩，语音意识预测了课文理解的成绩。对于高年级学生，句法意识预测了词汇理解、篇章理解的成绩；句法意识和语音意识预测了句子理解的成绩。陈泊蓉（2011）也考察了小学阶段学生的汉语语素意识与语音意识、正字法意识对阅读理解成绩的影响作用，并验证了前人的结论。还有学者虽同以小学生为被试，但却从句子层面考察不同句子类型（陈述句、疑问句、感叹句、祈使句）的阅读得分，发现句子类型对小学生汉语句子阅读能力的影响不显著（张倩，2015）。

此外，还有学者探讨了不同文本媒介对个体阅能力的影响。如，姜洪伟，唐鑫，黄庆云，等（2020）使用短文作为阅读材料，并根据 PIRLS 国际阅读测评框架设计测试题目，研究探讨儿童在智能终端和纸质两种媒介上的阅读能力表现差异，发现同一篇文本在两种媒介上的能力表现不存在显著差异；文学性和信息性两种类型的文本，在同一媒介上的成绩存在显著差异。

4. 阅读成绩研究现状述评

国内当前的阅读成绩研究已取得较为丰富的成果，具有以下研究特点：

研究范围较全面，主要从阅读环境、阅读者、阅读材料这三个层面开展，涵括了阅读活动的重要构成要素，能有效揭示不同的阅读要素对学生阅读成绩的各方面影响。

研究对象较广泛，覆盖了包括学前儿童、小学生、初中生、高中生和大学生在内的各个学段学生，主要，能较好地考虑阅读成绩影响因素在不同学段间的个体差异，清晰地呈现各学段学生在特定阅读成绩影响因素下的不同表现。

研究方法多样化，研究者能结合具体的研究目的和内容，辅以阅读水平测试和必要的测量手段开展研究，问卷调查法、实证分析法、实验研究法等研究方法被广泛使用。

已有的阅读成绩研究虽已具备一定的全面性、广泛性和科学性，但仍存在研究不足。

在研究范围上，对阅读成绩的文本影响因素的研究尚有欠缺。当前，较多学者关注体裁、题材、结构等文本整体特征对阅读成绩的影响，较少有研究者能基于字、词、句等语言文本变量的层面，以深入探讨文本变量对学生阅读成绩的影响。

在研究方法上，缺乏能对阅读过程进行实时监测的研究方式。当前的阅读成绩研究虽已有较强的实证意识，但在研究方法的选择上，仍未能针对阅读过程的即时性特点，选取能匹配学生当下阅读过程与事后阅读成绩的恰当手段。

综合上述两点不足，未来的阅读成绩研究应关注文本语言变量与阅读成绩间的关系，在此基础上，应使用能获取学生即时阅读信息的研究方式，并结合阅读测试表现，综合探索真正影响学生阅读成绩的因素。

（三）汉语文本语言变量的眼动研究

能实时获取阅读过程中相关信息的方式是眼动追踪技术。人们在阅读时，眼球运动表现为一系列的注视和眼跳。通过眼动记录技术，对读者的眼动数据进行实时记录，然后将眼动数据与认知过程对应起来，研究者就能对心理活动进行精细的分析，有效推测个体的认知过程（闫国利，巫金根，胡晏雯，等，2010）。眼动技术自我国从西方国家引进眼动技术用于阅读领域的相关研究以来，经过了将近半个世纪的发展，取得了丰富的研究成果。目前，眼动分析法大体上已经涉及了文本阅读中的字、词、句、篇四个方面。其所取得的研究成果为汉语文本难度的测量提供了十分宝贵的一手资料。以下将从字、词、句、篇四个方面详尽阐述汉语文本难度变量的眼动成果。

1. 汉字层面的变量

汉字层面的文本难度变量主要包括：字频、笔画数。字频，即汉字的使用频率。字的不同使用频率将会影响读者的汉字识别过程。笔画数则反映了汉字的视觉复杂程度。学者们对汉字的眼动研究主要从这两方面展开。

其一，字频对汉字识别时间的影响。张武田和冯玲（1992）以成年人为实验对象，选取高频字和低频字、独体字和非独体字，记录被试对字的反应潜伏期和错误数。实验结果验证了字频效应的出现，字频对汉字识别速度产生影响。随后，陈凌育，赵信珍，孙复川等人（1999）也选取常用字、非常用字及偶用字，采用命名任务，记录被试的眼动指标和发音信号。结果也得出了即汉字的识别时间随字频减小而增大的一致结论。近年来，还有学者使用高、低首字字频的低频双字词作为副中央凹目标词，探讨副中央凹字的加工负荷在预视加工中的作用，研究证实了字频主效应显著，首字低频条件下的注视时间显著长于首字高频条件（王永胜，何立媛，李馨，等）。其二，笔画数对汉字识别的影响。与拼音文字不同，汉字的基本构成单位是笔画。为探讨笔画数对汉字识别的影响，Yan 等人（2012）使用笔画去除手段，控制句子中汉字笔画的去除比例和类型，以研究生为实验对象，使用眼动仪记录其阅读时间、注视次数以及回视量，以检验笔画编码在汉字识别中的作用。该实验结果虽表明不同笔画在汉字识别中并非处于同等位置（Yan，et al.，2011），但构成汉字的笔画在长度上有所不同，如果仅是按照汉字的笔画数进行笔画去除，那么去除后的效果是不一样的。为了解决笔画数在汉字中所占比例不同导致的实验误差，闫国利，迟慧，崔磊，等（2014）采用“像素省略”方法，对像素省略方式和省略水平进行调控，以大学生为被试，对总阅读时间、平均注视时间、总注视次数、向前眼跳次数和回视次数这五个指标对眼动数据进行了整体分析。结果显示：像素省略水平越高对阅读的干扰越大，省前条件下对阅读的干扰显著大于略后条件。该结果依然证实了笔画顺序效应的存在，即进一步证实了汉字书写顺序对汉字识别的影响，先书写的笔画比后书写的笔画对汉字的识别起到更大的作用。此外，还有学者通过实验考查重复学习新词过程中视觉复杂性效应的变化模式，发现随着新词学习次数的增加，笔画数效应并未发生显著变化，表明笔画数作为反映汉字视觉复杂性的因素之一，同时作用于词汇学习的早期和晚期（梁菲菲，刘瑛，贺斐，等，2024）。

2. 词汇层面的变量

词汇层面的文本语言变量的眼动研究主要集中于词频、词汇的主观熟悉度、词复杂性及多种词汇因素相互交叉后对汉语词汇识别的影响。

词频是词汇的统计学特征，即词语的使用频率，词频会影响词的识别时间。为了验证汉语阅读过程是否出现词频效应，闫国利，王文静，白学军

（2007）使用消失文本范式进行了研究。实验被试为大学生，选取存在词频差异的名词对，并以此组成句子为实验材料。记录被试在不同文本呈现条件下，对高、低频词的平均注视时间、平均眼跳距离、平均注视次数、总注视时间。研究证实了词频效应的存在，即，不同文本呈现条件下，高频词的首次注视时间、凝视时间和总注视时间均显著低于低频词。在后人关于验证词频效应存在的相关研究中，虽然使用的实验材料和研究对象不尽相同，但均得出了高度一致的结论，基本上证实了词频在词汇识别中扮演的重要角色。

随着词频研究的深入，已有研究却忽略了这样一个问题：词的使用频率并不完全等于词的主观熟悉度，即词频越高不能说明读者对该词的熟悉度越高。因此，区别看待词频与词熟悉度对阅读的影响结果是有必要的。基于此，Jian 等（2013）选取研究生为实验被试，对阅读专业词汇和日常词汇的眼动指标进行分析。实验初始材料为物理学文章，随后研究者使用熟悉的词汇去取代文章中的专业词汇，其他词仍然保留，使其形成两种熟悉度不同的文本。记录阅读过程的平均注视时间、平均眼跳长度、回视次数、总的阅读时间。其研究结果显示，词汇的主观熟悉度确实会对词汇识别产生影响，这一结果与词频效应对词汇识别的作用有相似之处（Jian，Chen & Ko，2013）。

汉语中的词是由字组合而成的，词的复杂性取决于字的复杂性，即字的视觉复杂性，汉字的笔画数多少，笔画数多的汉字较之笔画数少的汉字在视觉刺激上更显复杂。前人研究已证实汉字的复杂性（笔画数）会影响阅读的眼动指标，但学者们对双字词中的汉字复杂性却产生了新的兴趣。为此，Ma 和 Li（2015）以中文为母语的中国大学生为实验被试，探讨了双字目标词中第一个字和第二个字的视觉复杂性在调节注视时间和眼跳目标选择中是否扮演着同样的角色。实验中使用嵌入目标词的句子为阅读实验材料，把句子中嵌入目标词的位置称为关键词区域，依据目标词中字的复杂性一共设置了四种关键词区域类型：双低复杂类型，如“瓦块”；高低复杂类型，如“糖块”；低高复杂类型，如“瓦罐”；双高复杂类型，如“糖罐”。实验记录对关键词区域的首次注视时间、凝视时间、注视的可能性、注视落点的位置、眼跳长度。实验结果表明，词的复杂性影响被注视时间和眼跳目标的选择。

此外，也有学者探讨汉字笔画数对注视位置效应的影响，并证实了词复杂性影响读者的注视位置和再注视概率（孟红霞，白学军，闫国利，等，2014）。词汇识别的影响因素并非是单一性的，也可能是多因素相互作用的结果。仅考虑其中的一种语言因素，难以对词汇识别获得全面的认识。为此，研究者们对词汇识别过程中多种词汇因素的交互影响进行探讨。Yang 和 McConkie（2001）以中国学生为对象，用 20套包括5个双字词的材料作为实验材料，验证了词频和词复杂性对阅读眼动的双重影响。卢张龙等（2008）以在校大学生为实验被试，选取30对双字词作为目标词，高、低频词各一个，证实了词频和词可预测性对阅读眼动的影响，但并未发现二者间存在交互作用（卢张龙，白学军，闫国利，2008）。

Liu，Li 和 Han（2015）选取了32个中国本土的大学生，使用包含有高频词和低频词的句子为实验材料，在实验过程中通过提高或者降低目标词的对比亮度以形成不同刺激质量的阅读条件，证明了刺激质量和词频对目标词的注视时间产生了显著地叠加效应，并影响词汇加工的不同阶段。

3. 句子层面的变量

句子是语言中最基本的表达单位，对字、词的眼动研究也基本上是以句子为载体进行的。但是，却少有以汉语句子为单位展开的阅读研究。这可能与汉语句子形式多样化，成分复杂化有关。尽管如此，学者们还是对句子阅读研究做出了努力，探讨了词切分条件以及歧义语境下的句子阅读过程。

词汇识别的首要任务是从文本中完成有效的词切分（李兴珊，刘萍萍，马国杰，2011）。拼音文字中存在词间空格，而汉语是方块字，字间无明显空格。对于空格在汉语阅读中的作用，Bai 等（2008）设计眼动实验以大学生为被试，使用中文句子为实验材料，设置四种词切分条件：无空格、字空格、词空格、非词空格。实验均记录了被试阅读句子过程中的各项眼动指标。其研究结果突显了中文句子阅读的特殊性，即空格既不会促进中文阅读，但也不会干扰正常阅读。也有学者以小学阶段的学生为被试，沿袭前人的研究思路，考察不同空格条件下的阅读过程。发现非词空格呈现条件对不同阅读能力的被试有不同程度的干扰作用（沈德立，白学军，臧传丽，等，2010）。

句法歧义是指句子中的某一个成分可能具有两种句法功能，必须依赖上下文的提示来加以确定（李伯约，黄希庭，1999）。为对比个体阅读正常句子和歧义句的不同眼动特征，张亚旭，舒华，张厚粲，等（2002）以大学本专科生为实验被试，采用移动窗口和眼动记录两种范式，以均衡型和述宾型两类汉语歧义短语为背景，实验考察了话语参照语境影响歧义短语句法分析的机制以及时间进程。实验结果证实了话语语境效应在句子加工早期的作用，人为话语参照语境可以通过概念期望机制起作用，而并非仅仅通过参照前提机制起作用。也有研究者考察了不同工作记忆容量的大学生被试的歧义句阅读过程，得出了被试的工作记忆容量对汉语歧义句的解歧过程具有积极作用的研究结论（阎国利，田宏杰，白学军，2004）。

4. 篇章层面的变量

篇章层面的文本变量眼动研究包括：文章题材、文中有无插图、文章阅读难度、文章排版方式等方面。为验证文章题材对儿童阅读眼动特征的影响，Chen 和 Ko（2010）以说明文和记叙文为实验阅读材料，选取小学生为实验被试，记录其阅读过程中的眼动。该实验结果不仅表明了文章题材对儿童的阅读模式产生影响，更进一步指出了低龄儿童对汉语词汇特性的依赖。基于该研究结论，可认为儿童阅读的早期主要通过词特性去掌握词的含义，并在此基础上通过后续阅读训练，逐渐受到语篇的题材影响，形成自身的阅读偏好。与此同时，也有研究者关注不同学段生阅读难度不一文章时的眼动特征，其结果彰显了年龄特征对阅读眼动的影响，从侧面反映出阅读难度随儿童年龄的增加而降低的阅读发展规律（陈向阳，沈德立，2004）。

除了关注篇章整体阅读风格，学者们深入文章的内部构成，如是否有促进学生阅读理解的插图等具体因素，探讨更具体、更深层的篇章文本变量对阅读眼动的影响程度。陶云等（2003）采用眼动方法，对小学、初中、高中学生阅读图文课文的眼动指标进行考察。结果表明学生阅读有图课文的眼动表现大多显著优于无图课文的眼动表现（陶云，申继亮，沈德立，2003）。其后，Mason，Pluchino 和 Tornatora（2013）选取小学生为被试，以科普文作为实验材料，更进一步验证在有插图课文中，图片标题对学生阅读眼动的影响。结果显示，读者在有标题插图文本中的表现好于其他两种阅读条件，花费在再注视文本段落上的时间揭示了有标题插图更能促进学习材料的一体化加工。

除了上述研究外，最早进入国人视野内的篇章层面文本变量是文章的排版方式。我国眼动研究的先驱沈有乾对此进行了对比研究。他选取11名在校的中国留学生，比较他们在阅读横排版和竖排版的中文材料中的眼动差异。实验结果表明：排版方式不影响平均注视时间，但影响被试一次注视所能看到的平均字数、阅读速度和平均注视次数（闫国利，白学军，2012）。随着竖排版方式的淘汰，研究文章排版方式的眼动研究虽越来越少，但仍具有一定的借鉴价值。

5. 汉语文本语言变量眼动研究述评

通过对上述文献的梳理，汉语文本语言变量的眼动研究具有以下四个方面的特点：

首先，文本语言变量的眼动研究目前已基本覆盖字、词、句、篇四个方面，包括了汉字的笔画、字频；词的词频、词复杂性、词熟悉度、词的可预测性；句子中的词切分、歧义成分对句子理解的影响；篇章中的文体、插图、难度、排版方式等难度变量。

其次，汉语文本语言变量对阅读理解的影响通过眼动指标得以体现，主要基于总阅读时间、总注视时间、凝视时间、首次注视时间、平均注视时间、注视次数、回视次数、眼跳距离、平均眼跳距离、单一注视时间、第一遍注视时间、跳读率、回视率等眼动指标分析阅读理解过程。其中，首次注视时间、平均注视时间、总阅读时间、注视次数、眼跳距离等是探讨个体阅读理解过程的重点关注指标。

再次，眼动实验的研究对象大部分为大学阶段的成人，少部分是高中阶段及以下的学生。针对不同的文本语言变量及相应的研究目的，实验对象的选择也表现出规律性，如在考察篇章层面的变量（如文体、难度、插图）对眼动指标的影响时，研究者偏好把小学至高中阶段的学生当作被试。在具体考察字、词、句等变量的眼动实验中，研究者倾向选择大学阶段及以上的学生为被试。

最后，实验中选用的阅读材料均为研究者根据研究目的，后经加工改编而成的字、词、句及文章。正式用于实验中的阅读材料虽然都经过具有一定代表性的相关人员、教师的难度和适合度评定，但是否能真正适合被试阅读依然还有待考证。尤其是一些使用高中及以下阶段的学生为被试的实验中，所选材料需契合被试的阅读水平和认知发展特点，但在上述涉及的文献中，却较少有研究者真正考虑到这一个因素的实际影响。

（四）已有成果对本研究的启示

基于对当下的阅读研究、阅读成绩研究、文本语言变量的眼动研究现状的梳理，前人已有的研究成果为本研究提供了理论支撑和实践支持。

（1）通过对阅读研究现状的梳理，得出阅读研究应突显对个体发展的现实意义，关注学生阅读成绩发展及其影响因素这一研究立足点。

（2）基于本研究的立足点，通过对阅读成绩研究现状的归纳和总结，表明阅读研究应回归阅读活动的物质载体——阅读文本，应关注阅读文本的语言变量（字、词、句）对阅读成绩的影响。同时，阅读是即时的过程，应该使用能同步检测学生阅读活动的研究手段，对影响学生阅读成绩的文本因素进行探寻。

（3）结合研究立足点和阅读成绩研究的现实要求，对当前涉及文本变量的眼动研究进行分析，明确影响阅读的文本语言变量种类，掌握了眼动实验设计和眼动指标选择的相关要点，为本研究开展阅读眼动实验提供了思路和借鉴。此外，应以能有效贴合学生认知发展水平的文本作为阅读测试材料的主要来源，并从全文和阅读问题答案所涉部分两个层面划分文本语言变量，以提高文本语言变量对阅读成绩预测的准确度。

五、研究创新点

沿袭前人关于汉语阅读眼动研究的实验范式基础上，根据研究目的做出改动，以此为本文的创新之处。具体表现在：

（1）实验被试的选择上：以前人较少研究的初中阶段的学生为被试；

（2）实验材料的来源上：使用能反映学生阅读素养的国际测试样题作为阅读材料。所有正式用于实验的文章，皆经过信效度、难度和区分度的检验。

实验的选材更切合被试的实际阅读水平。

（3）文本变量的选取上：区别全文文本和阅读题目指向的答案所涉部分文本，构建全文本模型和答案所涉文本模型，分别确定两模型中对阅读成绩具有最佳预测力的最佳预测语言变量，以此作为本实验的观测变量。

第二章

文本难度测量的眼动实验设计

眼动技术在阅读领域中的运用已有一百多年历史，无论是眼动指标的精确性还是眼动实验范式的规范性，都有了很大的提升，这为本研究提供了较为成熟的条件及经验借鉴。本研究中的核心部分在于通过眼动实验对最佳预测语言变量进行测量，故本章将重点阐述此次眼动实验中所涉及的各个环节和相关特定的概念。

一、实验仪器

眼动实验的技术支撑是眼动仪。本实验使用由加拿大 SR Research 公司生产的 Eyelink1000plus 眼动仪。该仪器可提供1000赫兹的瞳孔 -CR 眼部跟踪，能准确捕捉到被试阅读时各项眼动指标。整个眼动系统包括以下几个组成部分：

（1）一台用于显示阅读材料的电脑（被试机）：在进行眼动实验时，被试机将按照主试提前编制好的试验程序呈现阅读材料，被试只需要在实验过程中阅读电脑屏幕上的材料即可。

（2）一台用于连接眼动仪的电脑（主试机）：主试机用于设置眼动仪器的标准参数，完成对被试注视点的校正以及接收眼动数据。在实验过程中，主试机由实验工作人员操控，确保仪器正常运行。

（3）眼动仪：安装在被试机的正下方，其核心配件是一个镜面光像装置。基本原理是：利用图像处理技术，使用能锁定眼睛的眼摄像机，通过摄入从人眼角膜和瞳孔反射的红外线连续地记录视线的变化，从而达到记录和追踪视线过程的目的。因此，眼动仪的使用不会对被试造成任何生理上的损伤和负担。

（4）一个用于支撑被试头部的下巴托：下巴托安装在被试机的正前方，大概与被试机的电脑屏幕中点平行，二者相距约65cm。其作用是保持被试阅读过程中头部位置不动，使得被试的阅读视线保持在有效捕捉范围内。在进行眼动实验时，被试只需要把下巴放置在下巴托上，眼睛正视前方的电脑屏幕即可（图1）。

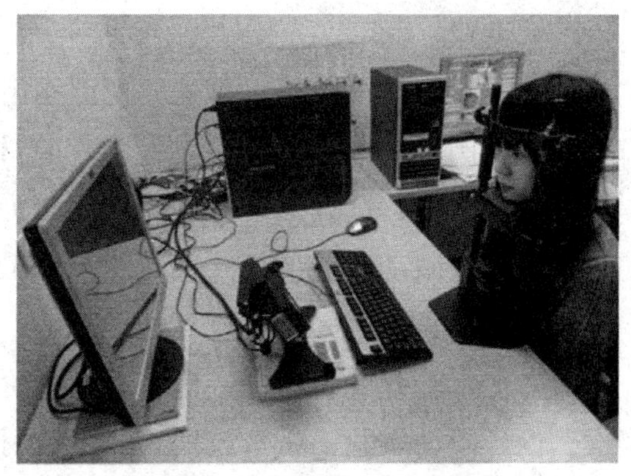

图1 眼动阅读实验示意图（图片来自网络）

二、技术路线图

本研究的技术路线图为图2。

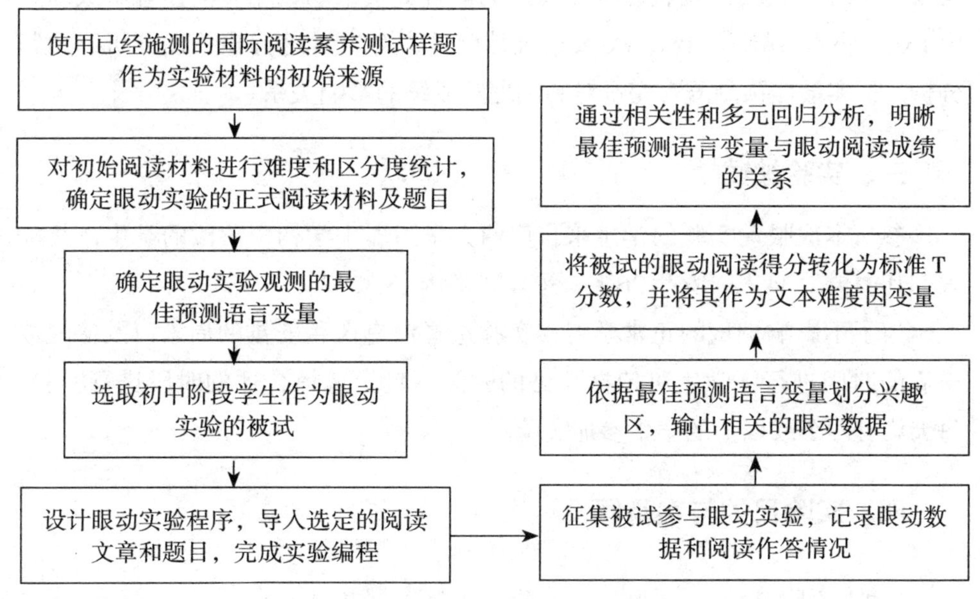

图2 本研究整体技术路线图

上述技术路线图可分为：实验材料选择、实验开展、实验数据获取与分析三大步骤。

（1）实验材料选择。首先，把课题组前期已经面向初二、初三阶段学生施测过的国际阅读素养测试题作为实验材料的原始来源；随后，通过对施测情况进行分析，选择难度和区分度均较为适中的阅读题目及其对应的文章作为本研究中眼动实验的正式阅读材料；最后，确定眼动实验应观测的最佳预测语言变量。

（2）实验开展。首先，确定以初中阶段的学生为本实验的被试来源；其次，设计眼动实验，将选定的正式阅读材料导入眼动实验程序中，完成实验编程；随后，征集实验被试参与眼动实验，记录被试阅读过程的眼动指标及阅读问题的作答情况。

（3）实验数据获得与分析。眼动实验结束后，首先依据已确定的最佳预测语言变量划分眼动兴趣区，并使用相应软件导出最佳预测语言变量所对应的眼动数据；其次，按照一定标准对被试在眼动实验中的阅读测试进行评分，获取阅读理解成绩；随后，将最佳预测语言变量眼动数据和阅读理解成绩经由 Excel 处理后导入 SPSS19.0 数据统计软件，对二者进行相关性分析和回归分析，证实最佳预测语言变量对阅读理解成绩的影响关系。

三、实验被试

参与本次眼动实验的学生来自广西大学附属中学初中阶段的学生，共60人，其中男生34人，女生26人，平均年龄为13.32岁。

为了不影响被试的正常学习，实验选择没有课程安排的周末以及傍晚放学后的时间进行。学生可依据自己的时间，自行选择合适的时段进行实验。每天均有两个或以上的学生参加实验。

四、实验目的与实验假设

（一）实验目的

阅读是一种高级认知，需要感知觉、思维、想象、推理等心理过程的协同参与。阅读活动易受到来自体现文本阅读难度的语言变量的影响，从而使其内部心理加工过程产生变化，且该变化具有内隐性。为使该过程外显化，本研究试图以眼动追踪技术为实验手段，设计眼动实验对最佳预测语言变量进行有目的监测，验证分级阅读公式的科学性。通过对最佳预测语言变量的眼动指标进行分析，以明晰最佳预测语言变量对阅读认知过程的影响，为分级阅读公式、阅读材料选编、阅读测试题目的编制等方面提供科学建议。

（二）实验假设

国内外阅读研究、国内学者的中文阅读成绩研究以及汉语文本语言变量的眼动研究和研究成果为本研究提供了研究开展思路和手段方法上的借鉴，凸显阅读成绩研究应关注阅读文本语言变量对个体阅读理解成绩的重要影响。本研究设计阅读眼动实验，观测学生在最佳预测语言变量上的阅读眼动特征，获取阅读眼动成绩，并提出以下五个研究假设：

（1）全文最佳预测语言变量与眼动阅读成绩相关；

（2）答案所涉文本的最佳预测语言变量与眼动阅读成绩相关；

（3）全文最佳预测语言变量的眼动特征与眼动阅读成绩相关；

（4）答案所涉文本的最佳预测语言变量的眼动特征与眼动阅读成绩相关；

（5）最佳预测语言变量的眼动特征能预测眼动阅读成绩的变化。

五、概念界定

（一）眼动观测指标

早在19世纪，就有研究者通过考察人的眼球运动来研究人的心理活动。在阅读领域中，不同眼动指标揭示读者在不同的认知加工阶段的内在心理活动。因此，如何结合研究目的，选取合适的眼动指标，是研究者能否获取相关结果的关键。本研究的目的是为了观测被试在文本阅读过程中对文本难度变量的眼动指标有无显著差异，故所有能反映阅读加工进程的眼动指标都应在所需收集的范围内，具体如下：

1、总注视时间（total fixation duration）：是指对某个区域所有阅读时间之和。该指标反映了对信息的总加工时间（闫国利，白学军，2012）。

2、首次注视时间（first fixation duration）：是指读者第一次注视该字、词的时间。通常认为首次注视时间代表了对词的早期加工识别过程以及对词的加工难度的敏感（闫国利，白学军，2012），该指标对词频、词长、词的可预测性等多个语言特征反应敏感（Kliegl，Grabner，Rolfs & Engbert，2004；Slattery，Pollatsek & Rayner，2007；White，2018；Staub，White，Drieghe，，Hollway & Rayner，2010）。

3、凝视时间（gaze duration）：指在阅读者注视点落到另外一个词上之前，对当前所注视字、词的总注视时间（闫国利，白学军，2012）。有研究者认为，凝视时间是测量对一个词的加工时间最好的指标（Just & Capenter，1993）。

4、注视次数（number of fixation）：指兴趣区被注视的总次数。该指标能有效反映阅读材料的认知加工负荷（闫国利，熊建萍，臧传丽，等，2013）。

5、回视入次数（regression in count）：指回视落入某个区域的次数。语境预期性低的词有更多的回视入次数（闫国利，白学军，2012）。

（二）最佳预测语言变量

最佳预测语言变量指的是，在以语言变量为自变量和以阅读理解成绩为因变量的回归方程中，拟合优度最高时所涵括的自变量。本研究的最佳预测语言变量来自课题组成员的前测，也即本实验研究要验证的变量。为了使两者之间的关系清晰化，本研究将相关信息呈现在附录中。

最佳预测语言变量可分为全文本最佳预测语言变量和答案所涉文本最佳预测语言变量。

全文本指的是文章的全部文本内容；答案所涉文本指的是解决阅读问题所需要涉及的文本内容。以“为什么黛西喜欢摔跤是件很自然的事情”这一阅读问题为例，该题目的答案分布在文中的第三自然段：“我是在摔跤的环境中长大的。我的大哥是高中摔跤队的队员，我父亲是一所大学摔跤队的，因此我也想学摔跤就很自然了。只是，有一点大家会觉得不太自然了，因为我是个女孩，连名字也是女性化的。大家都叫我黛西。”其中，下划线部分为答案所涉文本。

本研究中，应观测的全文本最佳预测语言变量包括：全文中频词数量、全文字频为4的字数；答案所涉文本的最佳预测语言变量为：答案所涉部分简单句词数、词频为8的词数、唯一字数量。

六、实验阅读材料

本研究以课题组成员前期对初二、初三学生施测的阅读素养样题作为阅读材料来源（具体信息详见文后的附录）。在此基础上，对阅读材料的难度和区分度进一步分析，从中选取难易度适中的材料作为本研究中的正式眼动实验阅读材料。

（一）难度、区分度的计算方法

衡量试题鉴别力采用的是高分组题目答对率和低分组题目答对率。取上、下27%的人数是多数学者区分高分组和低分组最常采用的方法。按这一方法将学生的阅读总分进行排序，取前27%为高分组，后27%为低分组，对高分组和低分组在每一道题目上的答对率进行统计。无论是选择题还是问答题，只有得到了该题的全部分值，才算答对。最后，根据高、低分组在每道题上的答对率，依据公式算出每道题目难度和区分度。

（二）题目难度、区分度筛选标准

试题难度指标的数值应介于0–1之间，难度数值越小，表明试题越难（答对的越少）；难度数值越大，表明试题越简单（答对的越多）。当难度数值（P值）接近.5时。表示答对和答错的学生各占一半，试题难度适中；如果难度数值小于.25，则题目相当困难；当难度数值大于.75时，题目有些过于简单。但是要使所有试题的难度都接近.5，有实际上的困难。题目难度介于.2–.8之间即可（吴明隆，2003）。故，经过对各道题目难度数值的测量，去除部分难度较大和难度较低的题目，保留难度数值在.236–.786范围内的题目。

试题鉴别度，即区分度的取值范围在–1–1之间。当题目太简单或太难，全部学生都答对或答错，区分度接近0，表明题目不具有较好区分能力。若区分度为负，表示高分组学生答对某道试题的百分比反而比低分组低，说明该题目为不良试题。一套良好的试题，区分度最好在 .3以上（吴明隆，2003）。按上述区分度数值进行选题，删去区分度为负数和区分度低于 .3的题目，保留了区分度在 .3以上的题目。

此外，阅读题目的正确作答应建立在对文本内容的理解和已有知识经验水平基础之上，两者相互作用，共同促使读者基于文字符号建构意义。因此，将下述两类题目也进行删除：

（1）不仅要求读者对文章能较好地理解，还需要对某一领域的专业知识有所涉猎才能正确作答的题目：如《一位公正的法官》中需要学生在理解文章内容的基础上辅以有特定的法律知识才能回答的题目。

（2）无需阅读文章，凭借已有知识经验就能正确作答的题目：如《太空漫步》中“在太空与地球上最大不一样的地方在哪里？”，大部分学生很容易能凭借经验得出“地球上有重力，太空上会失重”这一答案。

综合上述所有的筛选条件，将符合要求的题目保留，最终在五篇文章中：《一个不可思议的晚上》《太空漫步》《不屈不挠的黛西》《公正的法官》《玛丽安的革命》，共选出了16道题目（详见表格3-1）作为此次眼动实验中的正式阅读实验材料。

表格3-1　阅读题目的难度和区分度分布情况

文章	题目	反应方式	素养类型	难度（P）		区分度（D）	
				初二	初三	初二	初三
一个不可思议的晚上（初二、初三）	T1Q1	客观选择	进入与提取	.725	.749	.296	.459
	T1Q2	主观建构	进入与提取	.742	.648	.407	.704
	T1Q3	主观建构	综合与阐释	.551	.574	.717	.852
	T1Q4	主观建构	反思与评价	.562	.546	.586	.648
太空漫步（初二、初三）	T2Q1	客观选择	综合与阐释	.468	.538	.628	.706
	T2Q2	客观选择	进入与提取	.519	.573	.345	.332
	T2Q3	客观选择	进入与提取	.561	.631	.66	.521
	T2Q4	主观建构	进入与提取	.512	.574	.794	.852
	T2Q5	客观选择	进入与提取	.694	.704	.541	.593

续表

文章	题目	反应方式	素养类型	难度（P）		区分度（D）	
				初二	初三	初二	初三
不屈不挠的黛西（初二、初三）	T3Q1	客观选择	进入与提取	.731	.722	.538	.556
	T3Q2	主观建构	综合与阐释	.255	.236	.509	.398
公正的法官（初三）	T4Q1	客观选择	综合与阐释	/	.693	/	.571
	T4Q2	客观选择	进入与提取	/	.722	/	.556
玛丽安的革命（初三）	T5Q1	客观选择	综合与阐释	/	.786	/	.385
	T5Q2	客观选择	综合与阐释	/	.786	/	.385
	T5Q3	客观选择	进入与提取	/	.679	/	.469
整体难度、区分度	/	/	/	.575	.635	.547	.562

（三）眼动兴趣区的划分

眼动数据的获取以眼动兴趣区的划分为基础。兴趣区是指研究者关注和感兴趣的被试对刺激信息的注视区域，是分析眼动结果的基本单位（陈丽君，郑雪，2014）。本研究以全文本最佳预测语言变量和答案所涉文本的最佳预测语言变量为划分兴趣区的依据。以下，将简要说明兴趣区的划分过程。

1. 全文本最佳预测语言变量的兴趣区划分

全文中频词的兴趣区划分。首先，将《现代汉语语料库词频表》中第1001–2000的词植入 Chinese Text Analyzer 软件，使其自动生成中频词表。随后，将文章内容导入该软件，进行词切分。依据词切分结果与植入的词表进行对比，可输出阅读材料中在词表范围内的词以及不在词表范围内的词。本研究依据软件的对比结果，使用眼动分析软件中的“兴趣区划分”功能，以矩形划分的方式把文章中出现的中频词标记为兴趣区。例如：在“报纸开始前后左右地掉落下来”这一句子中，“报纸”一词为中频词，则其兴趣区的划分形式为“报纸开始前后左右地掉落下来”。

全文字频为4的字的兴趣区划分。首先，使用汉语语料库在线网站对文章的自有字频进行统计。依据在线网站的统计结果，标注出在文中出现次数为4的单字，并使用矩形进行分割，将每个单字都划分为独立的兴趣区。

2. 答案所涉文本的最佳预测语言变量的兴趣区划分

答案所涉简单句的兴趣区划分。本研究把以逗号、分号、顿号等标点符号分隔开的部分称为简单句。故，以上述标点符号的出现作为划分简单句兴趣区的依据。例如：在“地板上是湿的，门上也破了一个大洞”这一答案所涉部分的句子中，将简单句的兴趣区划分为：“地板上是湿的，门上也破了一个大洞”。

答案所涉词频为8的词的兴趣区划分。以文章题目为单位，标记出每道题目的答案所涉部分文本，随后将每道题目所对应的文本内容导入汉语语料库在线网站，对答案所涉部分文本的自有词频进行统计。依据在线网站的统计结果，标注出在文中出现次数为8的词，并使用矩形进行分割，将每个词都划分为独立的兴趣区。

答案所涉唯一字的兴趣区划分。以文章题目为单位，标记出每道题目的答案所涉部分文本，随后将每道题目所对应的文本内容导入汉语语料库在线网站，对答案所涉部分文本进行字切分。在划分唯一字的兴趣区时，对在答案所涉文本中出现两次及以上的字，只选取其第一次在文中出现时的位置作为兴趣区。唯一字的兴趣区仍采用矩形进行分割。

对上述最佳预测语言变量的兴趣区进行划分时，可以使用数据分析软件中自带的“兴趣区模板生成”功能，对不同被试在同一兴趣区模板下的眼动数据进行批量导出。每个兴趣区的数据集中均包含研究者所关注的各项眼动指标数值。

七、眼动实验的基本流程

本研究中的眼动实验流程包括实验具体流程和实验数据获取步骤。

眼动实验开始前的准备工作。被试进入眼动实验室，由主试告知被试实验的相关信息，包括实验目的、实验基本流程、实验注意事项等。在被试对实验有大致了解，且能适应实验室环境后，方可准备开始实验。

眼动实验的注视点校正过程。被试以一个较为舒适的坐姿坐在电脑前，下巴应放置在与电脑屏幕平行且相距约65cm的下巴托上，双眼能正视电脑屏幕后，开始进行注视点的九点确认（Validate）。当被试的九个注视点呈现一个近似正方形时，可认为注视点确认合格。为确保被试在阅读过程中的注视点都能在有效捕捉范围内，还需进行注视点的校正（Calibration）。当所有注视点偏离中心位置的数值均在.5以下时，可视为校正合格。

眼动实验的阅读作答过程。向被试呈现指导语，当被试完全理解指导语后，可点击任意键进入正式实验部分。正式实验部分即阅读文章并回答问题，实验共有五篇文章，每篇文章的字数在1000–1500字左右。每篇文章后约有2–5道题不等。阅读材料的呈现方式为：题目——文章——题目。题目第一次呈现时，无需进行作答，认真阅读并理解题目的要求即可。当被试认为已经做好阅读文章的准备时，自行点击任意键进入文章阅读部分。文章阅读完毕后，问题再一次呈现，此时，要求被试依据文章内容，对题目进行口头作答，主试记录被试的答案。被试每完成一篇文章的阅读且作答完毕后均有2分钟的休息时间。

眼动实验结束后的相关流程。被试完成所有的阅读材料的阅读和问题后，呈现结束语。完成实验后，被试得到实验礼品，并在实验人员的指引下有序离开实验室。

八、因变量确定

（一）T分数转化

本研究中，被试在眼动实验中完成阅读理解测试，其所获得的分数就是本研究中的阅读理解得分，将该分数转为标准化T分数，则为本研究中的因变量。具体转化过程如下：

依据标准化评分标准对被试的文章阅读表现进行评分，获取原始分数。

每个原始平均分数转化为百分数，公式是：百分数=原始平均分数/满分值*100%；满分值对应每道阅读理解问题。

以篇为单位对百分数进行Z分数处理处理公式是：

$$zscore=\frac{(x-\mu)}{\sigma}，其中\ \mu=\frac{\sum x}{n}，\sigma=\sqrt{\frac{\sum(x-\mu)^2}{n}}\quad ①$$

σ = 标准差；X = 原始平均分的百分数；μ = 所有被试的原始平均分的百分数的均值；Σ = 总和 n= 被试的数量；

为了避免负值和小数点，将 Z 分数转化为另一种标准化分数—T 分数。公式是：T 分数 = 100+10*Z

（二）信度和效度检验

为确保眼动阅读 T 分数具有较高的可信度，对本研究采用的阅读测试题目进行信、效度分析。分析结果表明：Cronbach’s α 系数为 .56，KMO 值为 .591。根据 Henson 的观点，若研究者的目的在于编制测试卷，信度在 .5-.6就已足够（吴明隆，2003），KMO 值接近 .6尚属勉强可以接受（吴明隆，2003）。KMO 值较低可能受制于眼动阅读实验中“阅读过程不可回溯”的特点，致使被试回答的正确率存在一定偏差，影响试卷的结构效度。

此外，对实验前被试报告的上学期期末语文考试成绩与此次眼动阅读 T 分数进行相关分析。相关分析结果表明：眼动阅读 T 分数与学生报告的期末语文考试成绩相关显著（r=.364，P=.005<.01）。该结果表明，眼动阅读成绩与学生以往的语文水平较为一致。换言之，此次的阅读测试具有一定的可靠性。

九、实验数据的处理与分析

根据以下标准对回收数据进行剔除：

（1）平均数位于三个标准差之外的数据进行剔除；

（2）在实验过程中由于被试频繁眨眼而导致注视点丢失的数据也进行剔除（Rayner，Liversedge & White，2006；Bai，Yan，Liversedge，Zang & Rayner，2008）。

经检验，本次实验所收集的数据未发现异常值，故并未删除任何数据。依据以上原则，本实验中并未删除异常数据。数据使用 SPSS19.0进行分析。

第三章

最佳预测语言变量与眼动阅读成绩的相关分析和回归分析

一、全文本最佳预测语言变量和眼动阅读成绩的相关分析

在全文文本中，中频词、字频为4的字的数量与被试的眼动阅读T分数显著相关。其中，中频词数量与阅读成绩正相关，表明文章的中频词数量越多，学生的阅读成绩越优；字频为4的字的数量与阅读成绩呈负相关，即文中字频为4的字数会对学生的阅读成绩产生消极影响。（详见表格3–2）

二、答案所涉文本的最佳预测语言变量和眼动阅读成绩的相关分析

答案所涉部分中的简单句词数、词频为8的词数、唯一字数量与题目得分相关显著。答案所涉部分简单句的词数和唯一字数量与阅读成绩正向相关，词频为8的词数与阅读成绩负相关（详见表格3–2）。答案所涉部分中简单句的词数和唯一字的数量越多，被试的题目得分就越高；词频为8的词数越多，阅读成绩则越低。

表格3–2　全文文本和答案所涉部分的文本变量与眼动阅读T分数的相关系数表

文本语言变量类型	最佳预测语言变量	Pearson 相关系数
全文文本变量	中频词数量	.086**
	字频4的数量	–.109**
答案所涉部分文本变量	简单句中的词数	.053**
	词频8的数量	–.169**
	唯一字的数量	.030**

注：* 为 P ≤ .05，** 为 P ≤ .01，*** 为 P ≤ .001。

三、全文本最佳预测语言变量的眼动特征和眼动阅读成绩的相关分析

（一）中频词的眼动特征和眼动阅读成绩的相关分析

由表格3-3可得，中频词的总注视时间（r=.056，p=.000≤.001）、注视次数（r=-.070，p=.000≤.001）与文章得分呈显著正相关，中频词的总注视时间越久，注视次数越多，文章得分越高。中频词的凝视时间与文章得分呈显著负相关（r=-.029，p=.005≤.01），中频词的凝视时间越久，被试的阅读得分就越低。中频词的首次注视时间（r=-.015，p=.157≥.05）、回视入次数（r=.014，p=.172≥.05）与文章得分关系不显著。

表格3-3　全文中频词眼动指标与阅读理解成绩的相关系数表

中频词	文章得分	总注视时间	首次注视时间	凝视时间	注视次数	回视入次数
文章得分	1					
总注视时间	.056***	1				
首次注视时间	-.015	.376***	1			
凝视时间	-.029**	.430***	.888***	1		
注视次数	.070***	.926***	.017	.114***	1	
回视入次数	.014	.112***	.015	.015	.116***	1

注：* 为 P≤.05，** 为 P≤.01，*** 为 P≤.001。

（二）字频4的眼动特征与眼动阅读成绩的相关分析

由表格3-4可得，字频4的总注视时间（r=-.060，p=.000≤.001）、注视次数（r=-.070，p=.000≤.001）与文章阅读得分呈显著正相关。即对字频4的总注视时间越长，注视次数越多，被试在文章上的得分越高。被试对字频为4首次注视时间（r=-.012，p=.237≥.05）、凝视时间（r=-.009，p=.377≥.05）、回视入次数（r=-.017，p=.112≥.05）等眼动指标与阅读理解得分相关未达显著水平。

表格3–4 全文字频4的字的眼动指标与阅读理解成绩的相关系数表

字频4	文章得分	总注视时间	首次注视时间	凝视时间	注视次数	回视入次数
文章得分	1					
总注视时间	.060***	1				
首次注视时间	.012	.554***	1			
凝视时间	.009	.566***	.980***	1		
注视次数	. 070***	.882***	.029**	.062***	1	
回视入次数	.017	.102***	.007	.003	.127***	1

注：* 为 P ≤ .05，** 为 P ≤ .01，*** 为 P ≤ .001。

四、答案所涉文本的最佳预测语言变量的眼动特征和眼动阅读成绩的相关分析

（一）简单句的眼动特征与眼动阅读成绩的相关分析

由表格3–5可得，答案所涉部分简单句的总注视时间（r=–.016，p=.003 ≤ .01）、首次注视时间（r=–.034，p=.000 ≤ .001）、凝视时间（r=–.070，p=.000 ≤ .001）与题目得分呈显著负相关。该结果表明，在答案所涉部分的简单句中，被试的上述眼动特征会对题目的理解成绩产生负向影响。答案所涉简单句的回视入次数与题目得分呈显著正相关（r=.018，p=.003 ≤ .01），即对答案所涉简单句的回视入次数越多，学生在该道题上的表现越佳。

表格3–5 答案所涉简单句眼动指标与阅读理解成绩的相关系数表

	题目得分	总注视时间	首次注视时间	凝视时间	注视次数	回视入次数
题目得分	1					
总注视时间	–.016**	1				
首次注视时间	–.034**	.099***	1			
凝视时间	–.070**	.368***	.329***	1		
注视次数	–.011	.962***	.006	.319***	1	
回视入次数	.018**	.475***	.006	.010	.505***	1

注：* 为 P ≤ .05，** 为 P ≤ .01，*** 为 P ≤ .001。

（二）词频8的眼动特征与眼动阅读成绩的相关分析

由表格3–6可得，答案所涉部分词频8的词其凝视时间（r=–.059，p=.007 ≤ .01）和注视次数（r=–.032，p=.023 ≤ .05）均与被试每道题目得分呈显著负相关。表明被试对答案所涉部分词频为8的词凝视时间越长，注视次数越多，题目的得分就越低。词频8的总注视时间（r=–.026，p=.064 ≥ .05）、首次注视时间（r=–.039，p=.076 ≥ .05）、回视入次数（r=–.001，p=.961 ≥ .05）与题目得分的相关性均未达显著。

表格3–6　答案所涉词频8的词的眼动指标与阅读理解成绩的相关系数表

词频8	题目得分	总注视时间	首次注视时间	凝视时间	注视次数	回视入次数
题目得分	1					
总注视时间	–.026	1				
首次注视时间	–.039	.317***	1			
凝视时间	–.059**	.409***	.835**	1		
注视次数	–.032*	.862***	.034	.195***	1	
回视入次数	–.001	.078***	.013	.016	.086***	1

注：* 为 P ≤ .05，** 为 P ≤ .01，*** 为 P ≤ .001。

（三）唯一字的眼动特征与眼动阅读成绩的相关分析

由表格3–7可得，答案所涉唯一字的总注视时间（r=–.016，p=.000 ≤ .001）、首次注视时间（r=–.024，p=.000 ≤ .001）、凝视时间（r=–.027，p=.000 ≤ .001）与题目得分呈显著负相关。即被试对答案所涉部分的唯一字的总注视时间、首次注视时间、凝视时间越长，其每道题目的得分就越低。答案所涉唯一字的注视次数（r=.025，p=.000 ≤ .001）与题目得分呈正相关，即对唯一字的注视次数越多，阅读变现越优。唯一字的回视入次数（r=–.001，p=.876 ≥ .05）与题目得分不显著。

表格3-7 答案所涉唯一字眼动指标与阅读理解成绩的相关系数表

唯一字	题目得分	总注视时间	首次注视时间	凝视时间	注视次数	回视入次数
题目得分	1					
总注视时间	.016***	1				
首次注视时间	–.024***	.481**	1			
凝视时间	–.027***	.509***	.956***	1		
注视次数	.025***	.900***	.013**	.061***	1	
回视入次数	–.001	.271***	.019***	.022***	.327***	1

注：* 为 P ≤ .05，** 为 P ≤ .01，*** 为 P ≤ .001。

五、最佳预测语言变量的眼动特征与眼动阅读成绩的多元回归分析

在上述相关分析基础上，将眼动阅读 T 分数作为为因变量，分别以全文本和答案所涉文本的最佳预测语言变量的眼动特征为自变量，采用多元线性回归分析法构建能预测眼动阅读成绩回归方程。

（一）全文本最佳预测语言变量与眼动阅读成绩的多元回归

以全文文本最佳预测语言变量的眼动指标为自变量，眼动阅读 T 分数为因变量，使用 SPSS19.0 软件中的多元线性回归分析法，构建全文本回归模型。方差分析表明，全文本回归模型整体未达显著性水平（P=.130 > .05）。该结果说明，以全文本最佳预测语言变量为自变量构建的回归方程无法有效预测眼动阅读成绩的变化。（详见表格 3–8）

表格3–8 全文本回归模型汇总

R	R 方	调整 R 方	标准误	F	Sig.
.506	.256	.098	9.54766	1.620	.13

注：预测变量：全文字频 4 的字回视入次数，全文中频词回视入次数，全文中频词注视次数，全文字频 4 的字首次注视时间，全文中频词首次注视时间，全文字频 4 的字注视次数，全文中频词总注视时间，全文字频 4 的字总注视时间，全文中频词凝视时间，全文字频 4 的字凝视时间。

由全文文本回归模型系数表可得，仅有全文中频词总注视时间（P=.018＜.05）、全文字频4的字的凝视时间（P=.031＜.05）这两个自变量可以显著预测被试的眼动阅读成绩。其余自变量均不对眼动阅读成绩具有显著性贡献。（详见表格3–9）

表格3–9 全文本回归模型系数表

模型		B	标准误差	t	Sig.
	（常量）	89.864	8.863	1.139	.000
全文中频词	总注视时间	–.001	0	–2.441	.018
	首次注视时间	.001	.002	.725	.472
	凝视时间	.017	.002	–.056	.955
	注视次数	.001	.001	.467	.643
	回视入次数	.055	.479	.114	.910
全文字频4的字	总注视时间	.001	0	1.62	.112
	首次注视时间	.006	.003	1.919	.061
	凝视时间	–.007	.003	–2.229	.031
	注视次数	.081	.063	1.282	.206
	回视入次数	–.14	.478	–.294	.770
注：因变量为眼动阅读T分数。					

（二）答案所涉文本最佳预测语言变量与眼动阅读成绩的多元回归

以答案所涉文本最佳预测语言变量的眼动指标作为自变量，以眼动阅读T分数为因变量，使用SPSS19.0软件中的多元线性回归分析法，构建答案所涉文本回归模型。模型汇总结果表明，答案所涉文本回归模型整体达到显著性水平（P=.002＜.01）。（详见表格3–10）

表格3-10 答案所涉文本模型汇总表

R	R 方	调整 R 方	标准误	F	Sig.
.770	.593	.413	6.81971	3.303	.002

注：预测变量：唯一字平均回视入次数、简单句平均首次注视时间、词频8平均回视入次数、词频8平均总注视时间、简单句平均凝视时间、词频8平均首次注视时间、简单句平均回注视次数、唯一字平均首次注视时间、词频8平均注视次数、简单句平均总注视时间、唯一字平均注视次数、词频8平均凝视时间、简单句平均注视次数、唯一字平均凝注视时间、唯一字平均总注视时间。

在统计学中，R 称为多元相关系数，反映了多个自变量与一个因变量间的多元相关性；R^2称为多元可决系数，反映了自变量与因变量间所构成的线性回归模型的拟合优度（吴明隆,2003）。R^2越接近1，公式的解释能力将越强。由答案所涉文本回归模型汇总表可得，R^2值为 .593，表明该方程模型可以解释因变量59.3% 的变异。

在答案所涉文本回归模型中，共有4个自变量可以显著预测眼动阅读成绩的变化。（详见表格3-11）其中，简单句平均总注视时间（$P=.036 < .05$）、词频8的词的平均总注视时间（$P=.040 < .05$）、唯一字平均回视入次数（$P=.023 < .05$）与眼动阅读成绩显著正相关；唯一字平均总注视时间与眼动阅读成绩显著负相关（$P=.019 < .05$）。

表格3-11 答案所涉文本回归模型系数表

答案所涉文本回归模型		B	标准误差	t	Sig.
简单句	（常量）	9.056	12.558	7.171	0
	平均总注视时间	.005	.002	2.189	.036
	平均首次注视时间	.003	.005	.625	.536
	平均凝视时间	-.002	.003	-.685	.498
	平均注视次数	-.886	.491	-1.803	.08
	平均回注视次数	-1.146	.727	-1.575	.124

续表

词频8的词	平均总注视时间	.003	.002	2.133	.040
	平均首次注视时间	.004	.016	.284	.778
	平均凝视时间	-.009	.016	-.542	.592
	平均注视次数	-.277	.687	-.404	.689
	平均回视入次数	-6.013	3.855	-1.56	.128
唯一字	平均总注视时间	-.012	.005	-2.47	.019
	平均首次注视时间	.017	.01	1.701	.098
	平均凝注视时间	-.013	.01	-1.325	.194
	平均注视次数	1.818	1.037	1.753	.089
	平均回视入次数	3.915	1.638	2.391	.023

注：因变量为眼动阅读T分数。

由表格可得，答案所涉文本回归方程为：

$Y=9.056+.005*X_1+.003*X_2-.012*X_3+3.915*X_4$

在该回归方程中：Y=眼动阅读成绩T分数；X_1=简单句平均总注视时间；X_2=词频8的词的平均总注视时间；X_3=唯一字平均总注视时间；X_4=唯一字平均回视入次数。

由该公式可得，假设其余预测变量不变的情况下：1）学生对简单句的平均总注视时间每增加1，其眼动阅读T分数将增加.005；2）学生对词频8的词的平均总注视时间每增加1，其眼动阅读T分数将增加.003；3）学生对简单句的平均总注视时间每增加1，其眼动阅读T分数将减少.012；4）学生对唯一字的平均回视入次数每增加1，其眼动阅读T分数将增加3.915。

第四章

实验讨论与结论

本研究中主要涉及两类最佳预测语言变量，一类是基于全文的最佳预测语言变量，包括中频词和字频为4的字；另一类是阅读问题答案所涉部分的最佳预测语言变量，包括简单句、词频为8的词、唯一字。研究探讨了两类最佳预测语言变量与阅读成绩间的关系，并进一步对最佳预测语言变量的眼动指标特征进行了详细分析。

一、实验讨论

（一）全文本最佳预测语言变量与眼动阅读成绩的关系

本研究结果表明，中频词数量的增多对阅读理解成绩具有积极促进作用。依据定义，本研究中的中频词为《现代汉语语料库词频表》中前1001–2000的词，是学生日常学习生活中使用频率较高的词。中频词占比越大，文本内容的熟悉性越高，易理解性越强，文本难度相对越低，学生的阅读理解成绩也将越优。这一研究结论表明文章的中频词数量是能显著预测阅读理解成绩的重要语言变量，并从侧面支持了E–Z读者模型（Reichle，Rayner & Pollatsek，2003）和SWIFT模型（Engbert，Nuthmann，Richter & Kliegl，2005），即，词频是影响阅读的重要因素。

本研究中的字频指某字在文中具体出现的次数，字频越大，出现次数越高。与中频词数量对阅读理解的促进作用相反，自有字频对阅读成绩产生抑制效应。基于阅读的实质是特定语境下的字词理解过程，当涉及文本理解的某一汉字在文中多次出现时，学生需要结合上下文对其特定含义进行理解、区别、整合。这对学生的词汇理解能力、综合阐释能力提出较高要求。因此，文中字频4的字数越多，对学生的阅读水平要求越高，若未达到一定水平，其阅读理解得分也将随之降低。

（二）答案所涉文本的最佳预测语言变量与眼动阅读成绩的关系

已有研究普遍认为，句子越长，句法越复杂，句子的难度越大（张宁志，2000）。这与本研究中“简单句词数越多，阅读难度越低”的结论相悖。经由深究，前人研究中对句子难度的衡量以句中的非常用词数量为标准（张宁志，2000），与本研究中以“词数”为权衡标准相出入，故得出不一致的结论。基于本研究结论不难理解，当学生依据阅读问题定位原文信息时，答案所涉部分的简单句越长，其所涵括的文本信息越多，越能为学生正确回答阅读问题提供足够的信息支撑。反之，答案所涉部分简单句越短，其所能获取的文本内容也相对较为匮乏，能正确且全面地回答阅读问题的概率将越低。因此，简单句词数与阅读成绩呈正相关。

基于句子长度与句子内容的相关关系，唯一字数量也可视为衡量文本信息量的标准之一。即，在同等篇幅的文本中，唯一字数量越多，其所蕴含的内容信息将越丰富。在回答阅读问题时，学生需重新回归文本内容寻找问题解决的答案，丰富的文本信息是学生能够正确且完整作答的关键所在。因此，答案所涉文本中唯一字的数量越多，学生可从中充分整合用于回答阅读问题的有效信息越多，从而对阅读问题的回答产生有益帮助。由此可得，答案所涉部分的唯一字数量对阅读题目得分具有正向影响作用。

与自有字频定义相似，本研究中答案所涉部分的词频变量为自有词频，自有词频越高，表明该词在文中的出现频次越大。当涉及阅读问题回答的词在特定文本范围内多次重复出现时，学生需根据词语所在的具体语境对其进行理解和分析，并以阅读问题为依据，对零散分布在文段中的词语含义进行综合阐释。这不仅要求学生具有初步的词汇理解能力，更是对其信息的整合分析能力提出较高要求。故，词频8的词数越多，文本阅读理解的难度越大，学生的阅读理解成绩将随之降低，二者呈负向相关。

（三）基于眼动实验的最佳预测语言变量与眼动阅读成绩的关系

1. 最佳预测语言变量的总注视时间与眼动阅读成绩的关系

总注视时间反映了对信息的总加工时间。换言之，被试对文本难度变量的总注视时间越长，其所耗费的信息加工时间则越长，该文本变量对阅读理解成绩的影响越大。本研究分析表明，对中频词、字频为4的字、唯一字的信息加工时间越长，阅读正确率越高；过长的简单句加工时间会对眼动阅读成绩产生消极影响。

中频词的信息加工时间越长，被试的阅读成绩越好。其原因之一在于，阅读的实质是对构成文章内容的基本字词进行详细加工，通过文字意义的串联，以获取文本的理解。有研究表明，词频可以影响词汇的激活速度和语义通达时间，高频词的激活速度和语义通达时间均快于低频词的激活速度和语义通达时间（任桂琴，蒙雪，任延涛，等，2014）。在正常的阅读活动中，读者极有可能遇到使用频率介乎高频词与低频词间的中频词，由中频词的这一属性可推，读者对中频词的理解会受到使用频率的影响，因此需要花费更多的注视时间，以完成语义通达的目的。

已有研究证实了字频效应的存在，认为高频字的反应时短于低频字反应时（孙海静，王权红，2012）。这与本研究中"字频4的总注视时间越长，阅读成绩越优"的研究结果存在一定程度出入。但二者间存在的矛盾可用实验材料和实验方式的不同得以解释。首先，前人研究中以单个不同频率的汉字为实验材料，使用的频率划分标准为汉字字典，而本研究中的字频为文本片段中的自有字频，本质上和前人所用材料存在区别。其次，前人研究中以单字判断任务的反应时作为汉字识别的标准，本研究中对字频的探讨则以阅读活动为载体，因此，对自有频率较大的字而言，读者需结合上下文，对其具体意义进行分析，由此可产生较长的总注视时间。在唯一字数量较多的文本中，由于缺少重复字的辅助理解，学生需要集中注意资源与认知资源对文本内容进行深度加工，导致总注视时间的延长。此外，简单句的句型结构单一，语义简明，理解难度较低，在较短时间能即可获取句义。因此，在有限的认知资源下，过长的简单句总注视时间会削弱关键句的理解资源，导致阅读成绩下降。

2. 最佳预测语言变量的首次注视时间与眼动阅读成绩的关系

首次注视时间代表字词的早期识别过程以及加工的难度、敏感度。本研究分析表明，简单句和唯一字的首次注视时间越长，题目得分越低。

其原因如下：其一，首次注视时间反映的眼动指标特性所致。首次注视时间对语音、字形等基本信息敏感，主要反映词汇的初级加工过程。学生对简单句的理解以字词识别为基础，属于词汇的晚期加工过程，因而导致简单句的首次注视时间与阅读理解成绩呈负向相关；其二，本研究中的简单句往往短于整句。一般而言，短句比长句更容易读（鄭錦全，2005），故简单句在句法、句义以及句子长度上均不会对学生的认知理解造成负荷，自然也无需对其进行长时间的初始加工；其二，学生在阅读唯一字数量较多的文本时，需要合理分配有限的注意资源，避免资源分配失衡情况的出现，对文本信息有较全面的关注。过长的唯一字首次注视时间可能会妨碍对其他信息的正常理解。综合上述两点，可认为，首次注视时间的分配会对学生阅读理解得分产生影响。

3. 最佳预测语言变量的凝视时间与眼动阅读成绩的关系

凝视时间反映了词汇通达时间和文章的整合过程。本研究分析表明，对中频词、简单句、词频8的词、唯一字的凝视时间越长，阅读成绩受到的负向影响越大。

已有研究表明，凝视时间易受词可预测性的影响（白学军，曹玉肖，顾俊娟，等，2011）。词的可预测性越高，凝视时间越短。在本研究中，中频词为汉语语料库中使用频率适中的词，词频8的词在答案所涉部分中出现8次，两者间的词可预测性均较高，其所需的凝视时间较短。该结论与前人关于词频与词可预测性的研究结果一致，是已有研究成果的又一力证（卢张龙，白学军，闫国利，2008）。与此同时，较之复杂句而言，学生对简单句的句义通达较为迅速，亦无需花费过长的凝视时间，长时间的凝视无助于促进词汇理解，且易导致注意力涣散。值得一提的是，唯一字的凝视时间会对阅读成绩造成消极影响，这与凝视时间反映的文章整合过程略有相互矛盾之处，且尚未找到解释该结果的相关依据，仍需进一步深究后方可做出定论。

4. 最佳预测语言变量的注视次数与眼动阅读成绩的关系

注视次数能有效反映阅读材料的认知加工负荷，认知负荷较大的材料，注视次数越多。本研究结果证明，对中频词、字频4的字、唯一字的注视次数越多，阅读理解成绩越好；对词频8的词注视次数越多，阅读成绩反而越差。

造成前者的原因可能有如下几点：首先，基于认知加工的需要。已有研究表明，词频影响注视次数，高频词的注视次数高于低频词（任桂琴，李爽，王露，2016）。中频词的使用频率介乎高、低频词间，学生对中频词的理解速度也将介于高低频词间。当文章的中频词数量较多时，学生的认知负荷需随之调整，多次注视可有利于学生对中等频率词汇的理解；其次，整合文本信息的需要。阅读过程中，学生一次注视获取的内容是有限的，对文中多次出现的汉字信息进行整合时，必须借由多次注视才得以完成；再次，全面获取文本信息的需要。在缺少重复汉字的条件下，唯一字承载着文本理解的重要角色。学生需通过对唯一字进行多次注视以促使理解字义，并通过有机结合，确保获取全面文本信息。因此，上述三个最佳预测语言变量的注视次数对阅读理解成绩具有积极作用。此外，导致产生词频8的词的注视次数越多，阅读成绩反而越差的原因可能在于，本研究中词频8的词多无实质意义，对阅读问题的正确回答不具有突出贡献，无需对其进行特别关注。

5. 最佳预测语言变量的回视入次数与眼动阅读成绩的关系

回视入次数指被试在后文阅读过程中对前文信息重新定位阅读的次数。本研究分析表明简单句的回视入次数越多，阅读理解成绩越高，中频词、字频4的字、唯一字、词频8的词其回视入次数与阅读理解成绩无明显关系。

相关研究表明，回视的原因可能为读者在当前注视的文本信息上出现了问题，或者不理解文章（Rayne，1998），诱发读者对之前加工过的文本信息进行回视，以试图寻找解决当下困境的有效信息。由此推之，在句子理解过程中，学生在遭遇加工困难时会自动依据信息缺失部分对前文内容进行重新定位，寻找目标信息所在句子，对其进行回视，以求理解。且在本研究中，读者易忽略对简单句的理解，当部分简单句与后文内容的理解息息相关时，学生必须回视简单句所在部分，对其重新阅读和梳理，产生较高的回视率。故学生对简单句的回视入的次数决定了获取重要信息的数量，从而对阅读成绩产生影响。

（四）最佳预测语言变量的眼动特征对眼动阅读成绩的预测关系

1. 全文本多元回归方程对眼动阅读成绩的预测作用

本研究以多元回归分析为统计手段，构建全文本最佳预测语言变量的眼动特征对眼动阅读成绩的预测回归方程。回归模型表明，全文本回归方程未能有效预测学生阅读成绩的变化，仅有全文中频词的总注视时间和字频4的字凝视时间达到显著预测水平。

产生该结果的原因可能有以下两点：首先，眼动实验的阅读模式特点。本研究以不可翻页的电子版文章为阅读材料，学生在阅读过程中必须改变日常的阅读模式，以适应眼动阅读实验的要求。因此，学生难以关注所有文本内容，未能十分精确地获取全文本最佳预测语言变量下的眼动参数；其次，被试自身的阅读水平。参与本研究的被试为重点中学的学生，其整体阅读水较为优秀，故在以眼动阅读成绩为预测变量的全文本回归模型中，最佳预测语言变量的眼动指标的解释力度并未十分突出。

全文本回归方程的预测力度虽未达显著水平，但却从侧面突显文本中字词对阅读成绩的影响作用。在前人研究中，词频比率是预测学生阅读成绩的重要语言变量，但不同学者的结论有所区别。有学者认为低频词比率会促进阅读理解（Yang，1970），也有学者得出相反的结果（孙汉银，1992）。在前人研究基础上，本研究的全文本回归方程的预测效果虽未达显著水平，但在一定程度上映射出中频词对学生阅读理解的重要作用。这是本研究对已有研究结果的补充和更新，为后续相关的阅读影响因素研究提供了实证。此外，本研究采用前人研究较少的自有字频为最佳预测语言变量之一，且经过多元回归分析得出字频4的字的凝视时间对阅读成绩具有反向预测趋势。该研究结果与前人所得结果存在出入，认为汉字难度对阅读理解有正向预测作用（郭望皓，2009）。经对比分析发现，二者间对汉字难度的定义标准具有差异：前人研究以汉字等级大纲划分难度，本研究则依据学生的认知理解负荷，以汉字在文本中的出现次数作为标准。且前者的研究以留学生为测试对象，亦与本研究中以汉语为母语的初中生被试存在语言体系上的本质差别，极易得出不同的研究结论。

2. 答案所涉文本多元回归方程对眼动阅读成绩的预测作用

答案所涉文本回归方程以答案所涉部分最佳预测语言变量的眼动特征为自变量，以眼动阅读成绩为因变量，可以解释学生眼动阅读成绩59.3%的变异量。换言之，学生在答案所涉文本的眼动表现极可能直接促使阅读成绩的增加或降低。

本研究中，简单句平均总注视时间、词频8的词的平均总注视时间、唯一字平均回视入次数、唯一字平均总注视时间对预测阅读成绩具有显著贡献。该研究结果表明，以阅读问题为导向的阅读测验与常规阅读活动有所不同，是对答案所涉文本进行快速解码的过程。这一特性要求个体关注重点文本内容，如答案所在的句子和段落。

该回归方程的合理性可从以下方面得以解释：首先，在阅读测试中，一些暗含文章主旨、线索，具有特定意义的词语往往会在文中反复出现，以此为命题依据的可能性较大，从而凸显其重要性。学生需耗费一定时间进行前后语境的分析，并激活自身已有经验知识对其进行联合理解，完成作答任务。其次，除了重点字词外，多数汉字通常只在文中出现一次，旨在体现文本内容的丰富性。在阅读时间一定的条件下，不宜一次性对其进行过分关注。可在后续的文本阅读过程中依据理解需要进行重新回视，以弥补一次注视所带来的信息不足的问题。再次，句子理解是在对上述的字词理解基础上进行的，本研究的简单句为答案所涉文本中整句的子部分，类似于句子理解链条中紧密相扣的圆环，忽视对简单句的理解容易造成句子的前后逻辑混乱和局部内容的错位衔接，导致阅读理解效率低下。因此，在阅读测试中，学生应结合阅读问题，关注答案所涉部分的简单句、自有词频较大的词，适当采取回视的阅读方式，避免对唯一字进行过度关注。

在前人的研究中，较少有学者从阅读问题的视角出发，探讨答案所涉文本的简单句、自有词频、唯一字等较为具体的文本语言变量对阅读成绩影响作用，仅通过实施阅读测试，讨论了句子数量（荆溪昱1995）、词语使用频率（孙汉银，1992）等相关变量的影响。就此而言，本研究结果是已有研究的创新，得出了被试在篇章阅读过程中简单句、具体的自有词频词以及唯一字上的眼动特征是如何影响被试阅读表现的预测方程，强调了答案所涉内容对文本阅读理解的重要作用。

二、实验结论

（一）全文本最佳预测语言变量与眼动阅读成绩相关显著

验证研究假设一：全文中频词数量、字频4的字数与眼动阅读成绩相关性显著。中频词数量与眼动阅读成绩呈正相关，中频词数量越多，眼动阅读成绩越高；字频4的字数与眼动阅读成绩呈负相关，字频4的字数越多，眼动阅读成绩越低。

（二）答案所涉文本的最佳预测语言变量与眼动阅读成绩相关显著

验证研究假设二：答案所涉部分的简单句词数、词频8的词数、唯一字数量与眼动阅读成绩呈相关性显著。简单句词数与眼动阅读成绩显著正相关，简单句词数越多，眼动阅读成绩越高；唯一字数量与眼动阅读成绩显著正相关，唯一字数量越多，眼动阅读成绩越高；词频8的词数与其呈显著负相关，词频8的词数越多，眼动阅读成绩越低。

（三）全文本最佳预测语言变量的眼动特征与眼动阅读成绩相关显著

验证研究假设三：全文最佳预测语言变量的眼动特征与眼动阅读成绩相关。其中，中频词的总注视时间和注视次数与眼动阅读成绩负相关，凝视时间与眼动阅读成绩正相关；字频4的字的总注视时间和注视次数均与眼动阅读成绩正相关。

（四）答案所涉文本的最佳预测语言变量的眼动特征与眼动阅读成绩相关显著

验证研究假设四：答案所涉文本的最佳预测语言变量的眼动特征与眼动阅读成绩相关。其中，简单句的总注视时间、首次注视时间、凝视时间与眼动阅读成绩负相关，回视入次数与眼动阅读成绩正相关；词频8的词的凝视时间和注视次数与眼动阅读成绩负相关；唯一字的总注视时间、注视次数与眼动阅读成绩正相关，首次注视时间、凝视时间与眼动阅读成绩负相关。

（五）答案所涉文本回归方程能预测眼动阅读成绩的变化

以眼动阅读 T 分数为因变量，分别以全文本和答案所涉文本最佳预测语言变量的眼动特征为自变量，经由多元线性回归分析，构建多元回归方程。但仅有答案所涉文本回归方程能显著预测眼动阅读成绩的变化，其解释程度为59.3%。部分验证了研究假设五。

答案所涉文本回归方程为：$Y=9.056+.005*X_1+.003*X_2-.012*X_3+3.915*X_4$。其中：Y= 眼动阅读成绩 T 分数；$X_1$= 简单句平均总注视时间；$X_2$= 词频 8 的词的平均总注视时间；$X_3$= 唯一字平均总注视时间；$X_4$= 唯一字平均回视入次数。

第五章

基于眼动研究结论的教育建议

一、关注文本难度变量对阅读成绩的影响，科学编制阅读材料

文本是学生进行阅读活动的重要物质载体，应具有较强的科学性、规范性及适宜性。在当下的阅读材料编写中，多数编写者片面关注阅读材料体裁、题材、主题对读者阅读活动的影响，较少关注阅读材料本身的文本语言特征对学生阅读理解能力的作用。本研究以实证手段证实了文本难度变量对阅读成绩的影响，这为科学编制阅读材料提供现实依据。

首先，合理控制文本难度变量的整体构成及其比例。基于本研究结果，可认为，中频词占比是影响文本易读性的重要因素之一，中频词比例越大，文本阅读的难度越低，阅读理解成绩越高。同时，汉字的自有字频对阅读理解产生负向影响，其自有频率越高，对读者整合不同语境下字义的能力要求越高。对于阅读教材编写者及教材出版单位而言，在考虑教材编写目标和使用定位基础上，应合理地考虑到中频词和自有字频对文本易读性的影响，结合不同学段目标群体的认知发展水平、阅读理解能力、信息整合能力、信息加工偏好等关键因素，以及不同群体的阅读体验感需求，合理规划教材文本内容的编写与布局，有意识地控制文中的中频词比例，降低文中汉字的自有字频，调节阅读材料的难度，力图遵循“因人而异”的编写原则，为不同层次的读者编写适合的阅读材料，增强阅读文本的易读性。对于分级阅读读物的编写人员和出版单位而言，同样需要关注上述文本难度变量对学生群体阅读理解过程的影响，在编写过程中需要审慎地考量词汇选择、词汇及基础汉字的使用频率等文本因素，在保证文本可读性和文本内容编排间实现有效平衡。

其次，规范文本核心内容的编写。阅读问题的提出是对文本核心内容的考察。因此，在编制阅读材料时，需对文本核心内容的编写提出规范性要求。本研究结果表明，答案所涉部分的简单句词数、词频为8的词数、唯一字数量可对阅读理解成绩产生影响。其中，简单句词数和唯一字数量将有助于促进学生对文本信息的理解，而词频较高的词会对阅读理解起抑制作用。对于注重提升学生阅读技巧和阅读水平的功能型阅读材料而言，阅读材料编制者不仅需要增强阅读试题的命题能力，还应规范与阅读试题相对应的文本核心内容的有效编写。文本核心内容应服务于促进与加强学生对阅读材料的深入理解，而非将其视为“偏”“刁”“难”“怪”的阅读设障，尤其是对于部分需要基于对文本信息理解才能有效作答的阅读题目而言，阅读材料编写者应在保证题目难度和区分度的同时，关注文本核心内容的语言变量，注意平衡答案所涉部分中的简单句词数、唯一字数量和高自有频率词数，为学生提供比较恰当的文本信息以便于作答。在此基础上开展的阅读水平测试，才能实现对学生真实阅读能力的估计和测量。

二、关注文本难度变量对阅读理解过程的影响，有效选择阅读教学材料

阅读教学是语文教学的重要组成部分，阅读能力习得与发展不仅有助于学生语文素养的提升，还能促进学生其他学科课程学习。除了常规的语文课程外，当前中小学阶段的阅读课程并未有统一的阅读教材，仍有赖于教师的主观选择。如何从种类繁多、各色各样的读物中选择合适的阅读教学材料，如何根据学生学情和阅读发展需求改编现有的阅读教学文本，成为横梗在阅读教学活动中教师所必须思考的现实问题。

高质量的阅读教学材料是有效阅读教学的基本物质前提。优质的语料有助于提升阅读教学活动的质量。本研究通过设计眼动阅读实验证实了词频、字频、简单句词数、唯一字数量等影响阅读材料可读性的文本难度变量对个体阅读理解活动的影响，并探明了文本难度变量与眼动阅读成绩间的相关关系。这些研究结论可以成为指导教师选取阅读材料的参考依据。根据本研究结果，教师在选取阅读教学材料时可以先根据文本难度变量对文本材料进行

易读性评估，再从符合学生学情、可读性适中的材料中精选学生感兴趣且趣味性强的合适文本作为阅读教学材料。此外，教师也可以根据本研究中的文本难度变量对一些具有较高阅读价值，但阅读难度较大的经典篇章进行改编，降低文本理解难度，提高内容的可读性。通过精挑细选、归类整合、合理改编等方式，为学生提供兼具可读性、文学性、趣味性的优质阅读材料，并基于此进行形式多样的阅读能力训练，不仅有利于提升学生的阅读水平，还有助于培养学生的阅读鉴赏能力。

三、关注不同层面的文本难度变量差异，合理编制阅读理解试题

阅读测试是量化阅读理解能力的重要标准，是依据阅读问题主旨，指向阅读材料具体信息的阅读理解过程。科学编制阅读理解试题是确保阅读测试具有较高信、效度的有效途径。

本研究基于眼动实验结果认为，阅读理解试题的编制首先应基于阅读理解问题特点，关注文本难度变量的差异。当下阅读理解问题的考察内容可大致划分为两方面：一是对整体主旨的把握，如概括文章的主要内容、中心思想；二是对重点信息的理解，如对文中具体的字、词、句在特定语境下的具体含义进行解读。前者的回答需要学生通读全文，清楚把握段落间的内在联系和中心主旨，后者的回答需要学生定位局部文本信息，结合上下文进行解答。本研究结果指出，全文文本和特定部分文本的文本难度变量及其对阅读理解成绩的影响存在差异。因此，试题编制者应从阅读理解问题出发，不仅需要关照全文文本对学生准确把握中心思想、为学生有效作答阅读理解问题提供整体性和背景性知识的关键作用，还需要充分考虑答案所涉文本的文本难度变量差异，明确不同文本难度变量对阅读理解成绩的影响。对此，阅读试题的编制者须树立正确的命题观和阅读观，应将阅读理解试题视为连接学生高级思维活动与文本内容理解把握的中介桥梁，而不仅仅是关注学生对已学知识的掌握情况，更应注重经由文本阅读和阅读理解问题作答所获取的思维层面启发。

其次，通过文本难度变量，达到调控阅读测试题难度的目的。本研究表明，中频词数量、字频4的字数、简单句的词数、词频8的次数及唯一字的数

量均会对阅读理解成绩产生影响。基于这一研究结果，试题编制者可以根据阅读测试的不同性质类型，对阅读材料的文本难度变量进行调整，以实现不同的测试目的。比如，在以选优、淘汰、评估为主要目的的选拔性测试中，试题编制者可以通过减少中频词数量，减少简单句的词数等方式，适当增加阅读理解难度和阅读试题的难度区分度，以实现选拔目的；在不关注测试分数和等级排名、测试结果只有通过与否的水平性测试中，试题编制者可以增加中频词的使用频率、增加简单句的词数、控制关键字词的自有字频和自有词频等，为测试者提供难度适中、可读性较强的阅读材料，降低整体的阅读试题作答难度，只需实现不同群体间的阅读水平区分即可。简而言之，试题编制者应该依据阅读理解问题的考察目的，调整上述文本难度变量阅读测试材料中的数量和出现比率，实现对阅读题目难度的控制，平衡阅读测试的整体难度。

四、关注文本难度变量的眼动特征差异，规范儿童阅读习惯

眼动实验表明，学生在不同文本变量下的眼动特征存在差异。其中，对中频词的凝视时间、简单句的总注视时间、首次注视时间、凝视时间、词频8的词的凝视时间、注视次数、唯一字的首次注视时间和凝视时间等眼动指标均对学生的阅读理解成绩产生不良影响。换言之，当对上述文本变量的加工时间和加工次数过长或过多时，将不利于学生阅读理解能力的发展。基于该研究结果，可对儿童的不良阅读行为习惯予以矫正。

习近平总书记在致首届全民阅读大会的贺信中指出："阅读是人类获取知识、启智增慧、培养道德的重要途径，可以让人得到思想启发，树立崇高理想，涵养浩然之气。"阅读对于人类发展的重要意义、对于个人成长的极端重要性自然不言而喻。良好的阅读习惯能促使学生自觉、持久地进行阅读实践，并逐步内化为阅读能力，阅读能力的获得在信息大爆炸的时代背景下显得格外重要。良好的阅读习惯需要从初始的单篇短阅读中开始进行有意识地指导干预。在学校的阅读教学活动中，阅读教学的主要任务是培养学生的阅读能力和良好的阅读习惯。教师需要细致关注学生的阅读过程，了解不同学生群体间的阅读习惯、阅读行为及阅读偏好，并针对学生阅读过程中出现的阅读

时间过长、阅读速度较慢、阅读过程反复跳跃等阅读不良行为予以及时提醒。对于低学龄群体而言，阅读习惯的培养需要循序渐进，应遵循从识字、词到句、到段、到篇的阅读原则，进行专项阅读能力训练，在训练过程中规范儿童的阅读习惯。不同于低学龄群体，教师应关注高年级学生群体长篇阅读能力的培养和阅读行为规范。NAEP 和 PISA 关于中学生阅读行为和成绩数据的分析表明，拥有长篇阅读和快乐阅读习惯的学生的学业成绩更为优秀，成绩提升更为明显。比如，教师可以通过规定默读时长，促使学生专注于阅读活动，提升阅读速度；帮助学生学会关注并标注关键词，迅速掌握核心词汇信息，提升阅读效率；帮助学生学会将较长的句子拆分为较短且容易理解的简单句，促进对文本内容的理解；帮助学生学会自主监控阅读进度、调整阅读节奏和阅读速度等阅读策略，培养学生的自主阅读能力。掌握正确的阅读方法后，学生可以独立去思考探索，把握规律，举一反三，从而更好地理解文章，提高阅读效果。

在家庭阅读指导过程中，首先应要求儿童在阅读过程中集中注意，避免由于阅读分心致使加工时间过长和加工次数过多，导致阅读效率低下；其次应向儿童提供必要的阅读策略，对文中的简单字、词、句无需花费较多时间对该部分内容深度加工，可采用选择性跳读方式以提高阅读效率。最后，可在上述阅读行为训练的基础上，鼓励儿童在保证阅读理解准确率的同时，适当加快速度，逐步矫正儿童阅读拖沓、阅读低效的不良行为习惯，规范儿童阅读行为，适时引导儿童对部分内容进行深度阅读

第六章

总结与展望

一、研究总结

阅读研究可基于文学、心理学、教育学、社会学、图书馆学等视角展开，阅读成绩研究隶属于阅读教育学研究范畴。在已有的阅读成绩研究中，已较为全面地以各学段的学生作为研究对象，使用问卷调查法、实证分析法、实验法等研究手段，论述和探讨阅读环境、阅读者、阅读材料等要素对阅读成绩的影响，这为后人的研究提供思路和借鉴。但当下的阅读成绩研究并未深入到阅读材料文本属性层面，且缺乏使用能实时监测阅读过程的实验技术。因此，未能基于文本层面，探索即时阅读过程对中文文本难度变量对阅读理解成绩的影响。此外，文本难度变量的眼动研究已较为成熟，诸多学者对字词句篇层面的文本变量进行了眼动研究，奠定了理论和实证基础。综合上述特点，本研究做了以下尝试：

第一，本研究回归阅读文本，从全文文本和答案所涉部分文本这两个层面出发，对阅读成绩影响因素进行了探究。研究结果证实了文本难度变量对阅读理解成绩的影响，并进一步分析了全文文本中的中频词数量、字频4的字数，以及答案所涉部分中的简单句词数、词频8的词数、唯一字数量与阅读理解成绩的相关程度。

第二，本研究使用能实时监测阅读过程的眼动仪作为研究手段，对学生阅读过程的眼动指标进行了一一探测。眼动研究结果表明，不同文本难度变量下，眼动指标与阅读成绩的相关存在差异。其中，中频词的总注视时间和注视次数与阅读成绩负相关，凝视时间与阅读成绩正相关；字频4的字的总注视时间和注视次数均与阅读成绩正相关；简单句的总注视时间、首次注视时间、凝视时间与题目得分负相关，回视入次数与题目得分正相关；词频8的词的凝视时间和注视次数与题目得分负相关；唯一字的总注视时间、注视次数与题目得分正相关，首次注视时间、凝视时间与题目得分负相关。

第三，本研究通过多元回归，以全文本、答案所涉文本最佳预测语言变量的眼动特征为自变量，阅读成绩为因变量，构建了全文本回归方程和答案所涉文本回归方程。回归分析结果表明，仅有答案所涉文本回归方程达到显著预测阅读成绩变化的水平，该方程为：$Y=9.056+.005*X_1+.003*X_2-.012*X_3+3.915*X_4$。其中，$X_1$为简单句平均总注视时间；$X_2$为词频8的词的平均总注视时间；$X_3$为唯一字平均总注视时间；$X_4$为唯一字平均回视入次数。

二、研究展望

（一）理论研究展望

与以往的阅读成绩研究相比，本研究虽在研究方法和研究内容上有所拓展和补充，但仍存在以下不足：

首先，参与本研究的实验对象为60名初二学生，且皆来源与同一班级，并没有做到标准化随机抽样。在实验过程中采取分批进行的方式，可能存在一定的试题污染风险。虽在分析过程中将学生在此次研究中的阅读测试成绩与以往其语文成绩进行对比，发现阅读水平基本保持一致，表明本是研究结果仍具有一定的参考价值，但被试选择和实验方式的问题仍不容忽视，需在后续研究中进一步调整。

其次，本研究以经过实测的阅读素养文章为选材范围，选择难易度适中的阅读题目及其对应的文章作为阅读材料，把在前测中对阅读成绩有显著贡献的文本难度变量作为本研究中的最佳预测语言变量。在文本变量的选择上虽具有一定的科学性，但同时也忽略了对其他文本变量的考察和检验。如本研究经回归分析所得的答案所涉文本回归方程也仅能预测学生阅读成绩变化的59.3%，仍有将近40%的变化量存在继续探讨的空间，且全文本的回归方程也尚未具备显著预测的能力，这需在后续的研究中对其进行更进一步的检验和深入研究。

再次，本研究以眼动实验为主要范式，探索文本难度变量对阅读理解成绩的影响作用。眼动阅读实验以“先看题目，后阅读文章，最后回答阅读问题”的程序进行，且整个阅读过程不具备可回溯性。因此，该程序的设定与被试以往“边看文章边做题目”的阅读方式有所不同，对被试的记忆能力和阅读理解能力提出了更高的要求，从而导致部分被试的阅读正确率不高。同时，这可能也是导致本次阅读测试题信度和效度不高的原因之一，这一问题应在后续的阅读眼动实验中得到进一步的解决。

此外，眼动实验虽可通过观测阅读过程中的各项眼动指标，并经由眼动指标解读以揭示个体的阅读加工认知特点，但仍无法完全揭示个体阅读理解活动的复杂性。随着认知神经科学发展，ERP、fMRI 等具有高时间分辨率和高空间分辨率的认知神经科学技术手段开始盛行于学术领域的探讨。因此，未来的阅读研究可以在眼动实验基础上，结合 ERP 或 fMRI 等技术手段，全面观测个体阅读过程中的眼动指标、脑电位的变化情况及脑区激活状态，综合多指标的数据解读，探测完整的阅读理解认知加工全过程，以期打开阅读理解活动的“认知加工”黑箱。

以上问题皆需本人及后人进行深入研究，希冀通过广大研究者的一同努力，使用更具科学性的研究方法、更完善的研究范式，进一步拓展阅读理解研究的深度和广度，为我国汉语阅读理解发展做出微薄贡献。

（二）实践应用展望

在学界众多学者、图书出版单位及各类阅读研究中心的共同努力下，分级阅读理念已得到一定推广，影响着我国分级阅读读物的编写与出版、分级阅读教学活动实践、公共图书馆分级阅读服务等方面，使之更为科学有效。但我国当前的分级阅读研究还并未形成比较完整且系统的研究体系，已有研究成果零散地分布于分级阅读研究的各个领域分支，还并未出现基于实证研究成果佐证和支撑的较具影响力且得以公认的分级阅读评价标准和分级阅读公式，以指导分级阅读活动的开展。因此，本研究基于眼动阅读实验结果所构建的阅读成绩预测公式，既是对已有研究的补充，同时也具有一定的实践应用价值。

一是能为当下的语文课程标准中所提倡的“整本书阅读”提供开展实践指导。现行的中小学语文教材主要是以单篇短章为主题的，教材内容十分有限，教与学的重点集中在字词句篇上，教师的更多精力在于精读，较少涉及整本书，由此容易导致学生的阅读视野较窄、长篇阅读能力不足、阅读策略与技巧运用能力欠缺等多种问题。作为拓展型学习任务群之一的“整本书阅读”，不仅是对语文课程中单篇阅读、群文阅读的必要补充与提升，更应指向阅读能力的提升。选择合适的阅读材料、提供适当的阅读指导，是培养学生阅读能力的两大重要途径。本研究所证实的最佳预测语言变量与阅读成绩间的相关关系、所构建的回归模型，不仅能为“整本书阅读”开展的阅读材料选择提供较好的参考依据，还能为教师指导学生开展“整本书阅读”活动、加强对学生元阅读能力的提升与训练、强化阅读策略等提供可选择的实践路径，在增强阅读教学活动开展科学性、有效性的同时，促进学生阅读素养提升。

二是能优化当下公共图书馆的分级阅读服务提供质量。分级阅读服务作为公共图书馆服务体系中的一项重要内容，旨在通过系统的图书分级体系为不同年龄段的学龄群体提供适宜的阅读材料，从而有效地引导和满足中小学生的阅读需求。根据儿童心理发展和认知成长的阶段性特点，精选、分类及提供有针对性的阅读资源是保障公共图书馆分级阅读服务质量的重要前提。当前公共图书馆对中小学生阅读资源的遴选尚未有客观标准，主要以各类阅读书目、权威部门所推荐的阅读书单为筛选依据，容易导致图书馆阅读资源供给与群体需求错位问题的出现。本研究所验证的最佳预测语言变量及回归模型可以借力于当下新兴的信息技术手段，依托大数据手段链接电子阅读资源，在此基础上通过输入文本难度变量实现对文本易读性的测量，并对馆藏的阅读资源进行难度变量标注，优化分级阅读服务，以供借阅参考。

三是能为致力于分级阅读读物开发的出版单位提供内容编写审查标准参考。分级阅读在欧美国家已有百年研究历史，但直到21世纪初才被引入我国内地，分级阅读的本土化研究还不够丰富，各方面都有待进一步完善。近年来，虽陆续有各式各样的汉语分级读物出版，但仍存在数量短缺、分级标准不一、质量参差不齐等问题。分级阅读读物的易读性、趣味性和实用性难以同时统筹兼顾，还缺乏认可度高、受众面广的优秀分级阅读读物。有一些已经出版的分级读物还存在文本语言的难易程度设置不当得的问题，极大地影响着文本的易读性。本研究已经明确指出与个体阅读理解活动密切相关的文本难度变量，并探明了变量与个体阅读成绩间的相关关系，这些研究结果可以为致力于分级阅读读物出版的出版单位提供内容编写的审查标准，出版社可以从简单的基础汉字使用、词汇使用频率、句子长度等方面加以严格把关，对照相关的文本难度变量对读物初稿进行易读性审查，以保证分级阅读读物能实现真正的“分级”。

本部分小结

本研究以初中二年级学生为实验对象，选取经过前测的国际阅读素养试题作为实验阅读材料，使用眼动仪记录学生阅读过程中的眼动指标，探索最佳预测语言变量对学生阅读成绩的影响。

首先，依据前测结果对题目的难度和区分度进行分析，选取合适的题目及对应文章作为实验材料。其次，从全文文本和阅读题目的答案所涉文本出发，分别确定对阅读成绩有较强预测力的最佳预测语言变量。包括：全文本的中频词数量、字频4的字数；答案所涉文本的简单句词数、词频8的词数、唯一字数量。随后，设计眼动实验，征集被试参加实验。其后，使用Chinese Text Analyzer、汉语语料库在线网站量化最佳预测语言变量，并据此划分兴趣区，导出相应眼动数据。最后，经由Excel表格对眼动数据和眼动阅读成绩汇总整理后，使用SPSS19.0数据统计软件，对最佳预测语言变量及其眼动指标与眼动阅读成绩进行相关分析和回归分析，明确二者间的影响关系。

眼动研究结果表明：1）全文本的中频词数量、字频4的字数与眼动阅读成绩相关性显著；2）答案所涉文本的简单句词数、词频8的词数、唯一字数量与眼动阅读成绩呈相关性显著；3）中频词的总注视时间和注视次数与眼动阅读成绩负相关，凝视时间与眼动阅读成绩正相关；字频4的字的总注视时间和注视次数均与眼动阅读成绩正相关；4）简单句的总注视时间、首次注视时间、凝视时间与眼动阅读成绩负相关，回视入次数与眼动阅读成绩正相关；词频8的词的凝视时间和注视次数与眼动阅读成绩负相关；唯一字的总注视时间、注视次数与眼动阅读成绩正相关，首次注视时间、凝视时间与眼动阅读成绩负相关；5）以眼动阅读成绩为因变量，全文本和答案所涉文本中最佳预测语言变量的眼动特征为自变量构建回归方程，仅有答案所涉文本回归模型能显著预测眼动阅读成绩的变化。该方程为：Y=9.056+.005*X1+.003*X2-.012*X3+3.915*X4，其中，X1= 简单句平均总注视时间；X2= 词频 8 的词的平均总注视时间；X3= 唯一字平均总注视时间；X4= 唯一字平均回视入次数。

参考文献

[1] Aud, S.L., Hussar, W.J., Johnson, F.H., Kena, G., Roth, E., Manning, E., Wang, X., & Zhang, J.(2012). *The Condition of Education 2012. NCES 2012-045. National Center for Education Statistics*. Retrieved from https://www.semanticscholar.org/paper/The-Condition-of-Education-2012.-NCES-2012-045.-Aud-Hussar/1280962578ee9319a4775ff5df18e80a0348ab0d

[2] Auphan, P., Ecalle, J., & Magnan, A.(2019). Computer-based assessment of reading ability and subtypes of readers with reading comprehension difficulties: a study in French children from G2 to G9. *European Journal of Psychology of Education*, *34* (3), 641-663.

[3] Bai, X., Yan, G., Liversedge, S.P., Zang, C., & Rayner, K.(2008). Reading spaced and unspaced Chinese text: evidence from eye movements. Journal of experimental psychology. *Human perception and performance*, *34* (5), 1277-1287.

[4] Bailin, A., & Grafstein, A.(2001). The linguistic assumptions underlying readability formulae: A critique. *Language & Communication*, *21* (3), 285 - 301. https://doi.org/1.1016/S0271-5309 (01) 00005-2

[5] Barry, S., & Lazarte, A. A.(1998). Evidence for Mental Models: How Do Prior Knowledge, Syntactic Complexity, and Reading Topic Affect Inference Generation in a Recall Task for Nonnative Readers of Spanish ? *The Modern Language Journal*, *82* (2), 176 - 193. https://doi.org/1.2307/329207

[6] Blakeley(2018). *Reading Targets*. Petal Publishers

[7] Bruce, B.C., Rubin, A., & Starr, K.(1981). Why readability formulas fail. *IEEE Transactions on Professional Communication*, *PC-24*, 50-52.

[8] Burdick, H.(n.d.). *Comparisons of Various Text Complexity Equations.*

Retrieve from https: //lexile-website-media-2011091601.s3.amazonaws.com/resources/materials/Comparisons_of_Various_Text_Complexity_Equations.pdf.

[9] CASE STUDY: *Brush Public School District Monitors Student Progress, Improves Achievement with Lexile Measures*. Retrieve from https: //cdn.lexile.com/m/uploads/case-studies/Case_Study_Brush_Public_School_District_Monitors_Student_Progress_Improves_Achievement_with_Lexile_Measures.pdf#: ~: text=th%20the%20Northwest%20Evaluation%20Association%20%28NWEA%29%2C%20Brush%20implemented, tailor%20assignments%20and%20reading%20materials%20to%20their%20students%EF%BF%BD

[10] CASE STUDY: *Lexile Measures Help High School Differentiate Instruction, Prepare Students for Success in Life*. Retrieve from https: //cdn.lexile.com/m/uploads/case-studies/Case_Study_Lexile_Measures_Help_High_School_Differentiate_Instruction_Prepare_Students_for_Success_in_Life.pdf.

[11] CASE STUDY: *Michigan School District Uses Lexile Measures to Improve the Literacy Skills of Its Diverse Student Body, Differentiate Instruction and Continue Its Long Tradition of Excellence*. Retrieve from https: //cdn.lexile.com/m/uploads/case-studies/Case_Study_Michigan_School_District_Uses_Lexile_Measures_to_Improve_the_Literacy_Skills_of_Its_Diverse.pdf

[12] Chall, J. (1974) . *Readability: An Appraisal of Research and Application*. Essex: Bowker Publishing Company

[13] Chen, M., & Ko, H.W. (2011) . Exploring the Eye-Movement Patterns as Chinese Children Read Texts: A Developmental Perspective. *Journal of Research in Reading, 34* (2), 232-246.

[14] Chen, R. S., & Vellutino, F. R. (1997) . Prediction of reading ability: A cross-validation study of the simple view of reading. *Journal of Literacy Research, 29* (1), 1-24.

[15] Chinese Text Analyzers (2025) .Chinese Text analyzers: A high-performance tool for segmenting and analyzing Chinese text. Retrieved from https: //www.chinesetextanalyser.com.

[16] Crossley, S. A., Greenfield, J., & McNamara, D. S. (2008) .

Assessing Text Readability Using Cognitively Based Indices. *TESOL Quarterly*, *42* (3), 475 - 493. http://www.jstor.org/stable/40264479

[17] Dale, E., & Chall, J. S. (1948). A Formula for Predicting Readability. *Educational Research Bulletin*, *27* (1), 11 - 28. http://www.jstor.org/stable/1473169

[18] Dale, E., & O'Rourke, J. (1981). *The Living Word Vocabulary*. Chicago, IL: World Book/Childcraft International.

[19] Dore, R. A., Amendum, S. J., Golinkoff, R. M., & Hirsh-Pasek, K. (2018). Theory of mind: A hidden factor in reading comprehension? *Educational Psychology Review, 30* (3), 1067 - 1089. https://doi.org/1.1007/s10648-018-9443-9

[20] Dubay, W. (2004). *The Principles of Readability*. Retrieved from https://files.eric.ed.gov/fulltext/ED490073.pdf

[21] Dubay, W. (2007). *Unlocking Language: The Classic Readability Studies* (Costa Mesa, CA: Impact Information, 2007)

[22] Elley, W. B. (1969). The Assessment of Readability by Noun Frequency Counts. *Reading Research Quarterly, 4* (3), 411 - 427. https://doi.org/1.2307/747147

[23] Embretson, S. E., & Reise, S. P. (2000). *Item response theory for psychologists.* Lawrence Erlbaum Associates Publishers.

[24] Engbert, R., Nuthmann, A., Richter, E. M., & Kliegl, R. (2005). SWIFT: a dynamical model of saccade generation during reading. *Psychological review, 112* (4), 777 - 813.

[25] Vellutino, F. R., Tunmer, W. E., Jaccard, J. J., & Chen, R. (2007). Components of Reading Ability: Multivariate Evidence for a Convergent Skills Model of Reading Development. *Scientific Studies of Reading*, *11* (1), 3 - 32. https://doi.org/1.1080/10888430709336632

[26] Fry, E. (2002). Readability versus leveling. *The Reading Teacher*, *56* (3), 286–291. Doi: 1.1037/h0057532

[27] Gamson, D. A., Lu, X., & Eckert, S. A. (2013). Challenging

the research base of the common core state standards: A historical reanalysis of text complexity. *Educational Researcher, 42* (7), 381 - 391. https: //doi.org/1.3102/0013189X13505684

[28] Georgiewa, P., Rzanny, R., Gaser, C., Gerhard, U. J., Vieweg, U., Freesmeyer, D., Mentzel, H. J., Kaiser, W. A., & Blanz, B. (2002). Phonological processing in dyslexic children: a study combining functional imaging and event related potentials. *Neuroscience letters, 318* (1), 5 - 8. https: //doi.org/1.1016/s0304-3940 (01) 02236-4

[29] Graesser, A. C., McNamara, D. S., Louwerse, M. M., & Cai, Z. (2004). Coh-metrix: analysis of text on cohesion and language. *Behavior research methods, instruments, & computers: a journal of the Psychonomic Society, Inc*, *36* (2), 193 - 202. https: //doi.org/1.3758/bf03195564

[30] Harris, A. J. (1974). *Some new development on readability*. Presented at the fifth IRA World Congress on Reading, Vienna, Austria. [OL] http: //files.eric.ed.gov/fulltext/ED094344.pdf (accessed 10/10/2015).

[31] Harris, T. L., & Hodges, R. E. (1995). *The literacy dictionary: The vocabulary of reading and writing*. Newark, DE: International Reading Association.

[32] Harrison, C. (1980). *Readability in the classroom*. Cambridge: CUP, New York.

[33] Harrison, C. (1986). New directions in text research and readability. In A., Cashdan (Ed.), *Literacy: Teaching and Learning Language Skills* (pp. 61 - 81). Basil Blackwell, Oxford.

[34] Helen H. Shen (2005). Linguistic complexity and beginning-level L2 Chinese reading. *Journal of the Chinese Language Teachers Association, 40,* 1-28.

[35] Hepner, K. A., Morales, L. S., Hays, R. D., Edelen, M. O., & Miranda, J. (2008). Evaluating differential item functioning of the PRIME-MD mood module among impoverished black and white women in primary care. *Women's health issues: official publication of the Jacobs Institute of Women's Health*, *18*(1), 53 - 61. https: //doi.org/1.1016/j.whi.2007.1.001

[36] Holland, P. W., & Wainer, H. (1993). *Differential item functioning.*

Hillsdale, N J: Erlnaum.

[37] Janan, D. & Wray, D. (2013) . Research into readability: Paradigms and possibilities. In Pandian, A., Liew Ching Ling, C., Tan Ai Lin, D., Muniandy, J., Bee Choo, L. & Chwee Hiang, T. (Eds) *New Literacies: Reconstructing Language and Education* (pp. 296–303) . Newcastle UK: Cambridge Scholars Publishing.

[38] Jian, Y., Chen, M., & Ko, H.W. (2013) . Context Effects in Processing of Chinese Academic Words: An Eye–Tracking Investigation. Reading Research *Quarterly, 48* (4), 403–413.

[39] Johansson, V. (2008) . *Lexical diversity and lexical density in speech and writing*. Lund, Sweden: Lund University.

[40] Just, M. A., & Carpenter, P. A. (1980) . A theory of reading: From eye fixations to comprehension. *Psychological Review, 87* (4), 329 - 354.https: //doi.org/1.1037/0033–295X.87.4.329

[41] Just, M. A., & Carpenter, P. A. (1993) . The intensity dimension of thought: Pupillometric indices of sentence processing. *Canadian Journal of Experimental Psychology / Revue canadienne de psychologie exp é rimentale, 47*(2), 310 - 339. https: //doi.org/1.1037/h0078820

[42] Kelly, F. J. (1916) . The Kansas Silent Reading Tests. *Journal of Educational Psychology, 7* (2), 63 - 8. https: //doi.org/1.1037/h0073542

[43] Kentucky Department of Education (2019) . *Kentucky Academic Standards for reading and Writing*. https: //education.ky.gov/curriculum/standards/kyacadstand/Documents/Kentucky_Academic_Standards_Reading_and_Writing.pdf

[44] Kliegl, R., Grabner, E., Rolfs, M., & Engbert, R. (2004) . Length, frequency, and predictability effects of words on eye movements in reading. *European Journal of Cognitive Psychology, 16* (1–2), 262–284.

[45] Kowler E. (2011) . Eye movements: the past 25 years. *Vision research, 51* (13), 1457 - 1483.

[46] Lennon, C. & Burdick, H. (2014) . *The Lexile Framework as an approach for reading measurement and success* , a white paper from the Lexile

Framework for reading. Retrieve from https：//cdn.lexile.com/cms_page_media/135/The%20Lexile%20Framework%20for%20Reading.pdf

[47] Leroy，G.，& Kauchak，D.（2014）. The effect of word familiarity on actual and perceived text difficulty. *Journal of the American Medical Informatics Association：JAMIA*，*21*（e1），e169－e172. https：//doi.org/1.1136/amiajnl-2013-002172

[48] Lexile（2025）. *Lexile Framework for Reading*. Retrieved from https：//www.lexile.com/about-lexile/glossary/. Accessed January 13，2025.

[49] Lim，J. Z.，Mountstephens，J.，& Teo，J.（2022）. Eye-Tracking Feature Extraction for Biometric Machine Learning. *Frontiers in neurorobotics*，*15*，796895. https：//doi.org/1.3389/fnbot.2021.796895

[50] Linacre，J.（2006）. *A user's guide to Winsteps：Rasch model computer programs*. Chicago：Winsteps.

[51] Linacre，J.（2012）. *Winsteps Rasch Tutorial 2*. Retrieved from Winsteps & Facets Rasch Software website：https：//www. winsteps. com/a/winsteps-tutorial-2. pdf.

a）Linacre，J. M.，& Wright，B. D.（2000）. *Winsteps*. Retrieved from http：//www. winsteps. com/index. htm.

[52] Liu，F.（2011）. A Short Analysis of the Text Variables Affecting Reading and Testing Reading. *Studies in Literature and Language*，*2*，44-49.

[53] Liu，P.，Li，X.，& Han，B.（2015）. Additive effects of stimulus quality and word frequency on eye movements during Chinese reading. *Reading and Writing：An Interdisciplinary Journal*，*28*（2），199－215. https：//doi.org/1.1007/s11145-014-9521-4

[54] Lord，F.M.（1980）. *Applications of Item Response Theory to Practical Testing Problems（1st ed.）*. Routledge.

[55] Ma，G.，& Li，X.（2015）. How character complexity modulates eye movement control in Chinese reading. *Reading and Writing*，*28*（6），747-761.

[56] Mason，L.，Pluchino，P.，& Tornatora，M. C.（2013）. Effects of picture labeling on science text processing and learning：Evidence from eye

movements. *Reading Research Quarterly*, *48* (2), 199 - 214.

[57] McNamara, D. S., Louwerse, M. M., & Graesser, A. C. (2002). *Coh–Metrix: Automated cohesion and coherence scores to predict text readability and facilitate comprehension*. Memphis, TN: Institute for Intelligent Systems, University of Memphis.

[58] McNamara, D. S., Louwerse, M. M., McCarthy, P. M., & Graesser, A. C. (2010). Coh–metrix: Capturing linguistic features of cohesion. *Discourse Processes*, *47* (4), 292 - 33. https://doi.org/1.1080/01638530902959943

[59] MetaMetrics, Inc. (2007). *The Lexile Framework® for Reading Theoretical Framework and Development*. Retrieve from https://cdn.lexile.com/m/resources/materials/Stenner_Burdick_Sanford__Burdick-_The_LFR_Technical_Report.pdf

[60] Meyer, B. J. F. (2003). Text Coherence and Readability. *Topics in Language Disorders*, *23* (3), 204 - 224.

[61] Mugford, L. (1970). A New Way of Predicting Readability. *Literacy*, *4*, 31–35.

[62] Mullis, I., V.S., Martin, M. O., Kennedy, A. M., Trong, K. L. & Sainsbury, M. (2009). *PIRLS 2011 assessment framework*. TIMSS & PIRLS International Study Center Lynch School of Education, Boston College.

[63] National Governors Association Center for Best Practices & Council of Chief State School Officers (2010). *Common Core State Standards for English language arts and literacy in history/social studies, science, and technical subjects*. Washington, DC: Authors.

[64] NAEP (2019). *Reading Framework for the 2019 National Assessment of Educational Progress*.https://www.nagb.gov/content/dam/nagb/en/documents/publications/frameworks/reading/2019-reading-framework.pdf

[65] NAEP (2020). *The NAEP Reading Achievement Levels by Grade*. https://nces.ed.gov/nationsreportcard/reading/achieve.aspx

a) OECD (2013). *PISA 2015 draft reading literacy framework*. http://www.oecd.org/pisa/pisaproducts/Draft%20PISA%202015%20Reading%20Framework%2.

pdf

[66] OECD (2018). *PISA 2018 READING LITERACY FRAMEWORK*. https://www.iprase.tn.it/documents/20178/344196/Pisa+2018+reading+literacy+framework+_final.pdf/14f3abfc-966c-46b1-a8d8-4d962193ecfd

[67] OECD. (2010). *PISA2009 Assessment Framework: Key Competence in Reading, Mathematics and Science*. OECD publishing.

[68] Pearson, P. D., & Hamm, D. N. (2005). The assessment of reading comprehension: A review of practices: past, present, and future. In S. G. Paris & S. A. Stahl (Eds.). *Children's reading comprehension and assessment* (pp. 13-69). Mahwah NJ: Lawrence Erlbaum Associates.

[69] Petrill, S. A., Deater-Deckard, K., Thompson, L., Schatschneider, C., & DeThorne, L. (2007). Longitudinal genetic analysis of early reading: The Western Reserve Reading Project. *Reading and Writing, 20* (1-2), 127-246.

[70] Planinic, M., Ivanjek, L., & Susac, A. (2010). Rasch model based analysis of the force concept inventory. *Physical Review Special Topics - Physics Education Research, 6* (1).https://doi.org/1.1103/PhysRevSTPER.6.010103

[71] RAND Reading Study Group (2002). *Reading for understanding: Toward an R&D program in reading comprehension*. Santa Monica, CA: RAND.

[72] Rasch, G. (1960). *Probabilistic models for some intelligence and attainment tests.* Copenhagen: Institute of Educational Research.

[73] Rasch, G. (1993). *Probabilistic Models for Some Intelligence and Attainment Tests*. MESA Press.

[74] Ravid, D., & Berman, R.A. (2010). Developing noun phrase complexity at school age: A text-embedded cross-linguistic analysis. *First Language*, *30* (1) 3-26.

[75] Rayner, K. (1998). Eye movements in reading and information processing: 20 years of research. *Psychological bulletin, 124* (3), 372 - 422.

[76] Rayner, K., Liversedge, S.P., & White, S.J. (2006). Eye movements when reading disappearing text: The importance of the word to the right of fixation. *Vision Research, 46* (3), 310-323.

[77] Reed, K. N. (2015) . *Making good choices: Recommendations for school librarians regarding the practical use of Lexiles*. poster session presented at the meeting of the third Annual MTSU Literacy Research Conference, Murfreesboro, TN.

[78] Reichle, E. D., Rayner, K., & Pollatsek, A. (2003) . The E–Z reader model of eye–movement control in reading: comparisons to other models. *The Behavioral and brain sciences*, *26* (4), 445 – 526. https: //doi.org/1.1017/ s0140525x03000104

[79] Robinson, H. A., Faraone, V., Hittleman, D. R., & Unruh, E. (1990) . Reading comprehension instruction in America: 1783–191. In J. Fitzgerald (Ed.), *Reading Comprehension Instruction, 1783–1987: A Review of Trends and Research* (pp. 1–65) . Newark, Delaware: International Reading Association.

[80] Salas, P. (2022) . *"Literacy" vs. "Reading" : 3 Questions to Consider This Fall*. Retrieve from https: //www.tesol.org/blog/posts/literacy–vs–reading–3–questions–to–consider–this–fall/

[81] Sarroub, L.K., & Pearson, P.D. (1998) . Two Steps Forward, Three Steps Back: The Stormy History of Reading Comprehension Assessment. *The Clearing House*, *72*, 97–105.

[82] Shealy, R., & Stout, W. (1993) . An item response theory model for test bias and differential test functioning. In P. Holland & H. Wainer (Eds.), *Differential item functioning* (pp. 197 – 240) . Hillsdale, NJ: Earlbaum.

[83] Shen, H. (2005) . Linguistic complexity and beginning level L2 Chinese Reading. *Journal of Chinese Language Teachers Association*, *40* (3), 1–28.

[84] Si, L., & Callan, J. (2001) . A statistical model for scientific readability. In Paques, H., Liu, L., & Grossman, D. (eds.), *Proceedings of the tenth international conference on Information and knowledge management* (pp. 574–576) . ACM New York, NY, USA.

[85] Slattery, T.J., Pollatsek, A., & Rayner, K. (2007) . The effect of the frequencies of three consecutive content words on eye movements during reading. *Memory & Cognition*, *35* (6), 1283–1292.

[86] Smith, H. P., & Dechant, E. (1977). *Psychology in teaching reading (2nd)*. New Jersey: Prentice-Hall.

[87] Staub, A., White, S.J., Drieghe, D., Hollway, E.C., & Rayner, K. (2010). Distributional effects of word frequency on eye fixation durations. Journal of experimental psychology. *Human perception and performance*, *36* (5), 1280-1293.

[88] Stenner A. J. (1996). *Measuring Reading Comprehension with the Lexile Framework*. Paper Presented at the Fourth North American Conference on Adolescent/Adult Literacy Washington, D.C. Retrieve from http://citeseerx.ist.psu.edu/viewdoc/download? doi=1.1.1.133.6916&rep=rep1&type=pdf

[89] Stenner, A. J. & Stone, M. H. (2004). *Does the Reader Comprehend the Text Because the Reader Is Able or Because the Text Is Easy?* Paper delivered to International Reading Association Reno - Tahoe, Nevada.

[90] Stenner, A. J., & Wright, B. D. (2004). Uniform reading and readability measures. In B. D. Wright & M. H. Stone (Eds.), *Making measures* (pp. 79-115). Chicago: Phaneron Press.

[91] Stenner, J., Swartz, C. W., Burdick, H., Burdick, D. S.& Hanlon, S. T. (n. d.). The Relationship Between Theoretical Text Complexity and Empirical Text Complexity. Retrieve from https://metametricsinc.com/wp-content/uploads/2018/06/The-Relationship-Between-Theoretical-Text-Complexity-and-Empirical-Text-Complexity.pdf

a) Stephens, M., and Coleman, M. (2007). *Comparing PIRLS and PISA with NAEP in Reading, Mathematics, and Science (Working Paper)*. U.S. Department of Education. Washington, DC: National Center for Education Statistics.6&3; 13; 2-3; Available at: http://nces.ed.gov/Surveys/PISA/pdf/comppaper12082004.pdf.

[92] Sung, Y. T., Chen, J. L., Cha, J. H., Tseng, H. C., Chang, T. H., & Chang, K. E. (2015). Constructing and validating readability models: the method of integrating multilevel linguistic features with machine learning. *Behavior research methods*, *47* (2), 340 - 354. https://doi.org/1.3758/s13428-014-

0459–x

[93] TESOL (2021) . *what' s reading ?* Retrieve from https: //www.tesol.org/docs/books/bk_ELTD_Reading_998

[94] Thorndike, E. L. (1962) . *Psychology and the Science of Education: Selected Writings*, Bureau of Publications Teachers College, Columbia University.

[95] Thorndike, E. L.& Hagen, E. P. (1965) . *Measurement and Evaluation in Psychology and Education*. New York: Wiley.

[96] UNESCO Education Sector (2004) . *The Plurality of Literacy and its implications for Policies and Programs: position paper*. ED.2004/WS/31. Retrieved from https: //unesdoc.unesco.org/ark: /48223/pf0000136246

[97] Urquhart, A. H., & Weir, C. J. (1998) . *Reading in a second language: Process, product and practice*. London and New York: Longman.

[98] Van Bergen, E., Snowling, M. J., de Zeeuw, E. L., van Beijsterveldt, C. E., Dolan, C. V., & Boomsma, D. I. (2018) . Why do children read more ? The influence of reading ability on voluntary reading practices. *Journal of Child Psychology and Psychiatry, 59* (11), 1205–1214.

[99] VandenBos, G. R. (Ed.) . (2007) . *APA Dictionary of Psychology*. American Psychological Association.

[100] Vogel, M., & Washburne, C. (1928) . An Objective Method of Determining Grade Placement of Children' s Reading Material. *The Elementary School Journal*, *28* (5), 373 - 381. http: //www.jstor.org/stable/995615

[101] Weaver, B.M. (2000) . *Leveling books K - 8: Matching readers to text*. Newark, DE: International Reading Association

[102] White, S. J. (2008) . Eye movement control during reading: Effects of word frequency and orthographic familiarity. Journal of experimental psychology. *Human perception and performance, 34* (1), 205–223.

[103] Wright, B. D. & Stenner, A. J. (1998) . *Readability and Reading Ability*. Paper presented to the Australian Council on Education Research (ACER) .

[104] Wright, B. D. & Stone, M. H. (1979) . *Best test design: Rasch measurement*. Chicago, Illinois: MESA Press.

[105] Yan, G., Bai, X., Zang, C., Bian, Q., Cui, L., Qi, W., Rayner, K., & Liversedge, S.P. (2011). Using stroke removal to investigate Chinese character identification during reading: evidence from eye movements. *Reading and Writing, 25* (5), 951-979.

[106] Yang, H. M., & McConkie, G. W. (1999). Reading Chinese: Some basic eye-movement characteristics. In J. Wang, A. W. Inhoff, & H.-C. Chen (Eds.), *Reading Chinese script: A cognitive analysis* (pp. 207 - 222). Lawrence Erlbaum Associates Publishers.

[107] Yang, S. (1970). *A readability formula for Chinese Language*. [Doctoral dissertation, The University of Wisconsin – Madison].

[108] 安武林.不合时宜的分级阅读[J].出版广角.2011,(6):15.

[109] 白冰.少年儿童分级阅读研究的现实意义[N].文艺报.2009-8-29(004).

[110] 白学军，曹玉肖，顾俊娟，郭志英，闫国利.可预测性和空格对中文阅读影响的眼动研究[J].心理科学，2011,(06):1282-1288.

[111] 毕秀芹.场认知方式、工作记忆广度及文章标记对阅读的影响[D].云南师范大学，2007.

[112] 陈阿林，张素.中文阅读难度模型及易读性公式探索[J].计算机科学.1999,(11):44.

[113] 陈阿林.神经网络汉语阅读难度量化计算模型及结果比较[J].重庆师范学院学报(自然科学版)，2000,(02):30-33.

[114] 陈宝国，陈雅丽.小学儿童句法意识、语音意识与阅读理解成绩的关系[J].心理科学，2008,(04):892-895.

[115] 陈俊，苏玲，何淑茹.澳门小学生阅读成绩与其影响因素的关系探讨——"父母受教育水平"和"父母鼓励"对小学生阅读成绩的影响[J].教育测量与评价(理论版)，2011,(11):37-41.

[116] 陈丽君，郑雪.大学生问题发现过程的眼动研究[J].心理学报，2014,(03):367-384.

[117] 陈凌育，赵信珍，孙复川.汉字识别的眼动特性－字频效应及信道容量[J].生物物理学报，1999,(01):92-98.

［118］陈玫玫 . 学科融合的小学语文非连续性文本阅读教学［J］. 教学与管理，2024,（29）：43–46.

［119］陈泊蓉 . 小学中高年级儿童汉语语素意识的发展特点及其与阅读理解的关系［D］. 陕西师范大学，2011.

［120］陈庆荣，王梦娟，刘慧凝，等 . 语言认知中眼动和 ERP 结合的理论、技术路径及其应用［J］. 心理科学进展，2011，19（02）：264–273.

［121］陈向阳，沈德立 . 中小学生阅读寓言过程的眼动研究［J］. 心理科学，2004,（04）：777–78.

［122］邓倩 . 农村留守儿童阅读现状调查分析——以重庆市为例［J］. 中国出版，2015,（02）：35–39.

［123］董华 . 大学生认知风格、工作记忆容量和文章类型对阅读成绩的影响［D］. 东北师范大学，2006.

［124］范并思 . 阅读推广与图书馆学：基础理论问题分析［J］. 中国图书馆学报，2014,（05）：4–13.

［125］公晓，田丽 . 日本地方儿童阅读推进活动计划对我国的启示［J］. 图书馆学研究，2015,（21）：82–86+39.

［126］郭六轮 . 分级阅读，出版面临哪些问题？［N］. 中国图书商报，2009–11–17（Z01）.

［127］郭望皓 . 对外汉语文本易读性研究［D］. 上海：上海交通大学，2009.

［128］国内首个儿童青少年分级阅读标准诞生［J］. 人民教育，2009,（Z2）：78.

［129］何立新 . 多样态阅读教学"学习任务群"落地纾困的有效策略［J］. 语文建设，2024,（23）：32–36..

［130］贺林平 . 少儿分级阅读标准该谁定，［EB/OL］. http：//cpc.people.com.cn/GB/64093/82429/83083/14470226.html/2011–04–25.

［131］胡美娟 . 大学生中文阅读策略及其与眼动轨迹的关系［D］. 苏州大学，2012.

［132］胡苗，亢琪，边玉芳 . 全民阅读视域中乡村少儿阅读的现状及发展路径［J］. 出版广角，2024,（21）：44–56.

[133] 黄伯荣，廖旭东（编）. 现代汉语 [M]. 北京：高等教育出版社，2011，06.

[134] 黄健 . 高校阅读推广活动的影响因素及其评价 [J]. 大学图书馆学报，2013，(02)：93–96.

[135] 黄敏 . 汉语特质与中文新闻易读性公式研究 [J]. 新闻与传播研究，2010，18（04）：93–97+112.

[136] 姜洪伟，唐鑫，黄庆云，等 . 基于智能终端和纸媒的 9 岁儿童阅读能力比较研究 [J]. 新世纪图书馆，2020，(01)：14–18.

[137] 蒋盼 . 我国全民阅读地方立法：现状考察、问题检视与纾困路径 [J]. 图书馆学研究，2024，(08)：90–99.

[138] 接力儿童分级阅读研究中心 . 中国儿童分级阅读指导手册（2010 版）（内部刊物）[M]. 广西：接力出版社，201.

[139] 接力儿童分级阅读中心 . 儿童心智发展与分级阅读建议 [EB/OL].（2009–07–25）[2024–01–11] .http：//baby.sina.com.cn/edu/09/2807/1004142686.shtml.

[140] 靳一鸣 . 高中语文现代文阅读命题研究 [D]. 西南大学，2016.

[141] 荆溪昱 . 中文国文教材的适读性研究：适读年级值的推估 [J]. 教育研究资讯，1995，3（03）：113–127.

[142] 郎玉林，徐锐，栾荣 . 基于文化社会学的全民阅读发展研究 [J]. 图书馆建设，2016，(10)：9–12+42.

[143] 李伯约，黄希庭 . 工作记忆中句法歧义加工的双重表征研究 [J]. 心理科学，1999，02：109–111+189.

[144] 李昶洁，杨雨航 . 课时投入对中学生学业成就的异质性影响——基于 PISA 2018 中国四地阅读成绩的经验证据 [J]. 教育发展研究，2023，43（04）：74–84.

[145] 李绍山 . 易读性研究概述 [J]. 解放军外国语学院学报，2000，23（4）：1–5.

[146] 李兴珊，刘萍萍，马国杰 . 中文阅读中词切分的认知机理述评 [J]. 心理科学进展，2011，19（04）：459–47.

[147] 李奕霏，罗德红 . 美国中小学阅读教学的思维获取模型概览和启示

［J］. 现代中小学教育 . 2016（5）：123-126.

［148］李毅，郑鹏宇，黄怡铭 . 基础教育增值评价：内涵、价值与实证研究——以新时代中小学生阅读素养为例［J］. 中国电化教育，2022,（10）：47-55+71.

［149］梁菲菲，刘瑛，贺斐，等 . 中文阅读伴随词汇学习中的视觉复杂性效应：基于笔画数和词长的证据［J］. 心理学报，2024，56（12）：1734-175.

［150］林江泽，李佳哲 . 教学策略对八年级学生阅读成绩的影响：阅读兴趣的中介作用［J］. 教育测量与评价，2022,（01）：21-3.

［151］刘娜 . 基于语料库的儿童分级阅读语言学定量研究［D］. 山东大学，2015.

［152］刘小天 . 小学优差生课外阅读现状的对比研究［J］. 教育探索，2011,（11）：69-71.

［153］刘亚萍 . 基于阅读能力（标准）指标体系的学科教学研究［J］. 数字教育，2019，5（01）：47-51.

［154］刘叶萍，袁小群 . 认知神经科学视角下的数字阅读认知机制研究进展［J］. 图书情报知识，2023，40（06）：129-139.

［155］卢张龙，白学军，闫国利 . 汉语词汇识别中词频和可预测性交互作用的眼动研究［J］. 心理研究，2008，1（04）：29-33.

［156］陆璟 . 阅读参与度和学习策略对阅读成绩的影响——基于上海 PISA2009 数据的实证研究［J］. 教育发展研究，2012，32（18）：17-24.

［157］陆卓涛，张雨强 .PCAP 阅读素养评估框架及启示［J］. 全球教育展望，2022，51（02）：108-118.

［158］罗德红，龚婧 . PISA、NAEP 和 PIRLS 阅读素养概念述评［J］. 上海教育科研，2016,（01）：34-37.

［159］罗德红，龚婧 .Rasch 模型在试卷质量分析中的应用——基于五六年级学生阅读素养前测试卷的质量分析［J］. 教育测量与评价（理论版），2015（1）：18-24.

［160］罗德红，尹筱莉 . 儿童中心论：一种教育学和心理学关系的视角［J］. 南京师范大学学报，2009（2）：89-95.

［161］罗德红，佘婧．儿童分级阅读研究的中美对比分析［J］．图书馆，2013，（02）：34-37.

［162］罗德红，佘婧．科学与价值：我国儿童汉语分级阅读研究的问题与展望［J］．出版广角，2012，（09）：62-64.

［163］罗德红，佘婧．美国蓝思分级阅读框架：差异化阅读教学和测评工具［J］．现代中小学教育，2013，（10）：90-93.

［164］罗妍，仇森，赵丽霞．我国中小学生阅读推荐书目的现状、标准及展望［J］．图书馆理论与实践，2021，（05）：105-11.

［165］马英英．小学语文阅读教学策略研究［D］．延安大学，2014.

［166］满敬銮，杨薇．基于多重共线性的处理方法［J］．数学理论与应用，2010，30（02）：105-109.

［167］毛超，王珊珊．新课标背景下基于 PISA 评价标准的初中生中英阅读素养提升策略研究［J］．中国教育学刊，2024，（S2）：92-93.

［168］孟红霞，白学军，闫国利，等．汉字笔画数对注视位置效应的影响［J］．心理科学，2014，37（04）：809-815.

［169］孟艳芳．公共图书馆发展动力机制的社会学分析——基于对公共图书馆阅读推广的检验［J］．图书馆，2016，（11）：19-23+33.

［170］莫雷．初中三年级学生语文阅读能力结构的因素分析研究［J］．心理学报，1990（01）：41-5.

［171］莫雷．小学六年级语文阅读水平量表编制报告［J］．华南师范大学学报（社会科学版），1988（01）：32-4.

［172］南方分级阅读研究中心．国内首个儿童青少年分级阅读标准诞生［J］．人民教育，2009，（13-14）.

［173］国内首个儿童青少年分级阅读标准诞生［J］．人民教育，2009，（Z2）：78.

［174］倪雨菡，张敏强，胡志桥，等．家庭社会经济地位对初中生阅读成绩的影响：双重中介效应［J］．心理研究，2016，9（04）：88-93.

［175］彭小川．关于对外汉语语篇教学的新思考［J］．汉语学习，2004，（02）：49-54.

［176］彭泽润，李葆嘉（编）．语言理论［M］．湖南：中南大学出版社，

2002，07.

［177］任二红 . 语文非连续性文本阅读训练与评价研究［D］. 南京：南京师范大学 .2015.

［178］任桂琴，李爽，王露 . 不同模式下阅读句子的眼动研究［J］. 辽宁师范大学学报（社会科学版），2016，（02）：53–58.

［179］任桂琴，蒙雪，任延涛，等 . 干扰项特征对图—词干扰范式中语义效应的影响［J］. 辽宁师范大学学报（社会科学版），2014，37（01）：56–61.

［180］任翔 . 意义认识 · 制度建设 · 文化推进——深化全民阅读活动的多维视角［J］. 中国编辑，2024，（08）：49–55.

［181］沈德立，白学军，臧传丽，等 . 词切分对初学者句子阅读影响的眼动研究［J］. 心理学报，2010，42（02）：159–172.

［182］沈德立，陶云 . 初中生有无插图课文的眼动过程研究［J］. 心理科学，2001，（04）：385–388+508.

［183］沈敏，王姝，魏群义 . 美国公共图书馆儿童阅读服务研究与实践——以美国纽约州汤普金斯郡公共图书馆为例［J］. 图书情报工作，2015，59（07）：106–111.

［184］石群，赵芝萍 ."伴随式"评价：儿童整本书阅读评价的新思路［J］. 语文建设，2021，（22）：51–55.

［185］史锡尧 . 什么是现代汉语中的一个句子——对各家关于句子定义的商榷［J］. 北京师范大学学报（社会科学），1958，（03）：101–113.

［186］宋凤宁，宋歌 . 中学生阅读效能与阅读时间、阅读成绩的关系研究［J］. 教育理论与实践，2000，（01）：59–61.

［187］宋广文，李寿欣，王新波 . 学生认知方式影响文章阅读理解的实验研究［J］. 心理发展与教育，2001，（02）：31–35.

［188］孙海静，王权红 . 部件数和字频在汉字识别中的作用［J］. 唐山学院学报，2012，（06）：30–32.

［189］孙海静，王权红 . 汉字模糊度、字频和语义启动在 N400 上的交互作用：N400 的 IA 模型的证据［J］. 心理学报，2012，（06）：745–753.

［190］孙汉银 . 中文易读性公式［D］. 北京：北京师范大学，1992.

[191] 陶云，申继亮，沈德立．中小学生阅读图文课文的眼动实验研究[J]．心理科学，2003,(02)：199-203.

a) 陶云，申继亮．不同呈现方式和难度影响图文课文即时加工的研究[J]．心理学探新，2003,(02)：26-29.

[192] 涂阳军，陈建文．先前背景知识、兴趣与阅读理解之关系研究[J]．心理研究，2009,(03)：84-89.

[193] 王贺玲．小学语文课本阅读量的现状与思考[J]．河北师范大学学报(教育科学版)，2011,(12)：76-81.

[194] 王蕾，毛莉．英国分级阅读品牌读物“牛津阅读树”文本探究[J]．出版发行研究，2019,(07)：88-91.

[195] 王蕾．初中级日韩留学生文本可读性公式初探[D]．北京：北京语言大学.2005.

[196] 王蕾．可读性公式的内涵及研究范式——兼议对外汉语可读性公式的研究任务[J]．语言教学与研究，2008,(06)：46-53.

[197] 王蕾．中文分级阅读标准研制与童书出版应用研究[J]．中国出版，2020,(22)：51-54.

[198] 王丽，孙志鹏．政策工具视角下我国全民阅读政策文本量化分析[J]．出版科学，2024，32(05)：55-65.

[199] 王林，孙慧阳，安燕玲．分级阅读标准的制定谁说了算？[N]．中国教育报.2010-04-01(006).

[200] 王平.21世纪传统阅读行为的社会学意义[J]．南阳师范学院学报(社会科学版)，2003,(02)：118-119.

[201] 王泉根．关于儿童分级阅读的思考与对策[N]．文艺报.2009-08-01(004).

[202] 王素芳，孙云倩，王波．图书馆儿童阅读推广活动评估指标体系构建研究[J]．中国图书馆学报，2013,(06)：41-52.

[203] 王永胜，何立媛，李馨，等．副中央凹低频双字词首字字频的预视效应研究[J]．心理与行为研究，2022，20(03)：311-317.

[204] 王雨函，李红，莫雷，等．熟悉主题说明文阅读推理加工的认知神经机制[J]．心理学报，2012，44(11)：1443-1453.

［205］王雨函，莫雷，陈琳，等．文本阅读认知神经科学研究进展［J］．心理与行为研究，2013，11（02）：264-269.

［206］温鸿博．小学语文阅读能力测评量表的编制［D］．华南师范大学，2005.

［207］文然，魏海岩．文学作品的易读性要素分析［J］．辽宁大学学报（哲学社会科学版），2006，（03）：82-85.

［208］吴明华，王丽帆．欧盟创始国公共图书馆少儿分级阅读推广服务研究［J］．出版广角，2021，（01）：79-81.

［209］吴明隆．SPSS 统计应用实务：问卷分析与应用统计［M］．北京：科学出版社，2003.

［210］伍岳，王显槐，陈晓玲．近20年来语文阅读教学研究的特点与发展趋向［J］．江西师范大学学报，2005，（06）：113-117.

［211］肖露．基于 PISA 阅读测评框架的中考现代文阅读能力评价研究［D］．四川师范大学，2019.

［212］谢蓉，刘炜，赵珊珊．试论图书馆阅读推广理论的构建［J］．中国图书馆学报，2015，（05）：87-98.

［213］邢富坤，程东．基于统计语言模型的英语易读性研究［J］．解放军外国语学院学报，2010（11）：19-24.

［214］徐富明，沈德立，白学军．大学生的阅读理解监控，阅读理解成绩及其相关因素［J］．心理学探新，2006，（04）：54-58.

［215］徐赳赳．篇章中的段落分析［J］．中国语文，1996，（02）：81-91.

［216］徐兆娟．语用学视角下的双语词典词语定义研究［D］．广西师范大学，2006.

［217］闫国利，白学军．眼动研究心理学导论——揭开心灵之窗奥秘的神奇科学［M］．北京：科学出版社，2012.

［218］闫国利，迟慧，崔磊，等．汉字笔画像素数省略对中文句子阅读影响的眼动研究［J］．心理科学，2014，37（03）：521-527.

［219］闫国利，王文静，白学军．消失文本条件下认知控制的眼动研究［J］．心理学探新，2007，（04）：37-41.

［220］闫国利，巫金根，胡晏雯，白学军．当前阅读的眼动研究范式述评

[J]. 心理科学进展，2010，(12)：1966–1976.

[221] 闫国利，熊建萍，臧传丽，等. 阅读研究中的主要眼动指标评述[J]. 心理科学进展，2013，21(04)：589–605.

[222] 阎国利，田宏杰，白学军. 工作记忆与汉语歧义句加工的眼动研究[J]. 心理与行为研究，2004，03：524–528.

[223] 晏子. 心理科学领域内的客观测量——Rasch 模型之特点及发展趋势[J]. 心理科学进展，2010，(8)：1298–1305.

[224] 阳雪梅. 在整本书中读出成长——小学语文整本书阅读教学研究[J]. 中国教育学刊，2024，(S2)：54–55.

[225] 杨翠萍. 我国欠发达地区少年儿童阅读现状分析——以广东粤西和青海西部柴达木地区城乡小学生为例[J]. 图书馆论坛，2012，32(02)：135–139+95.

[226] 杨清. 贴近学生的真实阅读：国外阅读评价分析——以 PIRLS、PISA 和 NAEP 为例[J]. 外国中小学教育，2012，(05)：13–18+5.

[227] 杨向华. 我国儿童阅读推广存在的问题与对策[J]. 图书馆理论与实践，2014，(05)：27–28.

[228] 杨玉琴. 化学学科能力及其测评研究[C]. 华东师范大学 .2012

[229] 姚林群.(2012). 阅读能力表现：要素、水平与指标. 教育发展研究(Z2)，35–39.

[230] 叶英平，肖桂玉，周昕. 教育政策导向的全民阅读主题演化研究[J]. 图书情报工作，2024，68(18)：97–111.

[231] 尹斌庸，方世增. 词频统计的新概念和新方法[J]. 语言文字应用，1994，(02)：69–75+113.

[232] 于龙，等. 上海市中小学生汉语阅读能力分级标准研究报告[J]. 上海课程教学研究，2016(06)：57–6.

[233] 余闻婧. 阅读策略评价：小学阅读学业质量评价的新取向[J]. 全球教育展望，2023，52(10)：107–117.

[234] 张必隐. 阅读心理学[M]. 北京：北京师范大学出版社2004.

[235] 张春影. 小学课外阅读评价体系研究[J]. 语文建设，2017，(21)：9–10+13.

[236] 张大均，余林.文章结构分析训练对阅读理解水平影响的实验研究[J].心理科学，1998，(02)：136-139+101-191.

[237] 张厚粲.心理与教育统计学[M].北京：北京师范大学出版社，199.

[238] 张佳佳.语文阅读策略教学对学生学习动机及阅读成绩的影响[D].首都师范大学，2013.

[239] 张建理.汉英对比看汉语词汇的易读性[J].浙江大学学报（社会科学版），1995，(02)：88-95.

[240] 张建松.乡村全面振兴背景下乡村全民阅读推进路径[J].图书馆工作与研究，2024，(12)：106-112.

[241] 张茗.科技文阅读中插图效应的实验研究[D].南京师范大学，2006.

[242] 张宁志.汉语教材语料难度的定量分析[J].世界汉语教学，2000(3)：83-88.

[243] 张倩.小学生对四种类型汉语句子阅读理解能力的比较研究[D].辽宁师范大学，2015.

[244] 张武田，冯玲.关于汉字识别加工单位的研究[J].心理学报，1992，(04)：379-385.

[245] 张向阳，何先友，吕芸.中小学生课外阅读时间及时间分配与阅读成绩的关系研究[J].心理发展与教育，2004，(03)：51-55.

[246] 张亚旭，舒华，张厚粲，等.话语参照语境条件下汉语歧义短语的加工[J].心理学报，2002，(02)：126-134.

[247] 鄭錦全.詞彙語意与句子閱讀難易度計量[A].厦门大学.第六届汉语词汇语义学研讨会论文集[C].厦门大学：，2005.

[248] 中央教育科学研究所比较教育研究室.简明国际教育百科全书·人的发展[M].北京：教育科学出版社，1989.

[249] 朱永新.阅读：改变我们一切[N].南方都市报.2011-01-19.

[250] 朱勇，邹沛辰.《中文天天读》易读性研究[J].云南师范大学学报，2012(10)：41-46.

附 录

1、阅读材料的前测

本课题组成员共召集347名初中生（男生为180人，女生为167人，平均年龄为13.54岁）参与前测，这些学生皆来自于湖北省荆州市某县城的一所中学。测试时间选在晚自习阶段，共90分钟，由带班老师和试卷发放者共同监督，学生作答完毕后回收测试卷。

2、前测阅读材料的来源及具体信息

前测阶段所用的阅读文章和题目出自国际阅读素养测试的样本题。具体来源包括：PIRLS（Progress in Reading Literacy Study，国际阅读素养进展研究）2006年样本试题；由广西大学教育学院罗德红教授翻译的NAEP（National Assessment Education Progress，美国全国教育进展评估）2011年样本试题；PISA（the Programme for International Student Assessment，学生国际能力评估计划）2008年样本试题。（详见表格1）

从以上三大国际阅读素养测试项目中共选了5篇文章:《一个不可思议的晚上》《太空漫步》《不屈不挠的黛西》《一位公正的法官》《玛丽安的革命》。其所对应的文本体裁分别为：童话、科普文、记叙文、寓言、人物传记。

其中，八年级学生的测试文章是《一个不可思议的晚上》《太空漫步》《不屈不挠的黛西》这三篇文章，共39道测试题；九年级学生则选用全部的五篇文章进行施测，共56道题目。

阅读过程是对文本内容进行感觉、知觉、记忆、思维和想象的认知过程。PISA、PIRLS、NAEP阅读素养概评按照读者在阅读理解中的认知过程，可将阅读理解题目所考察的认知特点进行详细划分，即题目的认知风格。前测中的题目认知风格类型参照PISA的划分标准，分为：进入与提取（access and retrieve）、综合与阐释（integrate and interpret）、反思与评价（reflect and evaluate）。

表格1　题目认知风格类型及其分布

文章	来源	文本体裁	施测年级	题目数量	题目认知风格类型		
					进入与提取	综合与阐释	反思与评价
一个不可思议的晚上	PIRLS2006年样本试题（台湾和香港学生使用的汉语版）	童话	八、九年级	13	9	2	2
太空漫步		科普文	八、九年级	15	11	3	1
不屈不挠的黛西	NAEP2011年样本试题（由广西大学教育学院罗德红教授翻译）	记叙文	八、九年级	11	1	9	1
玛丽安的革命		人物传记	九年级	10	2	6	2
一位公正的法官	PISA2008年样本试题（由台湾国立台南大学翻译）	寓言	九年级	7	1	2	4

3、前测阅读材料的信、效度检验

（1）内部一致性信度检验

对八年级和九年级阅读测试卷中的每篇文章及整份试卷进行内部信度一致性检验。检验结果表明：八年级的《一个不可思议的晚上》《太空漫步》、《不屈不挠的黛西》这三篇文章的信度分别为.753、.784、.672，阅读试卷的整体信度为.887。九年级的《一个不可思议的晚上》《太空漫步》《不屈不挠的黛西》《一位公正的法官》《玛丽安的革命》五篇文章的信度分别为：.805、.819、.708、.565、.549，试卷整体信度达到.900（详见表格2）。

根据Cronbach’sα 系数的取值范围，可判断试卷信度的高低。α 系数的取值范围在0–1之间，取值越高，则说明项目的内部一致性越强：α 系数在.9及以上表示信度优秀；在.8–.89间表示信度良好；在.7–.79内表示信度一般；.6–.69的 α 系数取值则表明信度尚可接受。由此划分依据来看，八年级和九年级施测试卷的整体信度均达到了良好的标准，九年级的试卷信度达到了优秀。

表格2 阅读材料信效度情况

年级	文章题目	整体信度	整体效度	信度	效度
八年级	一个不可思议的晚上	.887	.843	.753	.801
	太空漫步			.784	.841
	不屈不挠的黛西			.672	.823
九年级	一个不可思议的晚上	.900	.838	.805	.888
	太空漫步			.819	.863
	不屈不挠的黛西			.708	.806
	公正的法官			.565	.655
	玛丽安的革命			.549	.737

（2）结构效度检验

对八年级和九年级阅读测试卷中的每篇文章及整份试卷进行效度一致性检验。检验结果表明：八年级的《一个不可思议的晚上》《太空漫步》《不屈不挠的黛西》这三篇文章的KMO值分别为.801（P=.000，P<.05）、.841（P=.000，P<.05）、.823（P=.000，P<.05），阅读试卷的整体KMO值为.843（P=.000，P<.05）。九年级的《一个不可思议的晚上》《太空漫步》《不屈不挠的黛西》《一位公正的法官》《玛丽安的革命》五篇文章的KMO值分别为：.888（P=.000，P<.05）、.863（P=.000，P<.05）、.806（P=.000，P<.05）、.655（P=.000，P<.05）、.737（P=.000，P<.05），试卷的整体KMO值达到.838（P=.000，P<.05）（详见表格2）。

根据Kaiser的观点，KMO值大于.9是最好的，大于.8是比较好的，大于.7是中等水平，大于.6被认为可接受。八年级和九年级的施测试卷的KMO值均在.8以上，说明这两个年级的阅读试卷具有较好的结构效度。